自然保护区周边农户
可持续生计研究

ZIRAN BAOHUQU ZHOUBIAN NONGHU

KECHIXU SHENGJI YANJIU

段 伟 著

中国农业出版社
北 京

　　本书得到了国家自然科学基金国际合作项目（71861147001）、国家社科基金重大项目（21ZDA090）和教育部人文社会科学研究规划项目（22YJA790014）资助。

　　建立自然保护区是中国政府保护生物多样性最主要的形式，截至2019年底，中国共建立各种类型的自然保护区 2 750 个，总面积约147.17 万平方公里。作为保护生物多样性的一个关键策略，自然保护区在保护生物多样性、维护国家生态安全方面发挥了重要作用，与此同时，越来越多的学者和公众开始关注保护区对当地社区经济和农户生计方面的影响。

　　自然保护区对当地社区经济的影响是有争议的。有学者认为保护区限制了社区的发展机会，增加了农户生计脆弱性，导致"贫困陷阱"。也有学者认为保护区能通过吸引旅游业、促进基础设施发展或增加环境服务的经济收益来提高农户的生计水平。自然保护区必须考虑到当地农户的生计，应该协调至少不违反减贫的目标已成为各国政府、组织以及学者的广泛共识。

　　丰富的生物多样性应是许多保护区周边社区的优势所在。然而，作为一种公共物品，保护区带来的惠益并没有在社区中公正地分配，导致出现保护与发展的矛盾冲突问题。那么，保护区在限制社区发展机会的同时，所形成的生态资本是否可以形成新的盈利机会，这些新的盈利机会能否有效被当地农户捕捉并转化为直接经济收益，是农户自身禀赋不足还是制度政策约束导致部分农户"捧着金饭碗讨饭吃"，保护区保障农户可持续生计的可能路径包括哪些？回答上述问题需要学者摸清自然保护区对农户可持续生计的影响机理。

　　党的十八大以来，以习近平同志为核心的党中央站在实现中华民族永续发展的战略高度，作出一系列重大战略部署，采取一系列重大举措，推进建立国家公园体制,加快建立以国家公园为主体的自然保护地体系,切实加大自然生态保护力度。现阶段我国生物多样性保护事业已经到了一个岔路口,保护政策调整和创新是当前生物多样性保护所面临的最迫切任务。当今中国正处于经济社会快速发展和变革时期,特别是农村经济发展模式转变、集体林产权制度改革、城镇化进程加快等,使生物多样性保护与社区发展的利益关系更加复杂。自然保护区与社区空间重叠、资源交错、利益共存,形成相互影响的自然生态与社会经济复合系统,二者协调统一不仅关系到生物多样性保护,也关系到社区和当地经济社会的可持续发展。农户的可持续生计受保护政策的影响,同时又通过保护行为制约着保护的效果。因此从农户视角研究自然保护区周边农户生计及其对保护的影响具有非常重要的现实意义。

本研究选择了湖北省、江西省、云南省、陕西省、广东省、辽宁省和四川省为研究区域,对 7 个省 36 个自然保护区的 1 675 户农户进行调研,分析了自然保护区周边农户的可持续生计状况。具体研究内容包括:第一,农户的保护态度及保护行为分析;第二,自然保护区设置对农户生计资本及生计策略的影响;第三,自然保护区设置对农户生计结果的影响;第四,农户生计策略的选择及其对保护的影响。

本研究通过 7 个省的大样本调查数据,通过理论分析和实证检验,较全面地分析了自然保护区建设对农户生计的影响及其内在机理,同时分析了农户不同生计决策对生物多样性保护的影响,并就自然保护区周边社区生物多样性保护与当地社区协调发展进行了思考,具有一定的创新性,对国内及其他国家保护政策的实施与改进有一定借鉴意义。

由于作者本人水平有限,书中难免有不妥和疏漏之处,恳请广大读者批评指正。

段 伟

2022 年 10 月

CONTENTS 目 录

前言

1 绪 论

1.1 研究背景及问题提出

1.1.1 生物多样性保护的重要性

生物多样性保护是国际社会共同面临的环境问题，也是事关人类繁荣进步的发展问题。《生物多样性公约》以及联合国千年发展目标都将促进生物多样性作为重要目标。联合国《生物多样性战略（2011—2020 年）》将提高生物多样性和生态系统带来的惠益作为重要目标。世界自然保护联盟（IUCN）将生物多样性保护列为 21 世纪发展目标之一。

生物多样性是大自然的精华和人类社会的宝贵财富，在一定程度上决定了一个国家或地区的生态安全。但遗憾的是，受人口增长及社会经济快速发展的影响，全球生物多样性锐减已是不争的事实（Spiteri 和 Nepal，2008）。在过去几百年中，人类造成的物种灭绝速度比地球历史上典型的参照速度增长了 1 000 多倍（千年生态系统评估，2005）。千年生态系统评估报告《生态系统与人类福祉——生物多样性综合报告》指出，人类活动正彻底地并在很大程度上不可逆转地改变着地球生命的多样性，这些变化大多导致了生物多样性的丧失（WRI，2005）。联合国环境规划署认为，生物多样性具有多种多样的生态、生产和环境服务功能，是维持地球生态系统健康运行的基本保证。生物多样性锐减不仅会造成物种和基因的丧失，甚至可能影响一个国家或地区的生态安全（Allendorf，2007）。

中国是地球上生物多样性最丰富的国家之一。中国履行《生物多样性公约》第四次国家报告显示，有脊椎动物 6 588 种，占全球脊椎动物种类总数 10% 以上；已记录昆虫 51 000 种；约有高等植物 3 万多种，居世界第三位；

同时又是世界栽培作物的重要起源中心之一。特别是，由于中国大部分地区未受第三纪和第四纪大陆冰川的影响，保存了大熊猫、金丝猴、扬子鳄、银杉、珙桐、香果树等大量极为珍贵的特有物种及其自然生态系统，其中：中国特有的陆栖脊椎动物近 500 种，特有高等植物种类在 15 000～18 000 种左右。但是，丰富繁荣的背后隐藏着严重的危机，中国生物多样性正面临着严重的威胁。由于气候变化等自然原因和经济社会快速发展的过程中土地开发、城镇扩张、道路铁路建设等活动，给生物多样性保护造成了一定影响，保护形势仍"总体严峻"。在《濒危野生动植物国际贸易公约》列出的 640 种世界濒危物种中，156 个在中国，约占总数 1/4，生物多样性保护刻不容缓。

1.1.2 生物多样性保护的实践

包括联合国在内的世界组织在拯救地球上生物多样性方面做出了不懈努力，联合国环境署于 1988 年 11 月召开生物多样性特设专家工作组会议，探讨一项生物多样性国际公约的必要性；1992 年 5 月内罗毕会议通过了《生物多样性公约协议文本》；同时国际社会相继签署了一系列公约：《濒危物种国际贸易公约》(1973)、《保护野生动物迁徙物种公约》(1979)、《联合国气候变化框架公约》(1992)、《联合国防治荒漠化公约》(1994)、《粮食和农业植物遗传资源国际公约》(2002)、《京都议定书》(2003) 等。

各国政府关于生物多样性保护做出了庄重承诺，中国政府也为生物多样性保护工作做了不懈的努力。中国于 1978 年 9 月成立了人与生物圈计划委员会，负责与联合国教科文组织进行人与生物圈研究计划方面的合作；1979 年 9 月，中国环境学学会与世界野生生物基金会（WWF）签署了"关于野生生物资源的合作协议"；1980 年 3 月 5 日中国宣布了由国际自然和自然资源保护联盟（IUCN）、联合国环境规划署（UNEP）和世界野生生物基金会共同起草、发起的"世界自然资源保护大纲（WCS）"；1981 年中国加入了《濒危动植物国际贸易公约》，并于 1982 年在林业部成立了"国家濒危物种进出口管理办公室"，同时在中国科学院建立了濒危物种科学委员会；1984 年颁布了《中华人民共和国森林法》；1985 年，中国加入了《世界文化与自然遗产保护公约》；1988 年颁布了中国保护野生生物的第一部专门法律《中华人民共和国野生动物保护法》。

进入 20 世纪 90 年代，林业部和农业部分别于 1992 年和 1993 年颁布了《陆生野生动物保护实施条例》和《水生野生动物保护实施条例》，这两部条例是《中华人民共和国野生动物保护法》的实施细则；1992 年，中国加入了《特别水禽生境的国际重要湿地公约》；1992 年在巴西联合国环境与发展大会上，中国与 150 多个国家共同签署了《生物多样性公约》，将可持续发展提到了十分重要的地位和高度；1994 年，国务院颁布了《自然保护区条例》，规定了自然保护区建立、建设和管理的具体细则；1993 年成立了中国履行《生物多样性公约》工作协调组；2003 年成立了生物物种资源保护部际联席会议制度；2010 年 9 月由国务院第 126 次常务会议审议通过，并由环境保护部发布实施了《中国生物多样性保护战略与行动计划》（2010—2030 年）。

2012 年 11 月召开的中国共产党第十八次全国代表大会把生态文明建设放在突出地位，融入经济建设、政治建设、文化建设、社会建设各方面和全过程；2013 年 11 月中国共产党第十八届中央委员会第三次全体会议上，中共中央通过了《关于全面深化改革若干问题的决定》，第十四条提出加快生态文明制度建设，健全自然资源资产产权制度和用途管制制度；2015 年 4 月，中共中央、国务院发布了《关于加快推进生态文明建设的意见》，第五条提到要加大自然生态系统和环境保护力度，切实改善生态环境质量，第六条提出要健全生态文明制度体系，制定生物多样性保护的法律法规，修订森林法、野生动物保护法等。2015 年 9 月，中共中央、国务院印发了《生态文明体制改革总体方案》，并提到：树立绿水青山就是金山银山的理念，清新的空气、清洁的水源、美丽山川、肥沃的土地、生物多样性是人类生存必需的生态环境，坚持发展是第一要务，必须保护森林、草原、河流、湖泊、湿地、海洋等自然生态，并且进一步对生态文明建设的改革措施进行了明确。

生物多样性的保护措施包括建立自然保护区、实施生态工程、打击非法贸易等，其中创建自然保护区被认为是最切实可行的策略（Müller 和 Kollmair，2000；Weaver 和 Lawton，2008；Nepal 和 Spiteri，2011）。过去的 20 年自然保护区数量增长显著，超过 10 万个自然保护区占世界土地面积的

12%（Amodeo，2004）。和 1980 年自然保护区网络只覆盖了 3% 的地球表面相比这是一个显著的增长（Brockington，2004）。大多数的自然保护区位于发展中国家（Chape 等，2005；Naughton‐Treves 等，2005）。在发展中国家，自然资源的压力随着人口数量增加而呈线性增长，创建自然保护区被越来越多地采用，以此来减轻保护压力带来的不良影响（Hackel，1999；Kideghesho 等，2005；Madulu，2004；Songorwa，2004）。

中国政府高度重视自然保护区建设，并不断健全以自然保护区为主体的野生动植物栖息地及生境保护体系，有力地促进了中国野生动植物栖息地的恢复扩大，为保护生物多样性和自然资源、维护国家生态安全发挥了重要作用。截至 2019 年底，全国共建立以国家公园为主体的各级、各类自然保护地逾 1.18 万个，保护面积占全国陆域国土面积的 18.0%、管辖海域面积的 4.1%。截至 2014 年底，中国有 32 处自然保护区加入联合国教科文组织"人与生物圈自然保护区网络"，44 处自然保护区列入"国际重要湿地名录"，32 个自然保护区列入世界自然遗产名录。除自然保护区之外，中国还建立了各类自然保护小区 5 万多处，总面积 150 多万公顷，试点建设 8 处国家公园。经过艰苦努力，初步形成了我国类型齐全、功能完备的栖息地及生境保护体系，有效保护了 90% 的陆地生态系统、85% 的野生动物种群和 65% 的高等植物群落。

1.1.3　农户生计在保护中的重要性

由于自然保护区的建立，改变了周边社区传统的生活方式，限制了当地政府和社区对自然保护区内外资源的利用，给区域经济发展带来了一定影响，自然保护区与当地社区的矛盾（资源保护与利用、土地权属与权益、文化冲突及政策冲突等）也随之加剧，已成为生物多样性保护所面临的最大难题之一（Karanth 和 Nepal，2011），也是发展中国家长期面临的重要问题（Nautiyal，2011）。保护地区周边社区居民作为生物多样性保护的主体之一，在生物多样性保护中起着重要的作用（Nepal 和 Spiteri，2011）。生态系统服务所带来的惠益并没有在公众中得到公正的分配，是导致保护与发展矛盾和冲突的最主要原因（千年生态系统评估，2005）。狭隘的保护理念，割裂和对立了自然保护区与当地农户之间的内在联系，单纯强调保护，严格限制对资源的利用，激化了自然保护区与当地农户的矛盾（温亚利，2009）。现代保护理念强调自然保护区的生物多样性保护、自然资源的持续利用、生态效益的保持与社会发展进程密切结合，对生物多样性保护的文化多样性也给予高度关注，更重视当地农户参与自然保护区保护及受益于保护的过程。

自然保护区与社区地区空间接壤和重叠、资源相互交错、利益共存，形成相互影响的自然生态与社会经济复合系统，二者的协调和统一不仅关系到生物多样性保护，也关系到社区和当地经济社会的可持续发展。中国正处于经济社会快速发展和变革时期，特别是随着农村经济发展模式转变、集体林产权制度改革、城镇化进程加快等，使生物多样性保护与农户发展的利益关系变得更加复杂。保护与发展的矛盾焦点是自然资源的保护与利用，核心是保护与发展的利益关系协调。农户是生物多样性保护最重要的相关利益者，在我国抢救式保护过程中，他们更多被认为是威胁者，往往忽视了他们在保护中所承担的成本与应获得的利益，居民的生存权受到严重挑战，更深层次的发展权也无从体现（王献溥，2011）。

生态保护对贫困的影响已成为国家和社会高度重视的问题，并在《国民经济和社会发展第十二个五年规划纲要》、《全国主体功能区规划》、《中国扶贫开发纲要（2011—2020 年）》等重要决策中予以考虑。2010 年国际生物多样性年中国国家委员会全体会议提出，把生物多样性保护工作与扶贫开发、农民增收、民生改善结合起来，探索出人与自然和谐发展的模式，降低民众生产生活对生物资源的依赖，帮助群众脱贫致富，使人民能够共享保护与发展的成果。同年，国务院第 26 次常务会审议通过了《中国生物多样性保护战略与行动计划（2011—2030 年）》，将研究建立生物多样性保护与促进社区发展相结合的激励机制，促进地方政府基层群众参与自然保护区建设与管理，作为我国生物多样性保护的重要任务之一。2012 年在中国生物多样性保护国家委员会第一次会议上，李克强总理再次强调了抓好生物多样性保护重大工程，全面开展生物多样性减贫示范建设的重要性。

生物多样性是许多贫困地区的优势所在，将生物多样性保护融入农户生计发展，统筹兼顾生物多样性保护、社区发展和民生改善，探索建立不同区域生物多样性保护和农户生计发展的双赢模式，将贫困地区的生物多样性优势转化为经济优势，走出生物多样性友好的绿色发展之路，不仅有利于贫困地区的脱贫致富，推动均衡发展，也有利于促进绿色发展和生态文明的理念在全社会推广，对实现区域可持续发展，提高生态文明水平具有重要意义。

1.1.4 问题的提出

为了实现保护的长期有效，管理必须考虑到当地居民的关切。事实上，公众接受度是保护目标成功的关键（Stankey 和 Shindler，2006）。如果保护是为了社区繁荣，它不应该违背社区的利益。日益增长的自然保护区数量面临着人口数量增加带来的重要挑战，因此更好地将生物多样性保护与农户生计联系起来，不仅有利于当地的发展，也有利于保护的可持续性。

中国自然保护区多分布在老少边穷地区，生物多样性优先区域内有国家级贫困县 300 多个，居民日常生计和收入直接依赖当地的生物资源，生物多样性保护形势严峻，各地脱贫致富的发展意愿强烈，当地居民为提高收入过度采集利用生物多样性资源的现象还广泛存在，亟须推动生物多样性保护和可持续利用同区域发展和脱贫的双赢。现阶段，中国生物多样性保护事业已经到了一个岔路口，保护政策调整和创新是我国生物多样性保护所面临的最迫切任务，而社区农户的生存利益保障是保护工作中的重中之重。

自然保护区周边的社区居民是生物多样性资源的利用者和保护的直接执行者，其行为意识和行为方式是影响生物多样性保护效果的关键因素（Bajracharya 等，2005）。因此研究自然保护区周边农户可持续生计状况具有非常重要的现实意义（Yemiru 等，2010；Baral 和 Stern，2011），这也是本研究立论及研究视角选择的重要依据。

具体地，本书主要研究以下几个问题：

（1）自然保护区周边农户的保护成本和收益如何，自然保护区内外农户保护成本收益是否存在差异，不同保护成本收益下农户的保护态度和家庭财富是否有显著差异？

（2）农户的保护认知及保护态度如何，受哪些因素影响，农户的保护行为是怎样的，保护行为与农户保护态度、保护成本收益之间的关系如何？

（3）自然保护区对农户生计资本的影响如何，自然保护区内外以及不同收入分组下农户的生计资本是否存在显著差异？

（4）自然保护区对农户生计策略的影响如何，自然保护区内外农户的工作时间、收入来源、生计类型是否存在显著差异，不同生计类型的农户存在哪些特征差异，自然保护区对农户气候变化感知及适应性措施的影响如何？

（5）自然保护区对农户生计结果影响如何，自然保护区对农户家庭财富影响如何，是否加剧了贫困，自然保护区对农户主观福祉影响如何，自然保护区对农户生计风险影响如何？

（6）农户不同生计策略对保护的影响如何，三种生计策略（自然资源依赖、收入多样化、劳动力转移）对保护及农户生计产生怎样的影响？

1.2　研究目的和意义

1.2.1　研究目的

自然保护区周边的社区居民是生物多样性资源的利用者和保护的直接执行者，其行为意识和行为方式是影响生物多样性保护效果的关键因素。本书拟在对数据进行简单描述分析、统计检验的基础上，通过统计模型、计量模型和结构方程模型，分析自然保护区周边农户可持续生计状况，为自然保护区政策优化提供数据支撑。具体地，本研究目标分解如下：

（1）了解农户在保护过程中的认知情况，特别关注农户对保护中收益的感知以及成本的感知。对收益、成本的感知是否影响并决定着农户的保护态度和保护行为？

（2）揭示农户保护态度及行为的主导因素。判断是不是保护过程中的经济因素导致了态度的好坏和变化，还是政策因素导致的结果？

（3）了解农户在保护过程中生计的变化情况，从生计资本、生计策略和生计结果三个方面，综合判断自然保护区对农户生计的影响。

（4）从农户生计策略出发，判断农户不同生计策略选择对保护可能的影响。

1.2.2　研究意义

1.2.2.1　理论意义

中国政府在加大对自然保护区生物多样性保护投入的过程中，并没有直接重视社区收益的产出问题，这期间也就产生了一系列矛盾。因此，对自然保护区进行生物多样性保护中社区利益的重视就显得尤为重要。这也是国家有关部门探索研究的方向，并为现行政策和立法修改做着充足准备。从社区农户视角研究生物多样性保护中的矛盾问题具有非常重要的意义。

国外关于自然保护区和社区发展与农户生计关系的研究始于 20 世纪 90 年代，关于此内容的文章非常多。而国内关于自然保护区和社区协调发展的论文则相对较少，且都以理论阐述为主，较少有微观数据的支撑。因此，从理论的角度，通过大样本调查，全面系统地分析保护区的建立对农户可持续生计影响的研究，具有一定的理论意义。

1.2.2.2 实践意义

许多国家自然保护区的产生和保持是有争议的。许多自然保护区最初通过取代当地社区或者没有充分考虑对社区的影响而建立起来，他们的建立经常承担着再安置和影响保护区内农户几代人赖以生存的资源使用权，自然保护区的设计可能导致种种对农村社区的负面影响。需要采取能够有效使当地居民参与到管理和决策中，并且使他们的生计需求得到满足的方法。基于当地社区从保护中获益，他们会更可能促成生物多样性保护，兼顾保护和发展已成为保护管理的一个主要变化。

从实践角度来说，在社会快速变革下，保护与社区的矛盾不单单是资源利用的冲突，特别是在城镇化、劳动力转移、林权制度改革的背景下，保护与发展之间的关系发生了新的变化，认识它们之间的相互作用关系对今后的保护政策、扶贫政策等相关政策的制定和改进均有重要的实践价值。

1.3 研究思路和技术路线

1.3.1 研究思路

本书研究思路如图 1 - 1 所示。借鉴英国国际发展署（The United Kingdom Department for International Development，DFID）的可持续生计分析框架以及本研究的生态保护、农户生计等内容，本研究设计了农户生计同生态保护的逻辑关系图。具体来说，农户的生计及行为分析分为三大部分：生计基础、生计结果和保护结果。生计基础主要指农户的生计资本，包括自然资本、人力资本、金融资本、物质资本和社会资本。同时农户生计资本受脆弱性背景及政府行为的影响。脆弱性背景包括农户面临的冲击、风险和压力。而政府行为包括自然保护区设置、自然保护区管理实践及保护政策。政府保护行为对农户生计的影响将是本研究的一个重点内容。

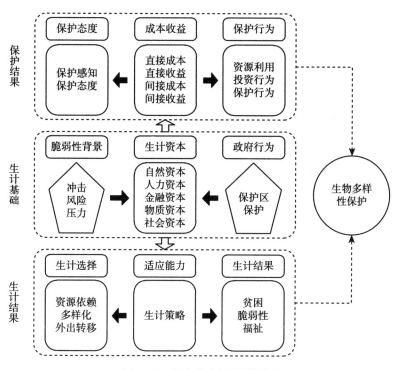

图1-1 研究内容逻辑框架图

从农户的生计角度出发，农户的生计资本同脆弱性背景、政府行为共同影响农户的适应能力，本研究中选取农户的生计策略来表示。农户适应能力的差异将导致不同的生计结果以及不同生计选择。本研究对农户生计结果的分析包括主观福祉、家庭财富和生计风险。而生计选择主要从农户不同策略出发，判断对保护的影响。从农户的保护认知角度出发，农户的生计资本同脆弱性背景、政府行为共同影响农户在保护中的成本收益。农户在保护中的成本收益包括直接的成本收益和间接的成本收益。农户在保护中的成本收益将直接影响农户的保护态度及相应的保护行为。最终农户的生计策略以及保护态度、行为将会对当地的生态保护效果产生影响。当然，当地的生态环境状况也反过来对农户的生计构成影响。

具体地，本书的主要研究内容为第5章至第8章。主要章节的逻辑关系见图1-2。

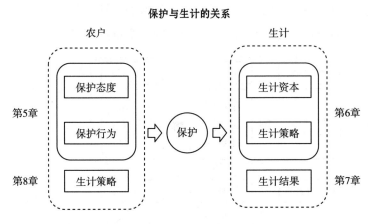

图1-2　主要章节逻辑关系图

第5章　农户的保护态度及保护行为分析。主要分析农户在保护中的成本收益，以及农户成本收益的感知对其保护态度、保护行为的影响。

第6章　自然保护区设置对农户生计资本及生计策略的影响。主要分析自然保护区内外及不同保护参与程度下农户生计资本和生计策略的差异，以及保护对农户气候变化适应性措施的影响。

第7章　自然保护区设置对农户生计结果的影响。建立计量经济学模型评估自然保护区对农户主观福祉、家庭财富和生计风险的影响。

第8章　农户生计策略的选择及其对保护的影响。主要分析三种主要的生计策略（自然资源依赖、收入多样化和劳动力转移）对保护的影响。

1.3.2　技术路线

围绕研究目标和研究内容，将理论分析与实证研究相结合，在广泛分析国内外关于保护地区社区农户相关参考文献特别是研究社区农户对自然保护区感知度、行为方式以及保护意识等具体应用模型和实际调查资料的基础上，本研究运用经济学、计量经济学、统计学以及生态学等学科理论和方法，建立基于社区农户保护认知、意愿、行为的计量模型以及反映周边社区实际情况的结构方程模型，研究的技术路线框架图如图1-3所示。为了确保研究内容的顺利完成，研究将按以下技术路线开展：

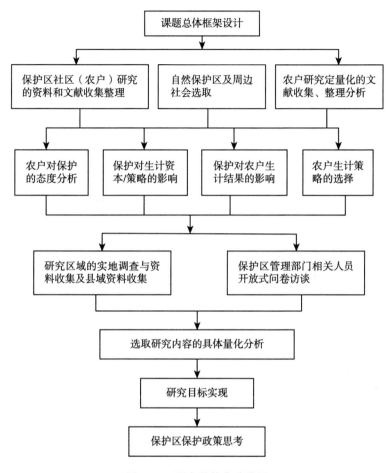

图 1 - 3　研究的技术路线图

　　首先，根据研究的目标和内容，选择调研的样本省，对样本村和样本农户的具体情况进行实地调查，全面分析和了解样本区（自然保护区内外）的保护态度、保护行为及基本情况。

　　其次，在上述调查的基础上，分析目前农户对资源环境保护的认知及态度（对环境保护的态度、对资源保护的态度及保护意愿）、保护行为（是否有采伐野生植物或狩猎野生动物），并运用计量经济方法分析农户保护态度的影响因素，保护态度对保护行为的影响，保护活动对家庭收入的影响。

　　再次，综合考虑各因素（保护态度、保护行为、资源禀赋、家庭财富）

之间相互的关系，建立结构方程模型估计各潜变量间的耦合关系。

最后，根据前面的研究，结合当前国家发展政策，提出协调当地资源环境保护和促进农户增收的政策建议和措施。

1.4　本研究的创新之处

目前针对保护区与发展关系的研究较多，但关注自然保护区生物多样性保护与农户可持续生计的研究较少。尽管国外一些学者的研究涉及了自然保护区与农户生计之间的关系，但是通常聚焦于某一个侧面或角度，缺少综合性的全面分析。而国内关于二者关系的具体实证分析和量化分析方面的研究更少。因此，本研究试图从微观农户角度入手，通过大样本的调查，进行比较全面、深入地量化研究，具有一定的创新性。具体的创新之处如下：

第一，在研究视角方面，国内学者关于自然保护区保护政策的研究更多集中于保护模式探讨、保护管理存在的问题，缺少从微观农户层面分析保护政策对农户生计的影响。事实上，农户是设置自然保护区的重要利益参与者，农户的保护态度和生计行为直接影响保护区的效果和可持续性，因此判断保护区建立对农户生计的影响，有利于督促自然保护区制定协调保护与农户生计的政策，实现保护与发展的双赢。

第二，分析框架方面，本研究借鉴了国内外关于农户生计的相关研究，从多角度、多层面、多指标分析了自然保护区对农户生计资本、生计策略以及生计结果的影响，得到的结果较为可靠全面，为今后学者关于政策评估以及农户生计研究提供了一个研究框架和可借鉴的研究范式，在分析框架方面具有一定创新性。

第三，在研究方法方面，本研究借鉴了国内外学者相关研究，考虑到了自然保护区设置非随机性的问题，通过面板固定效应模型、匹配估计量方法、混合效应模型方法克服了样本选择导致的异质性问题。同时为了研究所需，本研究还选取了 Heckman 模型、分位数模型、似不相关模型、结构方程模型以及其他统计学方法对不同的研究内容进行了分析，选取的方法较为适当，因此本研究在方法上也具有一定创新。

2 研究基础

本研究以农户生计为切入点，研究自然保护区生物多样性保护与农户生计的彼此作用关系，最终设计能改进生物多样性保护与农户生计协调发展的政策。因此，需要对可持续生计、农户行为等相关理论、概念加以梳理和分析。

2.1 概念界定

2.1.1 自然保护区

从广义上来说，自然保护区是指受法律保护的各种类型的自然保护区域的总称，例如自然保护区、自然资源自然保护区、旅游区、国家公园以及自然历史遗迹等。但是，狭义上的自然保护区，有着比较严格的定义，是指以科学研究和自然保护为目的而确定的自然保护区域，自然公园、风景区、历史文化遗迹等都不属于这一范畴（UNESCO，1971；蔡守秋，1995）。

本研究中的自然保护区将主要以狭义的自然保护区为主，这类自然保护区涵盖丰富的生态资源，在我国生态和生物多样性保护中起着基础性的作用。

2.1.2 农户

农户是指生活在同个屋檐下的一组人（通常是家人），同享资源（劳动力和收入），同吃同住。我们调研中发现一个农户家庭并不一定要有血缘关系，如保姆、收养的儿童等。另外，判断子女是否分家的重要标准是，收入和消费是否分开。分家后的子女不计入该农户家庭。

2.1.3 收入

收入采用 Arild 等（2014）的定义，即由劳动力和资本带来的增加的价值。本研究中农户的家庭总收入为一年内家庭人均净收入，等于家庭上一年报告的净收入除以成人当量单位（adult equivalent unit）。收入的来源根据调查工具的设置（PEN，2007）共分为七类，包括种植业收入、养殖业收入、林业收入、务工收入、经营性收入、补贴和其他收入。其中，自我雇佣型的收入（种植业、养殖业、林业、个体经营）等于毛收入减去投入品成本得出（个人机会成本和折旧成本不含在内）。务工收入等于务工期间的收入减去务工期间的生活支出。

农户的各项收入来源定义及其组成见表 2-1。其中，准确评估林产品的价格非常困难（Angelsen 等，2014），本研究中采取市场价值法来评估林产品的价格。对于销售的林产品采取出厂价格来评估，对于薪柴等用于自身消费的林产品，采用替代价格法（如市场上交易中的薪柴价格）来评估。

表 2-1　农户的收入来源及其组成

收入来源	内涵及组成
种植业收入	通过销售或消费种植在农田上的作物获得的收入，包括粮食作物、经济作物、蔬菜以及种植中药材的销售收入
养殖业收入	通过销售或消费家畜家禽等获得的收入，包括家禽家畜收入（猪、牛、羊、鸡、鸭等）；蜂蜜、蚕茧、水产品等收入
林业收入	包括用材林收入（杉木、云南松、毛竹等）；经济林收入（茶叶、咖啡、橡胶、果树等）；林副产品采集收入（薪柴、菌类、野生中药材、割漆、搬笋等）；林业生态服务收入（生态公益林补偿、退耕还林补偿等）
务工收入	以体力劳动为主，受雇于他人获得的现金收入，包括外地打工收入、本地打零工收入（盖房、农忙季播种收割、林业间伐采伐）等
个体经营收入	自我雇佣获得的现金收入（开商店、药店、饭店、农家乐以及个体运输收入等），不包括个体从事农、林、养殖业生产活动所获得的收入
补贴性收入	包括粮食直补等农业补贴以及低保等其他政府保障性补贴等
其他收入	包括土地流转收入、耕地出租租金、赡养费、人情往来、借贷等

2.2 理论基础

2.2.1 可持续生计资本理论

"生计"的概念早已被普遍使用，尤其是针对农村和贫困地区的论述中更是常见。研究贫困地区经济发展和农村发展的学者，认为生计一词的内涵非常丰富，它既包括工作，也包括收入和职业等，甚至可能存在更加广阔的外延。生计可以比较完整地表现贫困地区的生活状态，可以更好地让我们了解穷人的生存条件。生计，一般来说是指一种为了寻求生存而采取的生活方式或者能力。生计的定义中，更加关注人们的收入水平，因为收入水平可以决定生活水平，也比较强调资产和个人选择之间的内在联系。

围绕可持续生计、经济和生活的可持续发展，有学者提出了可持续生计分析框架，这是一个比较新的研究工具，通过这一框架可以很好地分析物质环境与社会之间的关系，可以探寻发展机构在提升人民生计能力方面发挥的作用。在可持续生计分析框架中，英国国家发展署提出的可持续分析框架（Sustainable Livelihood Framework）应用最为广泛，也被诸多国家接受。

英国国家发展署提出的可持续分析框架中，包含多个部分的内容，例如生计资本、环境的脆弱性背景、制度结构、生计输出以及生计战略等。可持续发展战略主要体现了构成要素之间的内部关系和相互作用。要获取可持续生计，就必须具有生计的资本，要利用这一资本在脆弱的环境背景中获得发展。资本的可获得性与背景相融合，同时在制度和政策的影响下，得出结果，生计输出结果又在一定程度上影响生计资本，这是一个相互作用的过程。

可持续生计分析框架中，涉及多个核心的概念。脆弱性背景为整个分析框架提供了一个基本的背景。脆弱性背景代表的是环境承受损失和灾害的潜在能力，涉及多种因素，例如抵抗灾难的能力、灾后恢复的能力等。脆弱性背景具有一定的弹性，这种弹性受到环境、社会、经济发展以及文化发展等因素的影响。冲击是指自然灾害、健康、农业产业灾害、经济震荡、社会变革等；趋势主要是指人口发展趋势、经济以及文化发展趋势等；季节性因素是指就业波动以及市场的周期性变动等。

"结构和制度转变"指的是在构建生计资本的过程中，逐渐形成的一种完善的政策制度和组织机构，涉及的内容非常广泛，例如家庭、个人、社会大众、集体等，不同的组织决定着不同类型的资本之间的相互转换和反馈等。

生计资本包含五个种类，分别为物质、自然资源、人力、资金以及社会资本。生计资本是指个人或者家庭的资产情况，资产决定着家庭或者个人拥有的机会和风险，同时也决定着家庭的选择。可以选择生计资本为切入点，分析农村扶贫的现状以及经济发展的规划。不同的条件下，上述五种资本之间可以相互转化。人们可以利用自然资本来获得生计必需的资源，例如土地资源、水资源以及生物资源等，可以将自然资源分为再生和不可再生两类；物质资本是指人们在生产过程中，通过生产活动创造的资本，包括房屋、工具、各类机器和设备等；人力资本是指个人拥有的可以谋生的技能和劳动能力；金融资本是指可以用来购买生产资料的资金和贷款等；社会资本是指可以用来促进生产的社会资源，社会资本包括社会关系和组织关系等，可以将社会资本分为垂直关系和水平关系。

生计策略就是指人们为了适应环境而采取的各类谋生手段。人们可以通过生计策略将资本转化为成果，并获得一定的收益。

生计输出就是指生计策略发挥作用之后，会产生成果，通过这些生计成果可以降低脆弱性、增加收入、提升生活水平和食品安全等，也可以实现自然资源的可持续发展，生计输出也会发挥反馈作用。

本书的研究建立在可持续生计理论的基础之上，通过数据收集和整理，分析大量的农户生计情况，在此基础上采用量变分析的方式，分析生计理论对于农户的影响，总结农户的生计策略，并找到可以提升农户生计能力的策略和方案，实现可持续的生计，在缓解资源压力的同时保护生态区的环境。

2.2.2 复合生态系统理论

燕守广（2010）提出，复合生态系统是一个包含多个子系统的综合性组织，人口、资源、经济发展、社会以及环境等都是处于不同层次的因素，各个子系统之间要相互合作，实现功能的匹配和相互作用，最终形成一种非常复杂的综合性开放系统。自然保护区的复合生态系统也是由不同的子系统构成的，例如社会经济和生态环境系统等，各个子系统之间的资源、能力和生态因素的相互作用逐渐加深，也会在资源开发和利用的过程中逐渐发展。

政府作为复合生态系统的管理主体，其管理是通过管理政策实施的，政府要保障自然资源的可持续利用，建立自然保护区就是政府管理的主要方式。在自然保护区可以聘请专家保护生物的多样性和资源的可持续发展。生物多样性保护是一个非常专业的课题，必须通过保护生态系统和资源的方式来实现。对自然生态环境的保护就是在保护一种重要的资源，同时资源也是促进地区经济发展的基础。栖息地资源和社区资源可以为社会和生态系统的发展奠定物质基础。所以，社区与自然保护区之间是密切相连的，既有影响，又相互牵制，同时也会发挥互相促进和互动的作用。社区与栖息地之间存在一种共生关系，通过保护资源的方式可以实现对栖息地的保护。但是经济的发展多数是以资源为基础的，资源的消耗是保证经济增长的必要方式。所以，社区与栖息地自然保护区之间存在共生关系，同时也存在竞争关系，这种冲突和矛盾会逐渐加深。强制保护自然保护区会切断经济发展的可能，社区认为生物多样性的保护会限制经济的发展，栖息地认为社区生活会给自然保护区的自然环境带来干扰。保护自然和经济发展之间具有一定的矛盾，如果强制执行可能会激化矛盾，带来更加严重的后果。

人类提出的生态保护政策就是为了更好地保护栖息地的自然资源和生物多样性，这样可以更好地缓解自然保护区与社区经济发展之间的矛盾。社区居民的生活一般为传统的农业模式，自然保护区的建立也会限制居民对资源的无限依赖和开发，社区的经济发展也会受到约束。从另外的角度来看，提出生物多样性保护计划，可以更好地修复生态系统，生态系统尽快恢复可以让当地居民获得更好的自然生态功能，例如供给功能、支撑功能以及调解功能。栖息地可以为居民提供有形的农业产品，也会对维持生态平衡和良好的生活环境带来益处，自然环境的优化对人类发展发挥着非常重要的作用。生态多样性保护可以创造更大的资源优势，为地区经济的发展创造契机，同时也可以为社区开发旅游业提供生态环境基础，或者开发特种养殖或者种植产业，促进经济增长，实现生态产业链，从而对社区经济产生直接作用。

2.2.3 农户行为理论

在理论研究领域，现有的农户经济行为理论研究成果有两类，一类是"自给小农学说"，另外一类是"理性小农学说"。舒尔茨是理性小农学派中的代表人物，他认为：如果市场机制中已经具备充分的竞争要素，农户的投资和经营都是从理性角度加以考虑。在传统农业的范围内，有一定的进取精神并且可以良好地利用资源的群体被称为小农。小农也是"经济人"的一种，他们从事的一切活动都是为了获得最大利润。波普金（1979）在舒尔茨的研究基础上，以理论小农的分析模型为支撑，提出小农可以在追求利润的过程中，作出理性的抉择，选择之前他们会进行科学的权衡和分析，所以认为他们非常具备理性。所以，在传统农业的改造过程中，应该继续加强农户的组织能力，同时加强市场监管，保证自由的市场体系，在保证降低成本的同时，保障生产要素的充分供应。

苏联学者恰亚·诺夫（1923）是自给小农学说学派中的代表人物，他提出：小农是可以实现自给自足的一个统一整体，满足家庭消费是其最初的目标，所以追求经济利润的最大化并不是小农的目标。小农一般不将劳动力看作是资源投入，农户开展经济活动都是为了满足家庭生活的需要。自此之后，詹姆斯·斯科特（1976）在前人研究的基础上，进一步展开研究，提出保障安全和降低风险是小农经济的主要动机，利润追求并不是他们的目标。农业本身就具有一定的脆弱性，农户在小农经济中所考虑的基本问题还是生存问题。为了降低风险带来的影响，传统的农户更愿意选择保守的方式，这也是小农经济的典型特征，他们宁愿家庭只维持最基本的收入和生活水平，也不愿意承担风险。所以，利用"经济人"的利润最大化目标来衡量小农的经营，是不科学的。在现实生活中，必须充分考虑到农户的特殊性，例如制度的约束、对土地的留恋等，这些都是限制和束缚传统农户的因素。

随着社会经济活动的变化和发展，如果认定农户的经济行为都是出于理性考虑的，那么农户的经营活动也必须发生相应的改变。但是在现实的实践活动中，农户经济活动也会受到国家宏观经济政策的影响，政策会带来一定的干预。对于自然保护区周边的群众来说，他们一直处于自然经济状态，生活基本靠自给自足，自然资源是他们赖以生存的条件。这种传统的思想和文化对他们有较大的影响，他们也会进一步延续这种自然经济状态。所以，本书主要研究的是在政策保护基础之上，农户会通过何种方式维持生计，这些生产活动又会对地区自然环境的保护带来哪些影响。

2.3 国内外研究综述

2.3.1 国外研究综述

2.3.1.1 联系生计与保护的重要性

许多国家自然保护区的产生和保持是有争议的。许多自然保护区最初通过取代当地社区或者没有充分考虑社区而建立起来（Ghimire 和 Pimbert，1997）。他们的建立经常承担着再安置和影响保护区内农户几代人赖以生存的资源使用权（Western，1989；West 和 Brechin，1991）。自然保护区的设计能导致种种对农村社区的负面影响，如对传统使用能源的限制（Mishra，1982），游客对当地文化和经济的破坏（Hough，1988），野生动物对庄稼和牲畜日益增加的掠夺（Mishra，1982），取代了人们对传统土地的依赖，导致社会和文化被破坏及强制性贫穷（Lusigi，1984；Hough，1988）。许多自然保护区遭受偷猎、伐木、农业侵占或者其他形式的退化（Wells 和 Brandon，1992；Terborgh，2002）。这样的担忧让人们逐渐认识到自然保护区应该有效，当地居民需要密切参与到他们的管理中（Brandon 和 Wells，1992；Oviedo 和 Brown，1999；Rao 和 Drazin，2002）。

许多自然保护区共有的显著特性是一直以来贫乏的公共关系，因此当地社区对自然保护区一般只能给予最小程度的支持。这个问题归因于当地人被保护政策和法律边缘化了。将居民从自然保护区强制逐出并以保护生态完整性的理由对他们的犯罪进行定罪，挑起了当地居民的敌意以及对保护政策的怨恨（Machlis，1989；Neumann，1992；Wells 和 Brandon，1992）。除了土地和相关资源的机会成本，当地社区也通过庄稼损失、牲畜掠夺以及野生动物相关的安全事故承受着其他不合比例的成本（Archabald 和 Naughton - Treves，2001；De Boer 和 Baquete，1998）。

上述威胁已引起了学术界的普遍反思。如果自然保护区为了达到长期保护的效果，管理者必须考虑当地居民的关切，并使他们进入到管理决策中

（Dasmann，1984；Machlis 和 Tichnell，1985；Zube，1986；Brandon 和 Wells，1992；Newmark 等，1993；Fiallo 和 Jacobson，1995；Furze 等，1996）。仅仅考虑生态保护目标，对于自然保护区的发展是远远不够的（Baldus 等，2003；Barrows 和 Fabricius，2002；Hackel，1999；Western，2001）。事实上，公众接受度是保护目标成功的关键，如 Stankey 和 Shindler（2006）所说，"保护政策和实践是固有的社会现象，因为他们引起了人类行为有意的和无意的改变"。这种认识激发了不同策略的运用，如果保护是为了繁荣，它不应该违背社区的利益。日益增长的保护多样性的机构面临着人口数量的增加和消费增加带来的重要挑战，因此更好地将保护与生计联系起来，不仅有利于当地的发展，也有利于自然保护区长久地保持下去。

2.3.1.2 保护态度的重要性及其影响因素

自然保护区内农户对自然资源保护态度的重要性，目前已经得到相关领域内研究人员、保护机构和自然保护区官方的广泛关注，农户对自然资源保护的态度被认为是自然保护区发展成功与否的关键因素之一（Ambastha 等，2007；Kideghesho 等，2007；Kideghesho 等，2009）。越来越多的研究通过了解农户对自然资源保护的态度，进而估计农户是否理解保护机构的保护措施以及是否接受保护项目的实施（Holmes，2003；Kaltenborn 等，2002；McClanahan 等，2005）。保护态度的相关研究被广泛应用于评估公众对保护干预措施的接受度，以及执行新的保护管理策略（Gillingham 和 Lee，1999；Holmes，2003；Infield，1988；Kalternborn 和 Bjerke，2002；Kalternborn 等，1999；Mc Clanahan 等，2005；Parry 和 Campbell，1992；Songorwa，1999）。文献显示大多数人的态度和实际行为强相关，因此可以用来预测人们的行为、接受度或对发展和保护行为的反应（Ambastha 等，2007；Badola，1998；Gelcich 等，2005；Gillingham 和 Lee，1999；Infield 和 Namara，2001；Kideghesho 等，2007；Mehta 和 Heinen，2001；Mehta 和 Kellert，1998；Rishi，2007；Shibia，2010；Shrestha 和 Alavalapati，2006；Tessema 等，2010；Zubair 和 Garforth，2006）。因为这个原因，和相关联的前后因素例如社会和经济因素一起，在当地社区态度被认为是对自然资源管理和保护非常必要的。

了解人们观念的大多数重点都集中于人们和自然保护区之间的冲突，如传统开采权的损失，野生动物对庄稼和牲畜的破坏（Hough，1988；Parry 和 Campbell，1992；Heinen，1993；Nepal 和 Weber，1995；Studsrød 和 Wegge，1995；Tisdell，1995；De Boer 和 Baquete，1998；Gillingham 和 Lee，1999；Maikhuri 等，2000）。同时，从保护中获得的有形的利益可以改变当地人们的态度，使他们支持保护行动，并且使他们的行为更符合保护目标（Archabald 和 Naughton，2001；Gadd，2005；Gillingham 和 Lee，1999；Holmes，2003；Lewis 等，1990）。

此外，也有研究表明居民会因为非经济原因而影响其保护态度，例如生态服务、野生动植物的保护和未来子女的收益。Heinen（1993）发现 33％ 的农户说他们喜欢 Kosi Tappu 野生动物自然保护区的原因之一是因为它保护了野生动植物，并且很小一部分人提到自然保护区可以提供很好的风景和休闲机会。Infield（1988）在南非 Natal 自然保护区发现周边的居民看重自然保护区作为教育和休闲设施所带来的好处，并且一些回答者表达了当他们坐公车通过自然保护区时看到野生动物时的激动心情。Fiallo 和 Jacobson（1995）的调查发现：超过 90％ 的回答者感觉为了孩子保护 Machalilla 国家公园是必要的。Newmark 等（1993）的调查发现：很大比例的回答者反对 Tanzania 中五个自然保护区的废除，因为自然保护区保护了野生动物，保护了自然遗产和流域，并有利于未来几代人。

除了保护的成本和收益外，社会人口学的因素同样是保护态度的重要预测因子。文献中普遍发现的因子有财富、种族、性别、教育、家庭规模、职业和年龄（Infield，1988；Kalternborn 等，1999；McClanahan 等，2005；Røskaft 等，2004）。在尼泊尔（Mehta 和 Heinen，2001）和印度（Matta 和 Alavalapati，2006）社区基础保护项目的背景下，当地居民积极的态度、他们对收益及成本的感知与他们的教育水平相关。Lise（2000）报告称在森林管理中的参与水平随着对森林的依赖和教育水平而增长。一些研究甚至建议让当地人参与到决策制定和管理活动中，这样有利于使参与者形成对保护持有利的态度（Kassa 等，2009；Lepp 和 Holland，2006）。

2.3.1.3 联系保护与生计的纽带：利益感知

逐渐增长的研究文献表明，利益的获得与保护态度的改进相关（deBoer

和 Baquete，1998；Gillingham 和 Lee，1999；Abbot 等，2001；Goodwin 和 Roe，2001；Mehta 和 Heinen，2001；Sekhar，2003）。作为减少反对并确保当地对保护支持的一种方式，以利益为基础的方法被广泛采用。该方法基于这样的前提，即从保护中获得的有形的利益对于当地人们改变态度、支持保护行动，并且使他们的行为符合保护目标是重要的激发性因素（Archabald 和 Naughton - Treves，2001；Gadd，2005；Gillingham 和 Lee，1999；Holmes，2003；Lewis 等，1990）。通过改变态度及得到当地支持而获得的收益可能会通过有规律地接触野生保护职员及社区而得到提高（Holmes，2003；Hulme，1997）。Kaltenborn 等（1999）报告了在挪威一个养羊农户因为大型食肉动物对农场的破坏而对野生动物保护区严重不满。在坦桑尼亚，对公园或公园官员的抱怨激发了人们想要关闭公园的愿望（Newmark 等，1993）。Gillingham 和 Lee（1999）观察到在塞罗斯野生动物自然保护区周边，只要它没有威胁到村民的利益和生计，大家就会持支持态度。在同样的区域，有报道称因为庄稼被破坏和相关的机会成本导致村民对保护项目的强烈反对（Songorwa，1999）。在肯尼亚的莱科皮亚区域，农民感知到的许多野生动物保护的负面影响来自庄稼遭受入侵和危险野生动物的破坏（Gadd，2005）。在莫桑比克，因为大象丧失庄稼的农民和非受害者相比更反对马普托大象自然保护区（DeBoer 和 Baquete，1993）。在乌干达 Mburo 湖国家公园，试图消灭该区域的保护价值而选择屠杀野生动物的农户在 1983 年被驱逐后，于 1986 年被允许再次安置在该地区，因此排除了被再次驱逐的可能性（Hulme，1997）。

但为了使利益真正成为激励，必须建立起自然资源保护、发展和取得收入的机会之间的直接联系（Alpert，1996；Salafsky 和 Wollenberg，2000；Brown，2002）。建立理论上的联系不能保证当地居民会支持保护行动，利益只有作为激励并且如果当地居民真正感知到生计和保护的联系，并改变当地对资源保护的态度时才会发生作用（Noss 等，1999；Salafsky 和 Wollenberg，2000）。从本质上，以激励为基础保护的意图是创造保护和生计之间的依赖，不仅鼓励支持自然资源保护，而且产生一个对保护长期的承诺。如果这种联系不能建立起来，那这个项目就只是一个发展项目，并且不一定能达到保护的目标（Brandon 和 Wells，1992；Noss 等，1999；Salafsky 和

Wollenberg，2000；Gadd，2005）。

　　然而，利益基础方法期待的效果总是暂时的或很少的。背后的原因是：不充分的利益（和保护成本相比较）；不公平的分配；未送达的许诺以及未实现的期望（Gadd，2005；Songorwa，1999）；并且社区缺乏对资源管理的决策参与（Parry 和 Campbell，1992；Songorwa，1999）。其他原因包括没有尊重社区的优先权（Parry 和 Campbell，1992）；政治承诺不足（Songorwa，2004）；社会经济数据不充分（Wells 和 Brandon，1992）；发展和保护之间关键联系模糊（Barrett 和 Arcese，1995；Newmark 和 Hough，2000；Songorwa 等，2000；Wells 和 Brandon，1992）。

2.3.1.4　促进保护与生计协调发展的方法

　　如何更好地促进保护与社区生计的协调发展，全世界各地进行了许多有益的实践，也为中国自然保护区今后的发展提供了借鉴意义。

　　20 世纪 80 年代初期以来，自然保护区规划人员试图通过增加对保护项目与管理的支持达到保护目的，激励项目（IBPs）应运而生。IBPs 的前提是通过解决社会需求和扩大居民利益作为对保护的激励来得到当地的支持。在 IBPs 项目下所应用的方法是不同的，可以包括当地的生产力建设，为授权的当地居民提供小额信贷的机会，发展旅游市场，提供培训技能，开展社区林业项目或对可持续资源的开采机会（Spiteri 和 Nepal，2008）。

　　对于统筹和协调自然保护区与社区内部协调发展问题，国外学者主要研究和推崇的一种模式为"社区共管"，他们从社区共管的提出、发展以及实践等方面进行了相关研究。社区共管是 20 世纪 90 年代兴起于国际上的新型自然资源管理模式，其基本内涵是，要使森林资源或自然保护区得到有效的管理与保护，就必须要考虑居住在林业或自然保护区内及其周围的社区村民对这些资源的依赖和需求问题。其主要目标是生物多样性保护和社区发展可持续的结合。

　　"社区基础保护"方法是指当地居民逐渐被接受为在可持续管理中的"合伙人"（Mehta 和 Kellert，1998）。这个基于保护策略的方法强调当地社区在决策制定中的作用（Hulme 和 Adams，1998）。通过定义，保护应该来自社区，通过社区并且为了社区（Murphree，1994），同时社区在自然保区管理中作为积极的合伙方（Songorwa 等，2000）。社区基础保护项目通过如下方法实现他们的目标：①允许人们生活在自然保护区内及周边并参与到土地使用政策和管理决策中来；②给予人们对野生动植物资源的所有权和拥有权；③保证当地居民从野生动植物保护中能得到经济利益（Hackel，1999）。

自然保护区管理中以社区为基础的方法现在已经在许多地区建立，大多数在非洲，如 CAMPFIRE、ADMADE 和 LIRDP 项目。据报道这些措施使农户得到的直接经济收益提高了，农户已减少狩猎（Metcalfe，1994；Lewis 和 Alpert，1997；Wainwright 和 Wehrmeyer，1998）。这些方案中的经验显示了自然保护区管理中以社区为基础的方法已获得了一定程度的成功（Hackel，1999）。埃塞俄比亚的环境政策（EPA，1997）鼓励支持社区获得权力来为影响他们生活和环境的事情自主决策。埃塞俄比亚的参与式管理方法有全方位的目标，包括促进可持续管理和森林生态系统的保护以及提高生活在资源内部及周边的农户的生活水平（IFMP，1999；JICA，2006；PFMP，2006）。

然而，越来越多的人意识到这些方案不是通过社会经济收益，而是通过日益增长的强制性的道德来约束人们的行为（Gibson 和 Marks，1995）。在许多方案中，社区明显没有积极参与到规划和管理中（Metcalfe，1994；Wainwright 和 Wehrmeyer，1998；Songorwa 等，2000）。当地机构有时也缺乏，因此结果是，管理决策被区级或州级机构所控制（Metcalfe，1994）。同样有证据表明农村居民的经济需求和社区基础保护的实现之间的冲突（Hackel，1998）。一直有人说社区基础的保护很少提高当地社区的生活水平（Wainwright 和 Wehrmeyer，1998）。

社区保护作为一种对藩篱和罚款的补充（或选择）保护策略的实施，自然保护区当局和捐赠机构经常声称这个策略是成功的。然而，这样的声称很少得到实证数据的支持。在一些例子中，敌意和不遵守自然保护区规则是明显的。趋势总是倾向于批评当地人的无知和反抗（Kideghesho 等，2005），结果是严厉的法律强制措施经常优先实施来镇压当地对保护实践的反对。自然保护区需要对这些认知背后的认识和因素进行严格的评估（McClanahan 等，2005）。

2.3.2　国内研究综述

2.3.2.1　自然保护区设置的重要性

中国是世界上生物多样性丰富的国家之一，促进生物多样性保护与当地社区的协调发展，虽然中国研究起步较晚，但探索二者之间日益加剧的冲突的缓解途径，中国政府、非政府组织以及学者都在进行着不懈的努力。国务院明确提出"十二五"期间要进一步加强自然保护区建设，世界非政府组织〔世界自然基金会（WWF）、全球环境基金（GEF）等〕加大对中国生物多样性丰富区域的资助，目的不仅是为了科学研究，更重要的是发展当地社区经济以及保护现存的生物多样性。温亚利（2003）经过多年的实践研究认为，现阶段中国生物多样性保护事业已经到了一个岔路口，保护政策调整和创新是我国生物多样性保护所面临的最迫切任务，而社区农户的生存利益保障是保护工作中的重中之重。欧阳志云（2011）认为合理规划生物多样性丰富区域资源开发与利用途径以及社会经济的发展方式，把社区发展放在生物多样性保护的突出位置，实现贫困群体的社会经济发展与自然过程的协同进化。

2.3.2.2　自然保护区管理存在的问题

新中国成立以来，我国多数采用"抢救式"的模式来快速发展自然保护区，政策和法律手段为自然保护区的建立提供了支持。但是为了真正将自然保护区的作用体现出来，仅仅靠目前生态系统保护的各项政策是难以实现的，这种只关注保护的模式忽略了经济发展的需求，导致自然保护区的生态经济系统无法得到协调发展。

从管理主体和职权入手，分析现行的自然保护区管理模式，郑伟伟（2010）在分析过程中，提出了以下问题：目前我国的自然保护区管理模式存在重叠的多元主体，管理职责的划分不够清晰，管理权太过于集中。王灿发（2006）集中分析了自然保护区的管理体制，提出目前的管理体制中对于分工并没有明确的规定，管理机构也没有清晰明确的定位。田信桥、李明华针对自然保护区中存在的各项问题进行了综合分析，提出目前我国自然保护区的管理体制没有明确责任和定位，管理目标比较单一，和快速发展的经济不相符合，同时，协调机构的缺乏也会影响管理效率。余久华（2006）提出，管理体制建设不完善以及管理机构的性质不明确等都是我国自然保护区管理模式中存在的主要问题。王献溥（2004）提出机构设置不完善是我国现行的自然保护区管理模式中存在的主要问题，同时监督协调机制也没有很好地发挥作用，除此之外，管理机构的权限、职能以及机构性质都没有明确的规定。目前我国还不能很好地实施分级管理，业务指导与实际的管理权限相互分离，各个部门不能很好地合作，各自为政，存在较重的冲突和矛盾等。

韩念勇（2000）从自然保护区的管理政策展开分析，提出自然保护区的管理经费无法得到保障，分类管理可能造成严重的管理极端化，经营活动也无法得到科学的管理，自然保护区无法通过有效的经济活动实现自给自足，自然保护区的管理和旅游产业的开发不相适应，管理效率较低。除此之外，土地隐患也是比较严重的问题。韩念勇提出应该积极对传统的管理模式进行有效的改革。针对这一研究课题，苗鸿（2000）在全国80多个自由自然保护区开展了问卷调查，收集了第一手的资料，提出目前我国自然保护区管理中普遍存在的问题，这些问题集中起来包括：管理体制不够完善，机构设施不科学，造成混乱的局面；对自然保护区周边群众的利益关注不足，导致人们利益受到损害；自然保护区应该尽快实现自给自足，能够通过经济活动实现赢利；目前自然保护区的经营活动与管理活动没有明显的管理主体的区分等。这些问题都会造成自然保护区在资源管理、资源开发、经营活动等过程中出现矛盾。戈华清（2009）提出自然保护区管理体系中缺乏完善的法律制度支撑也是目前我国自然保护区管理模式中的典型问题。所以，学者马骧聪提出应该加强自然保护区的法制体系建设，充分发挥管理职能，从法律层面上为管理工作的改革提供保障。

2.3.2.3 自然保护区管理模式的构建

我国目前在自然保护区社区管理方面的研究现状主要是，基于西方发达国家已经存在的理论和方法的基础上，学习相关经验，同时结合我国具体的实际情况，为我国目前的自然保护区社区发展工作提出针对性指导理论和对策。我国有些学者已经开始意识到，自然保护区周边的落后和贫困等状况，将会给自然保护区工作的开展带来巨大阻碍，所以有专家学者提出了一种新型的保护管理模式，即社区公共管理。同时对社区公共管理模式的进展情况以及其在协调自然保护区和社区发展的工作中起到的重要作用进行重点分析。

以可持续发展理论作为切入点，深入探讨自然保护区内社区发展的问题，同时学者也可以围绕自然保护区的可持续发展战略提出自身的想法和建议，比如对野生动植物资源的合理开发以及重点保护，兼顾经济与生态系统的发展，对自然资源的保护以及协调发展，积极宣传自然保护知识等。不同的学者在自然保护区的可持续化发展进程中的态度是不一样的，比如有的学者支持保护大于发展，还有一部分支持发展大于保护。2000年，我国学者罗文提出，自然保护区的保护工作也是为了加快自然保护区的发展，同时也是为了子孙后代更好的发展。但2001年我国学者刘燕娜提出，应该秉着保护的态度来对待自然保护区，保护的程度增大、发展的程度缩小是自然保护区的必然趋势。2004年张建奇等学者认为，自然保护区和社区共同建设的方法，给自然保护区的持续发展提供了新的解决思路。想要建设自然保护区，就必须基于社区群众的支持，同时也要根据社区经济的发展，只有在建立自然保护区时将群众的利益考虑在内，同时通过调整产业结构和发展林业产业的方法，加强科技投入力度，全面改革传统的资源利用方式，这样才能高效的保护森林资源，减少人为破坏，使自然保护区和社区协调发展。

站在社会经济系统理论的角度上，深入开展研究讨论工作，下述内容是我国在该领域的研究现状。2008年，我国自然保护区和社区发展的矛盾如下：社区和自然保护区二者在土地权的争夺、资源的使用权、平等经营权以及利息分配权等方面展开了激烈的竞争。导致这些矛盾的主要原因有以下几个方面，第一，当下使用的管理体制存在着较大的缺陷；第二，运营机制的不完善；第三，管理政策的制定以及立法的滞后所带来的漏洞。为了更好地解决这些问题，我国要从六个方面着手，即立法、利息分配、管理机构、运行机制、自然保护区经营方式以及大力发展社区经济等。2009年钟莉华提出，可以构建3种发展模式来协调自然保护区和社区之间政策和利益之间的冲突问题，第一种模式是补偿发展模式，是以政府为主导的，也就是说政府采取一系列的措施，来促进自然保护区的社区经济发展。第二种是替代发展模式，是基于市场机制进行的，也就是说在发展保护生物多样性的活动里融入经济激励的政策，为当地社区创造出新的生产渠道，兼顾保护和发展的利益。第三种是综合发展模式，也就是说将政府和市场融合在一起协同发展，目前普遍认为该模式是最有效的解决保护和发展二者间存在问题的手段。具体做法是把政府行为、经济激励同时结合适度利用自然资源等方法，能够使社区在生物多样性不受到破坏的同时获得更多的利益。

靳乐山（2011）通过调研问卷应用条件价值法测度了居民对环境保护的认知程度，研究结果认为居民对环境保护具有较高的认知，受教育程度是影响认知的最重要因素。杨建美（2011）研究发现，社区群众对自然保护区的正面认知要远远高于负面认知，形成正面和负面认知的原因多种多样，政府管理活动本身是影响认知的一个主要因素。罗辉（2010）通过博弈论研究认为自然保护区与社区要想确保实现博弈模型的最优解，管理部门不仅要首先采取利益共享政策，还要制定相应政策措施和激励机制，加强监管和实施力度。王昌海（2011）以共生理论为视角探讨了秦岭自然保护区发展与保护的矛盾，研究结果认为：人类在保护生物多样性的同时，要首先重视人类生存的权利；韦惠兰（2010）以甘肃白水江自然保护区周边社区为对象研究了社区产业的发展问题，同时反思了"社区贫困化"的主要根源。

2.3.2.4 保护过程中的矛盾冲突问题

不少学者从不同的角度分析了自然保护区与当地社区、当地政府以及其他机构之间的矛盾冲突。长期以来，自然保护区在解决保护与社区发展之间的矛盾时，主要依靠行政命令和法律法规等手段，由于忽视了当地社区生存和发展的客观需要，使自然保护区与社区的矛盾日益加剧，自然保护区与当地政府也存在权属及资源利用等方面的冲突。此外，一些外来的财团或公司和自然保护区管理机构之间也存在资源保护与利用的冲突，他们通常以利益最大化为目的，对自然保护区资源进行掠夺性的开发。

国家林业局野生动植物保护司（2003）的研究认为，自然保护区与周边社区、当地政府之间存在的主要矛盾冲突有：①权属冲突。权属是事关自然保护区存在和发展的核心。权属不明，会引起法律纠纷，产生一系列不稳定因素，引起一些短期行为，进而破坏自然保护区资源。②资源保护与资源利用冲突。其一，社区发展与自然保护是当前自然保护区资源保护和管理的主要矛盾。自然保护区的建立客观上一定程度制约了社区经济的发展，社区的生存空间和资源利用受到约束，缩小了社区的活动空间，进而减少了社区群众的经济收入。其二，自然保护区与当地政府之间也存在着资源利用开发方面的冲突。当地政府的着眼点在于发展地方经济，不少地方政府规划占用自然保护区资源。

除此之外，自然保护区与社区之间的冲突还有资源收益的争夺。我国大多数自然保护区地处贫困地区。地方政府无法投入足够的保护费用。为了维持日常管护的需要，许多自然保护区都要进行创收。这种创收排斥了社区对自然保护区资源的经营，其直接后果就是使得自然保护区特权经营的现象越来越严重，从而加深了社区与自然保护区之间的矛盾。此外，不少学者也提到了野生动物破坏庄稼得不到补偿所带来的矛盾冲突（王帮利，2002）。韩念勇（2011）认为自然保护区不是死管，对自然保护区的保护也应考虑到人的利益和生存发展的需求。薛达元（2011）认为，生物多样性保护中的矛盾之所以依然严重，关键还是投入不足和政策执行不到位。

尽管在讨论到自然保护区与社区、地方政府等关系时，不少学者认识到了地方政府经济发展的需求及资源利用的强势机构利益最大化的追求对自然保护区的影响有时更大，但目前，在自然保护区发展及研究中，人们更多关注的是自然保护区保护与社区经济发展的关系，同时，自然保护区自身的经济需求在社区发展中也基本不考虑。

2.3.3　文献研究评述

国内外学者的大量研究是课题组进一步研究的基础。我们不难发现，自然保护区周边社区在生物多样性保护中起着非常重要的作用，运用不同的研究方法探讨不同自然保护区周边社区农户的保护意识、行为、认知等是目前研究的热点，如何协调保护与发展的关系依然是研究中的难点。从目前中国学者的研究来看，定性研究还是比较多的（任啸，2005；韦惠兰，2010；罗辉，2010；薛达元，2011）。从微观层面研究自然保护区与农户生计关系还是较少的，如果农户的基本生计没有得到保障，农户在生物多样性保护中更多关心的是自己的生存问题（温亚利，2009），因此，从社区农户视角进行定性与定量研究，时间紧迫且任务艰巨。选取大尺度有典型意义的区域，研究农户在资源保护中的行为态度、行为方式及其保护生物多样性的收益成本变化状况，定量化农户由于保护带来的经济成本与经济收益，为生物多样性保护研究开辟了新视角，为进一步完善自然保护政策，强化保护效果提供了新思路，对中国生物多样性保护事业具有时代意义（国家林业局保护司，2003；薛达元，2011）。

本研究选择了湖北省、江西省、云南省、陕西省、广东省、辽宁省和四川省为研究区域，利用统一的研究框架和问卷，对中国的 7 个省 36 个自然保护区的 1 675 户农户进行调研。自然保护区周边社区的贫困问题及资源保护与利用的冲突更具有典型性。探讨自然保护区周边社区发展路径选择、社区与保护利益关系、农户行为动因，进而探析政策与制度完善的方向，不仅对自然保护区建设及物种保护具有重要的现实意义，对中国生物多样性保护的模式选择及政策调整也具有重要价值。本研究以自然保护区周边社区及农户为研究对象，采用社会经济调查问卷的方法，对社区及农户进行大尺度综合研究，研究社区居民保护的经济成本与收益间的关系、发展与保护系统作用机理等问题，具有较高的学术价值。

3　自然保护区设置与农户生计相协调的理论分析

3.1　自然保护区带给了农户什么

自然保护区在保护生物多样性以及生态系统方面的作用已得到广泛认可（Balmford 等，2002；TEEB，2010），然而，自然保护区对当地社区的生计影响是有争议的。本节主要分析自然保护区带给了农户哪些积极的影响以及哪些消极的影响。

3.1.1　自然保护区对农户生计的负面影响

保护区的设置无疑给居民带来了一定的负面影响，例如对传统资源利用的限制、野生动物致害，以及对社区土地的剥夺和占用、移民搬迁等（Lusigi 等，1984；Naidoo 和 Ricketts，2006；Clements 等，2014）。因此全面地分析自然保护区究竟带给社区怎样的生计成本，有助于自然保护区制定更加合理的政策来减缓对农户生计的损害。自然保护区对农户生计脆弱性的影响路径如图 3-1 所示。

3.1.1.1　移民搬迁

移民搬迁通常指社区居民被强制从原住址迁出（Coad 等，2008）。《中华人民共和国自然保护区条例》规定"自然保护区核心区内原有居民确有必要迁出的，由自然保护区所在地的地方人民政府予以妥善安置"。自然保护区管理局同地方政府、扶贫办共同努力，推进了自然保护区内生态移民的进程。

生态移民对农户生计的影响是有争议的（West 和 Brockinton，2006），也经常被用来强调生物多样性保护与减贫之间的冲突（Nepal，2002；Mul-

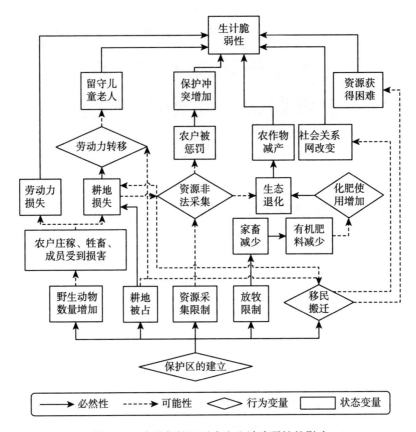

图 3-1 自然保护区对农户生计脆弱性的影响

der 和 Copolillo，2005；Brockington，2004）。世界银行（World Bank，2002）强调移民搬迁应该有助于社区发展或者通过重建至少没有损害社区生计。生态移民通过减少自然保护区内人口密度从而减缓居民对物种及生态系统的压力（West 和 Brockington，2006）。然而移民农户通常对保护持有消极的态度，不利于保护的持续性（Coad 等，2008）。"贫困风险和重建"（Impoverishment Risks and Reconstruction）框架提出了移民农户的 8 项主要风险，许多风险同自然保护区生态移民显著相关：

- 失去土地（土地资产的征收或土地使用权的损失）；
- 失去工作（即使移民搬迁创造了一些临时性的工作）；
- 失去家园（失去老宅房屋、家乡、文化场所）；
- 边缘化（社交、心理和经济变得更糟）；

- 食品不足（营养不良等）；
- 增加发病率和死亡率；
- 失去公共产品使用权（森林、水、荒地、文化场所）；
- 社会隔绝（权利剥夺、社会机构的瓦解）。

除上述风险外，生态移民还导致了农户资源利用难度的增加，由于搬迁新址距离原始耕地距离较远，许多农户不得不回到了自然保护区内的老宅。此外，生态移民导致了自然保护区内外农户都面临着种植、放牧和资源采集土地的减少，加剧了自然保护区周边的土地和资源压力（Bassi，2003）。生态移民同时导致了农户生计策略的改变，如采取更加集约化的种植技术，生计多样化或非农转移。综上所述，尽管自然保护区内生态移民有助于缓解自然保护区资源保护的压力，通常也给予了农户一定的补贴，但是如果忽视了移民后农户的生计问题，就会导致农户生计水平的下降和不可持续性。

3.1.1.2 土地权属的改变

出于保护的需要，自然保护区通常对农户和社区的土地进行征占，剥夺了曾经属于农户和社区的使用权（WRI，2005）。自然保护区对农户土地的征占包括宅基地、耕地、林地，自然保护区将范围内土地使用权收归自然保护区，一定程度上有利于自然保护区的管理，减少自然保护区和社区资源产权上的冲突。然而，由于中国处于发展进程中，法治建设和居民意识相对滞后，导致自然保护区对社区土地的征占通常具有较强烈的政府强制色彩，缺少与社区的沟通，加剧了农户的不满。同时由于农户土地资产的不安全性，催生了农户更多的短视行为，如自然保护区周边农户由于担心林地被占从而加大采伐力度，而较少地投资林地（Harkness，1998）。张道卫（2001）提出由于缺少稳定、安全可靠的产权政策，导致了林农重利用、轻投入、弱管理。相较于土地被政府征占，认为可以将土地继承给后代的农户可能更重视对土地进行投入（Powell，1988；Ngome，2006）。此外，尽管政府及自然保护区对农户土地征占给予了一定的补偿，但补偿金额较低，且一次性补偿缺少对农户未来生计的考虑，削弱了农户的生计资本，导致生计脆弱性。

由于资产权的不稳定性，土地权利的损失和变化还削弱了社区机构的能力，导致传统社区结构以及传统文化的损失，加剧了社区与自然保护区的冲突（Aberkerli，2001）。此外，如果土地权属从社区移交国家之后没有有效的监督和保障措施，会导致"公地悲剧"的发生，即更多的农户利用公共自然资源而不付出成本，最终导致生态失衡。土地的损失同样导致农户生计策略的转变，缺少土地的农户失去了安全保障，不得不外出务工或转向非农产业，造成了家庭留守老人儿童增加等社会问题。

3.1.1.3 资源收集约束

从自然保护区的定义[①]来看，自然保护区将会对当地社区的资源利用进行约束，资源的约束程度随着自然保护区不同区域级别而不同。原则上，核心区禁止任何单位和个人进入；缓冲区只准进入从事科学研究观测活动；实验区可以进入从事科学试验、教学实习、参观考察、旅游以及驯化、繁殖珍稀、濒危野生动植物等活动。然而，由于自然保护区内实施天然林保护工程和生态公益林工程，因此通常整个自然保护区范围内资源利用都是受约束的。自然保护区对农户资源利用的约束包括木材采伐、薪柴采集、放牧、野生植物采集的限制。自然保护区内资源利用约束一定程度上有利于生态和生物多样性保护，约束强的自然保护区在减少森林退化方面表现更佳（Clark等，2008）。然而，资源约束同样对农户生计造成一定影响。

由于自然保护区多数分布在边远的山区农村，农户对森林产品依赖度较高。森林叶子、水果和蔬菜提供农户维生素和矿物质（Foppes 和 Ketphanh，2004）。作为生计安全保障，森林可以减缓因为作物减产导致的食物和收入损失（Ferraro，2002）。薪柴是农户特别是贫困农户家庭能源的主要来源。农户房屋的建造也更多依赖森林。因此自然保护区对农户森林资源的约束增加了农户生计水平的脆弱性。对农户放牧的限制一方面减少农户的收入来源，另一方面家畜的减少导致了农家肥减少，农户更多地使用农药化肥，造成土地的退化。

此外，资源采集的约束影响了农户的就业。1998 年长江流域天然林的全面禁伐，导致了以国有森工企业为主的近 110 万人口失业，过去由森工企业承担的教育和医疗服务也相应受到影响（Kaimowitz，2003）。资源利用约束如果没有有效执行，还可能导致农户非法采集活动的增加，从而增加自然保护区

---

① "自然保护区"为"对有代表性的自然生态系统、珍稀濒危野生动植物物种的天然集中分布区、有特殊意义的自然遗迹等保护对象所在的陆地、陆地水体或者海域，依法划出一定面积予以特殊保护和管理的区域"。

与农户冲突的风险。自然保护区内资源的严格约束也会导致自然保护区外农户更多的短视行为，即加大木材采伐和薪柴采集（Harkness，1998）。

另外，自然保护区森林采集约束通常导致社区转向生态旅游而获得收益。随着商业化和市场化的发展，有能力的农户能获得更多的生态旅游收益，从而加剧了社区内农户收入的不平等，甚至导致边缘农户更加贫穷（Arnold 和 Perez，2001）。随着生态旅游收益的不断增加，对当地的行政体系同样构成冲击，社区之间、社区与自然保护区之间、社区与公司之间会争夺生态旅游带来的收益，增加冲突的可能性（West 等，2006）。同样，生态旅游的蓬勃发展会吸引更多的农户迁移到当地，加大了资源利用压力。因此自然保护区对农户资源利用约束会产生多重影响，既可能损害农户生计水平，也可能导致保护水平的下降。

3.1.1.4 人与野生动物的冲突

人类与野生动物的冲突不断增加，已经成为自然保护区普遍面临的问题。其原因可能是人口的增加、野生动物数量的增加、野生动物活动范围的扩大、保护措施严格或气候变化的影响（Saberwal 等，1994）。野生动物对当地居民的影响主要包括两个方面：对农作物的破坏以及对人畜的伤害。

与社区冲突较多的动物包括：狼、野猪、猴子、大象以及鸟类等（Bajracharya 等，2006；Kideghesho 等，2007）。野生动物致害导致农户食物的减少和农业收入的严重下降（Banskota 和 Sharma，1995；Weladji 和 Tchamba，2003）。同时损失可能会非常大，且分布是非平均的，有些农户辛苦耕作一年，可能一夜之间就被大象毁坏殆尽。此外，野生动物对牲畜的致害还包括疾病传播风险。野生动物对人身的伤害影响更大，不仅导致高昂的医疗费用，还可能导致劳动力的损失（Tiffen 等，1994）。

面对野生动物致害威胁，一些农户通过藩篱、稻草人，养狗或增加巡逻来减缓野生动物致害，但效果并不理想（Thouless 和 Sakwa，1995）。生态移民搬迁也是解决威胁的方法，然而由于搬迁成本过高，导致许多地区很难执行。此外，许多农户由于耕地位于山脚下，极易遭受野生动物破坏，导致撂荒的现象也非常普遍。而针对野生动物对人身的威胁，则需要自然保护区通过培训和教育，提高农户的自身安全意识，减少与野生动物接触的机会（Coad，2008）。

尽管野生动物致害现象非常普遍且严重，但目前关于野生动物肇事的补偿机制仍不健全（Madhusudan，2003）。根据《中华人民共和国野生动物保护法》的规定，野生动物对农作物造成的损害应由当地政府负责补偿，但现实中很难得到兑现。同时该法规定只有国家一级保护动物引起的庄稼作物损失才会给予补偿，而现实中很多的损失是由非一级保护动物引起的，而这部分损失是没有补偿的（王昌海，2014）。从目前的实际情况可以看出野生动物肇事损失的补偿主要存在以下几个方面的问题：补偿主体不明确；补偿制度操作性不强；补偿范围不明确；补偿经费无保障。而云南省通过保险的形式对野生动物肇事进行补偿，是有益的尝试。

毫无疑问，人类与野生动物日益增加的冲突会损害自然保护区同社区的关系（Songorwa，1999；Gadd，2005；Linkie 等，2007），且随着野生动物数量的增加，人类与野生动物之间的冲突也会日趋严重。野生动物致害不仅损害农户的生计水平，同时影响农户的保护态度，甚至可能引发农户打猎、下套等行为，从而威胁野生动物的保护。野生动物保护不应该以损害当地居民的利益为代价，保护在造福全社会乃至全人类的同时，不应该降低当地社区的福祉。尽管成本很高，自然保护区和政府仍需且有义务解决野生动物致害的问题，保障农户的生计安全。

3.1.2　自然保护区对农户生计的正面影响

自然保护区同样对农户生计产生积极的影响。生态系统服务不仅能给农户提供直接收入机会，同时也能提供供给服务、调节服务、文化服务以及支持服务（图 3-2）。准确的认识并衡量生态系统服务非常困难，因为生态系统通常提供间接的收益，导致对生态系统服务认识的不足（Myers，1996）。因此了解自然保护区对农户生计的积极影响，特别是间接收益，有助于更加全面客观地了解自然保护区设置对周边社区的作用。

3.1.2.1　生物多样性保护

自然保护区可以有效提高生态系统和生物多样性水平。WWF 通过对 200 多个自然保护区的分析得出自然保护区内的生物多样性条件更好（Dudley 等，2004）。中国的自然保护区在保护野生动植物，保持生态系统，提高生物多样性水平方面均发挥了显著的作用。

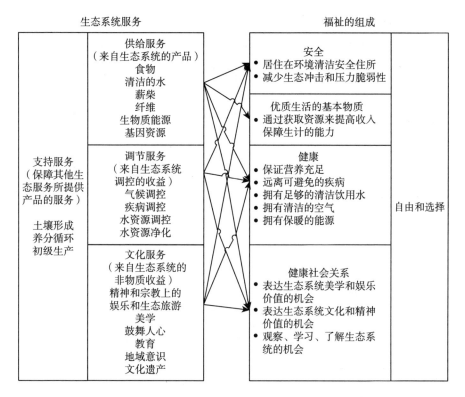

图 3-2 生态系统服务与人类福祉

资料来源：千年生态系统评估（Zakri，2003）。

生物多样性的全球价值已得到广泛认可。完整的生态系统在面对变化时恢复力更强，同时能提供更多的生态服务（Cardinale 等，2006；Fox，2006）。然而，生物多样性对农户的直接收益取决于自然保护区的管理政策：自然保护区对社区是共生关系还是排斥关系，自然保护区同周边社区的利益分享机制如何？

生物多样性保护为农户提供的间接服务如图 3-2 所示，包括支持和调节服务、供给服务和文化服务，可以保障农户的健康、生计安全以及良好的社会关系。其中，支持和调节服务包括产生并保持土壤、初级生产、可持续水循环、径流控制、防止水土流失以及储存并循环必备的养分。当地居民通常并不认同这些服务，因为这些收益让区域、国家甚至全球共享，而保护的成本更多地由当地社区承担（Myers，1996；Balmford 等，2002）。此外，生物多样性保护对周边社区具有溢出效应，由于生态的改善，可以提高自然保护区周边社区的资源采集收入。

生态系统的供给服务通常更容易识别和评估，因为其能提供更直接的经济收益。自然保护区当地社区对森林资源的依赖已在前文强调，自然保护区对农户提供最大的服务收益在于可以让下一代继续享受森林资源。此外，自然保护区内农户资源利用（包括木材和非木质林产品）是当地社区的重要收益之一（Bauer，2003；Holmes，2003；Bajracharya 等，2006；Allendorf 等，2006）。在允许农户适度经营的前提下，生物多样性保护无疑会保障农户的林业收入。同时，野生中药材等非木质林产品的采集可以显著提高农户的收入，增加其收入来源，有助于农户的生计可持续性（Hamilton，2004）。

生物多样性保护的文化服务价值难以计量。毁林将会导致与森林相关的文化传统和宗教的损失。McNeely（1994）提出了自然保护区在维持文化同一性、保护传统地理景观以及赋予当地知识方面发挥了重要作用。Lü 等（2003）认为卧龙自然保护区主要的社会发展收益是社会的稳定性和文化的同一性。野生中药材等非木质林产品在提供农户经济收益的同时，同样具有象征意义和文化意义（Hamilton，2004）。最后，当地居民掌握的传统野生植物及资源知识可以帮助其获得就业机会，服务于当地需要，有时也有助于科学研究，这些价值同样是内在的。

3.1.2.2 生态补偿

通过政府、非政府组织或私人对当地社区或土地所有者因为保护生态系统和物种进行补偿，可以增加当地社区农户的收入水平，增加其生计来源，改善其保护态度（Grieg‐Gran 等，2005）。《自然保护区条例》规定："建设和管理自然保护区，应当妥善处理与当地经济建设和居民生产生活的关系"。中国自然保护区对农户的生态补偿包括：生态公益林补偿、退耕还林补偿、野生动物肇事补偿、退耕还湿补偿、湿地补助金等。其中生态公益林补偿主要是对农户放弃森林资源采伐利用进行一定的经济补偿。遗憾的是，补偿标准之低，已严重损害了农户的利益和对保护的积极性。国家级生态公益林补偿标准为：国有的 6 元/亩*、集体的 15 元/亩。虽然国家和部分省份对生态公益林的补偿标准逐年提高，但与商品林经营收益（福建省商品林

---

* 1亩＝1/15公顷。

经营收益约 100 元/亩）和广大林农的期望相比还比较低。

3.1.2.3　生态旅游等非农就业机会

自然保护区开展生态旅游可以产生直接的收入，因此被认为是自然保护区同时实现保护与发展的理想模式（Metcalfe，2003）。农户在生态旅游中的收益包括出售产品和服务（经营农家乐、商店），或者通过收入分享机制（如门票收入分成）（Adams 和 Infield，2003；Bajracharya，2006）。许多生态旅游项目也产生了一些非经济收益，如社区农户能力的提高，信息获取变得更容易，金融以及市场得到发展（Smith 和 Scherr，2003）。这些非经济收益可以帮助农户实现收入多样化以及非农化，从而提高家庭生计水平。

然而，在部分自然保护区，由于生态旅游导致的基础设施建设过度以及资源采伐，造成了环境的退化（Liu 等，2001；Nepal，2002）。同时，生态旅游规划的失误（旅游区分割了野生动物栖息地）、游客行为的不规范（旅游时擅自闯入自然保护区核心区）、游客人数过多（噪声污染对野生动物的干扰）都会损害保护的有效性。

生态旅游在社区内收益分配通常是不平等的（West 等，2006；Kiss，2004）。自然保护区外的老板分享了多数的旅游收入（刘姿含，2013），自然保护区内农户多数从事收入较低的职位（如导游、司机、园艺、清洁工等），或者从事季节性工作（潘景璐，2013）。因此自然保护区的旅游收益需要更多地和当地居民分享，才能有效提高当地居民的收入水平。

3.1.2.4　发展项目

农户生计在生物多样性保护中的重要性已得到了广泛认可（Nepal 和 Spiteri，2011；温亚利，2009），一些自然保护区通过设立社区共管科室由专人对接社区农户，同时通过发展项目旨在提高农户的生计水平，降低自然资源依赖度。自然保护区发展项目通常包括清洁能源项目（如帮助农户安装太阳能、沼气池、节柴灶来减少农户薪柴利用），生计发展项目（特色种植养殖、绿色大米等），人员培训（旨在提高农户非农就业能力）。然而许多生计项目由于市场、信息等方面的不足，导致了项目的可持续性较差，往往项目期结束后，农户也逐渐退出参与的生计项目。相较于能源项目和生计项目，自然保护区对社区的教育和培训被认为是发展项目中最成功的（Mackinnon，2001）。通过教育培训提高社区农户的人力资本，不仅有助于其保护意识的提高，也增强了其非农就业的能力。

3.2 自然保护区管理不同主体的利益诉求和行动策略

3.2.1 利益相关者的界定

根据利益主体在保护过程中的角色，自然保护区管理主要涉及三类利益相关主体。

3.2.1.1 政策制定者

包括中央及省市中高层政府以及县、乡镇基层政府及村。中高层政府的职能是制定发展规划、出台相关政策、指导政策实施、对政策实施过程加以监督与监管，基层政府的职责在于政策的直接实施者与监督检查的执行者。

对于自然保护区而言，高层政府主要是国家林业局、生态环境部和农业农村部。国家林业局是陆生野生动物保护行政主管部门，对全国陆生野生动物和林区野生植物及林区外珍贵野生树木保护工作实行统一监督管理，是湿地及其生物多样性保护管理的牵头部门。农业农村部是水生野生动物保护行政主管部门，对全国水生野生动物和管理范围内非林区野生植物保护工作实行统一监督和管理。负责渔业资源、水生生物湿地、水生野生动植物和水产种质资源的保护。生态环境部是生态环境保护综合行政管理部门，负责对野生动植物保护和自然保护区建设与管理工作实行统一监督管理。中层政府主要是省及市林业局、农业农村局、生态环境局。基层政府主要是指县、乡镇林业局、农业农村局和生态环境局。高层政府制定全国性自然保护区相关法律法规，中层及基层政府制定具体的实施方案。

3.2.1.2 自然保护区

自然保护区管理局是保护政策的执行者。《中华人民共和国自然保护区条例》第二条将自然保护区定义为"对有代表性的自然生态系统、珍稀濒危动植物物种的天然集中分布区、有特殊意义的自然遗迹等保护对象所在的陆地、陆地水体或者海域，依法划定一定面积予以特殊保护和管理的区域"。自然保护区管理局则代表政府履行保护责任，执行保护任务。

3.2.1.3 自然保护区周边社区

自然保护区周边社区是指与自然保护区相毗邻的县、乡、村社会区域，主要指自然保护区内的社区及与自然保护区接壤的社区。自然保护区周边社区是保护工作最重要的利益参与者，社区农户一方面依赖自然保护区内的自然资源发展生产，维持生计，获得收入；另一方面生态环境的提升也有助于当地社区的发展。

3.2.2 利益相关者的需求分析

由于不同利益相关者的作用和职能具有差异性，因此他们所追求的利益目标同样也存在明显的差异性。由于差异性的存在，对他们的利益取向与需求进行深入的剖析是有必要的，要想同时实现保护与发展的目标，必须找到有效的适合利益相关者不同需求的调节机制和途径。各个利益相关者的利益需求和利益目标如表3-1所示。

表3-1 保护利益相关者需求

分类	利益相关者	利益需求或利益取向	利益目标	危害保护的行动
政策制定者	中央政府	a. 加强生态资源保护，发挥生态效益；b. 维护公共利益；c. 减少公共财政支出	a. 生态的保护；b. 经济发展；c. 社会稳定	—
	地方政府	a. 增加地方财政收入；b. 减少环境破坏；c. 减少财政支出	政绩最大化	开矿、建路，强制自然保护区调规
自然保护区	自然保护区管理局	a. 管护自然保护区；b. 职工收入稳定；c. 扩大影响	保护效果最大化	不开展保护活动、违规发展旅游业
周边社区	农户	a. 增加收入来源；b. 满足烧柴、放牧等需要	家庭收益最大化	偷伐、偷猎、放牧

可见，由于不同利益相关者具有不同的利益需求和利益目标，因此会采取不同的行动策略。首先对于地方政府而言，地方政府为了追求政绩最大化，当生物多样性保护与地方发展出现冲突的时候，可能会做出以牺牲保护为代价优先发展的行动策略。部分地方政府无视自然保护区的存在，通过调整自然保护区规划图，而合法地开采矿业、发展旅游业、建设铁路公路，对生物多样性保护造成了严重的危害。由于地方政府的权力通常高于自然保护区的权力，导致自然保护区的设立无法对地方政府发展构成有效的限制和约束。从地方政府和中央政府的博弈而言，一方面中央政府希望地方政府大力

发展地区经济，提高基础设施建设，保持 GDP 增速，另一方面中央政府希望尽可能地不损害环境和生态。由于存在着信息不对称的问题，导致中央政府无法监督地方政府的行为，从而出现危害生物多样性保护的经济发展活动。

首先，对于自然保护区而言，由于缺少足够的工作经费，导致许多自然保护区无法有效地开展保护管理活动。其次，缺少有效的监督评价体系，导致许多自然保护区存在着干与不干、干多干少、干好干坏一个样的"大锅饭""铁饭碗"心理。再次，许多自然保护区非常缺乏保护专业人才，由于待遇较差，大多数自然保护区已经连续很多年无法招到年轻人从事保护工作，不利于保护工作的开展。最后，由于绝大多数自然保护区都位于偏远的山区，许多自然保护区考虑到招聘的吸引力以及职工子女上学问题，将自然保护区管理局搬迁到附近的县城甚至市区。局内工作人员无法接触到自然保护区周边社区，无法有效开展保护活动。此外，由于生态旅游的火热，许多自然保护区大力发展旅游业，重收益、轻保护。管理局赚得钵满盆满，然而用到保护工作中的经费少之又少。由于自然保护区开展森林旅游业可以带动地方经济的发展，带来高税收，因此地方政府对森林旅游也抱着欢迎的态度。而中央政府又缺少有效的监督机制，无法全面监督自然保护区开展森林旅游业务的违规问题。同时，从中央层面，并没有出台旅游收益返还用于保护比例的相关规定，这就导致了许多自然保护区开展了旅游业，促进了经济发展，却并没有相应地促进保护的实现。

对于自然保护区周边社区的农户而言，由于其面临着生计压力，可能出现违法利用自然保护区内资源的情况。由于存在着信息不对称以及监督困难的问题，导致自然保护区很难对社区居民的违法利用行为全部发现并惩罚，因此许多自然保护区依然存在偷伐、偷猎、下套的现象。此外，许多自然保护区由于没有执法权，导致其无法直接对违法村民进行惩罚和处理。部分自然保护区由于缺少社区工作经费，只限制居民的资源利用行为，对居民的生计没有提供任何帮助，导致居民和自然保护区矛盾激烈。

综上所述，由于存在不同利益需求以及信息不对称的问题，导致保护过程中，各个利益主体均可能出现危害保护的行为发生。因此在制定保护政策时，需要考虑到各方的利益需求，实现保护与发展的协调发展。

3.3 农户的行为决策及其与政府的博弈：激励不相容与道德风险

作为一项公共政策，自然保护区工程试图通过制度约束、生态补偿等激励手段同农户之间建立一种新的契约关系，以减少对生态环境有严重负外部性的经营行为，同时强化对有利于改善生态环境的经营活动的激励。从激励的角度讲，如果政府想借助补偿政策实现既定的生态环保目标，保护政策必须能有效约束和激励退耕农户，从而使农户在追求私人利益的同时恰好实现政府的生态目标。然而，由于私人利益目标和政府利益目标的偏差，私人利益并非在任何时候都能充分体现社会环保目标，尤其是当私人偏好受到市场冲击而发生变化时，补偿政策便可能失去激励相容性（incentive compatible），即农户的经营行为偏离政府生态环境目标。

从理论上讲，政府补偿政策的微观基础是农户自利性经营活动对生态环境所产生的正外部性。这样，一个关键问题便是，农户的自利性经营行为能否产生足够的外部性，从而帮助社会实现生态环保目标？换言之，农户行为是否具有社会理性？森林资源是保护还是利用是自然保护区与农户矛盾冲突的主要焦点。本研究以森林资源为例，判断政府激励下农户行为是否有利于实现生态保护目标。

假设森林在提供木材和提供服务方面具有替代性，在图 3-3 中，$GCAH$ 曲线是自然保护区内森林资源的生产可能性边界，它代表林地资源在生产木材和提供生态服务这两种用途上所能提供的最大社会收益的各种可能性组合。在生态林工程实施之前，社会选择在 A 点配置林地资源，即供给 OI 单位的木材和 OD 单位的生态服务。在 A 点，农户短期偏好曲线与生产可能性边界相切，表明补偿政策虽有利于改善整个社会福利水平，但在短期并非符合农户私人利益。而在 C 点，社会偏好曲线和生产可能性边界相切，表明在 C 点林地资源在两种用途上的配置方式最能体现社会福利目标。换言之，理想的保护目标应该使总林地资源供给 OK 单位的木材和 OF 单位的生态服务。

事实上，社会对最优配置点 C 的选择是通过政府的统一规划来完成的。

显然，对于政府而言，规划生态林的总体规模是一个两难选择。如果政府扩大生态林的规划面积，那么虽然可以增强生态环境的治理效果，但会损失更多的木材，进而不仅会增加补偿政策的公共支出成本，而且会使更多的农户失去基本的生存保障。而如果政府缩减生态林的规划面积，那么虽然可以增加木材生产，进而降低补偿成本，并且可让更多的农户在相当长的时期内获得基本生存保障，但生态环境的治理效果将会降低。因此，政府的最优规划应该是一种折中选择，即力图选择一个能将社会福利损失降低到最低点的生态林总体规模。

补偿政策的预期结果在图 3-3 中可表示为组合点从 A 点内缩至 C 点。补偿政策的直接社会成本是整个社会将失去 KI 单位的木材，也可视为农户参与生态林工程最主要的机会成本。可以肯定的是，如果政府不对参与生态林工程农户实施经济补偿等其他配套性转移支付政策，生态公益林工程不会成为农户的理性选择，至少从短期来看并非符合农户的利益。从理论上讲，生态林工程能否顺利实施取决于两个关键因素：其一是政府的补偿政策能否弥补农户放弃采伐的机会成本；其二是政府对生态林的行政监督是否到位。从目前的实践来看，补偿政策无法给予农户足够的补偿，另一方面自然保护区都采取了行政手段对生态林进行监督，一定程度上遏制了非法采伐的现象。

然而由于农户的私人行为很难保证工程具有稳定的激励相容性，因为农户的自利行为至少在以下三种场合会偏离社会生态利益目标。

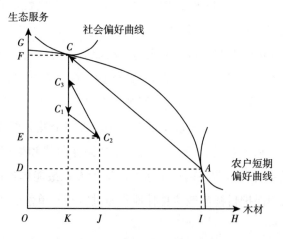

图 3-3　政府补偿政策下农户的选择

首先，假设由于严格的保护农户对其所有的生态林没有进行任何采伐，木材供给由 OI 减少到 OK。同时由于林地的预期收益为零，农户便失去了投入和管护林地的积极性，导致森林质量的退化。由此可见，像任何不具有排他性的公共物品的供给一样，即使农户拥有生态林的林权，生态林在私人供给下的供给总量仍低于社会最优供给量。可以肯定的是私人拥有生态林产权的情况下将不能使森林生态服务从工程前的供给量 OD 上升到最大社会需求量 OF，而只能在较低生产组合点（假设在 C_1 点）来供给 KC_1 单位的生态服务。

其次，即使政府通过强制措施将农户森林采伐量从 OI 降至 OK，当木材的市场价值上升，或者农户生计所迫时，农户可能会自利地选择偷伐树木。用图 3-3 表示，林农偷伐树木使得生产组合点从 C_1 点转移至右下方 C_2 点。显然，在 C_2 点生态服务供给量为 JC_2，小于在 C_1 点的生态服务供给量 KC_1。从长期看，政府很难借助行政力量完全监督自然保护区内林农的分散决策行为，特别是自然保护区通常地处偏僻的高山地区，农户能够在较大的时空范围内利用私人信息优势从事违法采伐活动。

最后，假设自然保护区将区内林地全部收归自然保护区所有，同时通过严格的监管措施保证农户不能利用私人信息毁林，即木材采伐的减少量为 KI。同样由于经费约束及有效激励不足的问题，自然保护区不会对森林进行大量的投入和抚育，生产组合点从 C_2 移至 C_3，同样没有达到社会最优组合点 C 点。

简言之，自然保护区的生态林补偿政策并不是在任何情况下都具有足够的社会理性，特别是由于存在道德风险，自然保护区无法保证农户的决策都符合生态优先的目标。保护政策必须能有效约束和激励退耕农户，从而使农户在追求私人利益的同时恰好实现政府的生态目标。

4 研究区域和样本的描述性统计

4.1 研究区域概况

本研究选取了东部省份辽宁省和广东省，中部省份湖北省、江西省，西部省份陕西省、云南省和四川省共计7个省作为研究区域。在每个省根据自然保护区级别（国家级和省级）、自然保护区发展程度，分别选取了4~8个自然保护区进行调研。具体自然保护区如下：湖北省（神农架自然保护区、五峰后河自然保护区、赛武当自然保护区、丹江口自然保护区）；江西省（鄱阳湖自然保护区、官山自然保护区、庐山自然保护区、桃红岭自然保护区）；云南省（元江自然保护区、糯扎渡自然保护区、西双版纳自然保护区、拉市海自然保护区、苍山洱海自然保护区、剑湖自然保护区）；陕西省（太白山自然保护区、周至自然保护区、牛尾河自然保护区、黄柏塬自然保护区）；广东省（南岭自然保护区、车八岭自然保护区、湛江红树林自然保护区、鹅凰嶂自然保护区）；辽宁省（辽河口自然保护区、医巫闾山自然保护区、努鲁尔虎山自然保护区、清风岭自然保护区）；四川省（卧龙自然保护区、小寨子沟自然保护区、唐家河自然保护区、王朗自然保护区、九寨沟自然保护区、大相岭自然保护区、栗子坪自然保护区、贡嘎山自然保护区、冶勒自然保护区、美姑大风顶自然保护区）。各省及各自然保护区的基本信息见表4-1和表4-2。

表 4-1　研究区域各省份基本情况

省份	地理坐标	气候条件	森林覆盖率（%）	农村人均收入（元）	主要少数民族
湖北	N（29°05′~33°20′）E（108°21′~116°07′）	亚热带季风性湿润气候	38.4	7 851.7	土家族、苗族、回族、侗族、满族

（续）

省份	地理坐标	气候条件	森林覆盖率（%）	农村人均收入（元）	主要少数民族
江西	N（24°29′～30°04′） E（113°34′～118°28′）	亚热带温暖湿润季风气候	60.01	7 829.4	回族、畲族、满族、苗族、蒙古族
云南	N（21°8′～29°15′） E（97°31′～106°11′）	亚热带季风气候和热带季风气候	50.03	5 416.5	彝族、白族、哈尼族、傣族、壮族、苗族、回族
陕西	N（31°42′～39°35′） E（105°29′～111°15′）	北温带、亚热带季风气候	41.42	5 762.5	回族、满族、蒙古族、壮族、藏族
广东	N（20°13′～25°31′） E（109°39′～117°19′）	亚热带、南亚热带和热带气候	51.26	10 542.8	壮族、瑶族、畲族、回族、满族
辽宁	N（38°43′～43°29′） E（118°50′～125°47′）	温带大陆性季风气候	38.24	9 383.7	满族、蒙古族、回族、朝鲜族、锡伯族
四川	N（26°03′～34°19′） E（97°21′～108°33′）	亚热带季风气候	35.22	7 001.4	彝族、藏族、羌族

表 4-2 研究区域各自然保护区基本情况

省份	自然保护区名称	级别	成立时间	总面积（公顷）	自然保护区类型	森林覆盖率（%）
湖北	神农架	国家级	1982 年	76 950	森林和野生动物	96.56
	五峰后河	国家级	2000 年	10 340	森林生态系统	91.33
	赛武当	国家级	2011 年	21 203	森林生态系统	95.88
	丹江口	省级	2003 年	45 103	内陆湿地和水域生态系统	91.21
江西	鄱阳湖	国家级	1983 年	22 400	内陆湿地和水域生态系统	70
	官山	国家级	1981 年	11 501	森林生态系统	93.8
	庐山	国家级	1981 年	30 466	森林生态系统	80.7
	桃红岭	国家级	1981 年	12 500	野生动物	76.1
云南	元江	国家级	—	22 379	森林生态系统	92.43
	糯扎渡	省级	1996 年	18 996	森林生态系统	90.2
	西双版纳	国家级	1958 年	241 776	森林生态系统、野生动植物	95.7
	拉市海	省级	1998 年	97 845	内陆湿地和水域生态系统	55
	苍山洱海	国家级	1981 年	79 700	内陆湿地和水域生态系统	86.3
	剑湖	省级	2006 年	4 630.3	内陆湿地和水域生态系统	77.8

（续）

省份	自然保护区名称	级别	成立时间	总面积（公顷）	自然保护区类型	森林覆盖率（%）
陕西	太白山	国家级	1965 年	56 325	野生动植物	94.3
	周至	国家级	1989 年	56 393	森林生态系统、野生动植物	90.5
	牛尾河	省级	2004 年	14 025	野生动物	96
	黄柏塬	国家级	2006 年	21 865	野生动物	88.2
广东	南岭	国家级	1981 年	58 368	森林生态系统	98
	车八岭	省级	1981 年	14 791	森林生态系统	75
	湛江红树林	国家级	1990 年	20 278	海洋和海岸生态系统	78
	鹅凰嶂	省级	1999 年	14 751	野生动植物	——
辽宁	辽河口	国家级	1985 年	80 000	野生动物	——
	医巫闾山	国家级	1981 年	11 459	森林生态系统	64.2
	努鲁尔虎山	国家级	2000 年	13 832	森林生态系统	——
	清风岭	省级	2002 年	9 009	森林生态系统	50
四川	卧龙	国家级	1963 年	20 000	大熊猫等珍稀动物及其自然生态环境	57.6
	小寨子沟	国家级	1979 年	44 385	大熊猫等珍稀动物及其自然生态环境	78.9
	唐家河	国家级	1978 年	40 000	大熊猫等珍稀动物及其自然生态环境	94.7
	王朗	国家级	1965 年	10 000	大熊猫等珍稀动物及其自然生态环境	49.4
	九寨沟	国家级	1978 年	64 297	大熊猫等珍稀动物及其自然生态环境	63.5
	大相岭	省级	2003 年	29 000	森林生态系统、野生动物	——
	栗子坪	国家级	2001 年	47 940	森林生态系统、野生动植物	90
	贡嘎山	国家级	1997 年	409 144	森林生态系统	——
	冶勒	省级	1993 年	24 293	森林生态系统	60
	美姑大风顶	国家级	1979 年	50 655	大熊猫等珍稀动物及其自然生态环境	65.98

4.2　数据收集情况

4.2.1　调研设计

社区调研包括村级调研和农户调研两个部分。

村级调研旨在从整体层面，了解该行政村的整体概况。村级调研有三个作用：一是帮助研究人员及调查者更好地了解该村的整体背景和基本信息；

二是考虑到行政村内调研对象同质性较强，村级调研的数据可以有效简化农户调研的工作量（如农产品价格、补贴标准）；三是村级调研的许多数据在研究者数据分析时是有效的区域控制变量。村表涉及内容包括：村农户基本情况、村土地资源基本情况、村基础设施基本情况、村集体林改基本情况、村林业生态工程基本情况、村与自然保护区关系基本情况。

农户调研是最主要的部分。农户调研问卷借鉴了国外相关问卷调研技术指南［如 USAID（United States Agency International Development）社区调研技术手册（四）、CIFOR（Center for International Forestry Research）的 PEN（Poverty Environment Network）技术指南（四）、CIFOR 项目指导和方法培训手册、美国国家基金项目中国退耕还林政策调研问卷］，结合了课题组以往调研问卷（如 JICA 陕西朱鹮调研问卷、福建三明林权制度改革问卷、江西 FAO 林农合作组织调查问卷、湖南湘西山区发展和减贫问卷等），最终形成了调研问卷的初稿。调研问卷经过了陕西省两次预调研和课题组多次讨论会，不断修改完善，最终在湖北省、江西省、云南省和陕西省完成了 LCL 社区调研的数据收集工作。项目组在每次调研期间均结合实际情况，在保证问卷整体一致性的前提下，对问卷不断修改完善，最终形成当前版本。

农户问卷设计的核心原则是效率性和全面性。效率性和全面性实际上是相互矛盾的，调研问卷在保证研究所需数据以及数据准确性的基础上，尽可能地缩减问卷内容，力求问卷简洁明了。根据实际调研经验，一份农户问卷的实际完成时间在半个小时左右，这个时间被认为是可以接受的。

农户问卷包括四个基本部分：家庭成员基本信息、资源禀赋、生产经营情况、主观性问题。农户问卷的核心是收入。收入数据的不准确对于研究人员的后续研究是致命的。许多研究直接询问农户家庭收入情况是有问题的，不仅获得的数据非常不准确，而且由于收入问题的敏感性，容易引起被访者的反感和排斥。LCL 农户问卷通过第三部分农户回忆家庭生产经营情况（如产量、成本等），在不引起农户反感的同时，获得了相应的收入和经营成本，不仅保证了数据的准确性，而且有效提高了调研的效率，降低了调研人员的难度。

4.2.2 一手资料调研情况

课题组设计统一的问卷和研究方案，数据收集时间为 2014 年 8 月至 2015 年 8 月（表 4-3）。调研人员全部为拥有浓厚研究兴趣和一定研究经验的、社会科学背景的硕士和博士。调研人员经过有关研究方法和数据收集的系统培训，旨在提高数据收集的质量。在研究区域通过农村快速评估方法（Rapid Rural Appraisals，RRAs）、住户一对一访问以及与村干部座谈的方法获得一手调研数据。样本农户的抽样采取分组抽样和随机抽样相结合的方法。首先，根据自然保护区级别、类型、发展程度差异，在湖北省、江西省、陕西省、广东省、辽宁省五个省份各选取 4 个自然保护区进行调研，由于云南省和四川省属于少数民族聚集区，考虑到自然保护区管理与减贫的命题在少数民族地区的重要性，项目组在云南省选取了 6 个自然保护区，四川省选取了 10 个自然保护区进行调研，共计 7 个省 36 个自然保护区。其次，在每个自然保护区随机选取 2 个社区进行调研，自然保护区内外各选取一个。最后，再从湖北等五个省每个自然保护区选取 15 户农户进行调研，从云南省和四川省每个自然保护区选取 30 户农户进行调研。

表 4-3 数据来源

调研省份	调研时间	调研自然保护区	调研村庄数（个）	调查样本量（个）	有效样本量（个）
湖北	2014 年 8 月	神农架自然保护区、五峰后河自然保护区、赛武当自然保护区、丹江口自然保护区	8	140	128
江西	2014 年 11 月	鄱阳湖自然保护区、官山自然保护区、庐山自然保护区、桃红岭自然保护区	8	130	111
云南	2015 年 1 月	元江自然保护区、糯扎渡自然保护区、西双版纳自然保护区、拉市海自然保护区、苍山洱海自然保护区、剑湖自然保护区	12	370	355
陕西	2015 年 7 月	太白山自然保护区、周至自然保护区、牛尾河自然保护区、黄柏塬自然保护区	8	160	120

（续）

调研省份	调研时间	调研自然保护区	调研村庄数（个）	调查样本量（个）	有效样本量（个）
广东	2015 年 7 月	南岭自然保护区、车八岭自然保护区、湛江红树林自然保护区、鹅凰嶂自然保护区	8	140	125
辽宁	2015 年 7 月	辽河口自然保护区、医巫闾山自然保护区、努鲁尔虎山自然保护区、清风岭自然保护区	8	130	110
四川	2015 年 8 月	卧龙自然保护区、小寨子沟自然保护区、唐家河自然保护区、王朗自然保护区、九寨沟自然保护区、大相岭自然保护区、栗子坪自然保护区、贡嘎山自然保护区、冶勒自然保护区、美姑大风顶自然保护区	20	605	527
合计			72	1 675	1 476

　　问卷访问采取面对面的方式进行，在少数民族地区，问卷访问在当地工作人员的帮助下进行，用来解决语言沟通的障碍。考虑到收入话题的私密性和敏感性，许多被访问者可能不愿意回答真实的收入信息。因此我们设计了包含农户具体生产行为及相应投入产出数据的详细问卷，用来比较准确地计算农户的收入及其组成。户主是访问的主要对象，户主不在的情况下调研组对其配偶及 18 岁以上的成年子女进行调查。调研结束后，调研组成员交叉检查问卷三次以便保证调研数据的质量。共调研农户 1 675 户，最终整理后有效样本数为 1 476 份（问卷有效率 88.12%），其中自然保护区内农户 682户，占有效样本数的 46.21%。

　　农户调查的同时，对每个村进行村表调查。村表数据一方面可以为户表数据提供借鉴和支撑，同时村表数据作为必要的工具变量对研究分析也必不可少。

4.2.3　二手资料收集情况

　　在调研获得农户数据、村表数据以及管理者问卷数据的基础上，本研究对自然保护区及所在区域二手资料进行了收集。具体收集的二手资料如下：

林业统计年鉴、地区统计年鉴或统计公报、近10年来森林资源分布的GIS
数据、《国家级自然保护区总体规划》等资料（自然保护区面积、区位分布
图等信息）、自然保护区《野生动植物资源调查》资料、自然保护区目前
"固定资产拥有量"、自然保护区工作人员编制情况、自然保护区年工作计划
及完成情况、自然保护区申请的中央和地方性的财政专项资金情况介绍（专
项资金名称、金额等）、天然林保护工程项目实施工作总结及相关资料（包
括天保工程资金拨付及使用情况等）、公益林建设项目实施工作总结及相关
资料（公益林补偿标准、补偿范围、补偿金发放情况等）、自然保护区近年
来重要项目列表及详细情况介绍（包括国内、国际项目）。

4.3　样本农户的描述性统计

本研究借鉴了DFID可持续生计分析框架，从农户的生计资本、生计策
略和生计结果三个方面，对样本农户生计基本情况进行描述性分析。根据农
户的家庭收入，将全部农户分为五组（从最贫困到最富裕），用来判断不同
收入分组下农户的生计特征差异。单因素方差分析被用来检验不同收入分组
下农户的生计特征是否存在差异，Duncan检验用来判断变量方差是否齐性。

4.3.1　农户的生计资本

研究区域农户的生计资本情况见表4-4。自然资本中，全部样本平均
农田面积8.84亩，平均每块农田面积3.14亩，51.15%的农地质量较好。
全部样本平均林地面积36.78亩，55.95%的林地比较陡峭，经济林面积比
重占到全部森林的28.56%。从不同收入分组看，富裕的农户拥有更多的农
林地，且农林地质量也更好。

表4-4　农户生计资本情况

项目	最贫困	比较贫困	中等	比较富裕	最富裕	全部样本	F值
自然资本							
农田总面积（亩）	6.48	7.38	8.15	10.12	14.7	8.84	3.22**
每块农田面积（亩）	2.03	2.54	3.21	3.72	4.15	3.14	7.23***

（续）

项目	最贫困	比较贫困	中等	比较富裕	最富裕	全部样本	F 值
农田质量好（%）	32.44	37.52	52.57	66.31	79.63	51.15	4.86**
林地总面积（亩）	26.18	36.38	37.21	42.42	57.00	36.78	2.31*
林地坡度陡峭（%）	58.99	55.69	53.32	54.45	52.32	55.95	1.23*
经济林面积比重（%）	19.75	23.53	26.58	34.99	37.44	28.56	4.91**
人力资本							
户主年龄（年）	49.31	45.32	44.21	41.64	40.31	45.08	0.76*
户主受教育程度（年）	5.81	6.68	6.35	7.35	7.97	6.82	3.37***
户主有疾病（%）	12.32	8.45	6.78	2.32	1.46	7.52	4.14**
家庭人口数（AEU）	4.52	4.40	4.33	4.52	4.49	4.25	0.54
劳动力人数（人）	2.82	3.06	3.10	3.25	3.36	3.16	1.25*
物质资本							
住房面积（平方米）	76.25	81.01	97.63	118.56	128.82	98.96	2.54**
砖瓦房比重（%）	26.67	38.42	44.31	60.57	71.90	42.04	4.25**
年末牲畜价值（万元）	0.45	0.65	0.71	1.19	2.59	0.99	2.15*
拥有小型拖拉机（%）	2.34	4.32	6.98	10.45	12.56	7.42	13.34***
拥有农用三轮车（%）	2.42	5.65	7.92	13.39	16.53	9.78	2.12**
金融资本							
人均年收入（万元）	0.45	0.62	0.99	1.35	1.71	1.05	12.35***
家庭借贷款（万元）	0.09	0.08	0.10	0.09	0.12	0.09	0.02
可获得银行贷款（%）	7.33	8.45	11.14	14.76	17.34	10.45	1.31*
社会资本							
家中是否有村干部（%）	1.21	2.56	9.63	14.10	15.05	9.34	7.43***
走动的能人数量（人）	3.23	4.21	5.21	7.01	8.47	4.53	4.56**
人情往来支出（万元）	0.18	0.19	0.19	0.20	0.21	0.19	0.87

注：单因素方差分析（ANOVA）用来检验不同分组下农户生计资本是否存在显著差异，Duncan检验用来判断变量方差是否齐性。

*、**、***分别表示显著性水平10%、5%、1%。

人力资本中，全部样本户主平均年龄45.08岁，户主平均受教育年限6.82年，即初一年级文化水平，户主身体有疾病的占到7.52%。家庭人口规模4.25人，平均劳动力3.16人。不同收入分组下，富裕组家庭的户主更年轻，受教育程度更高，身体状况更好，拥有更多的劳动力。物质资本中，全部样本平均住房面积 98.96 平方米，42.04％的农户房屋结构属于砖瓦结构。平均年末牲畜价值 0.99 万元，7.42％的农户拥有小型拖拉机，9.78％的农户拥有农用三轮车。农户的家庭财富与物质资本呈正比关系，富裕组家庭拥有的物质资本更高。金融资本中，全部样本农户人均年收入 1.05 万元，平均家庭借款贷款总额 0.09 万元，10.45％的农户可获得银行贷款。富裕组的农户人均收入更高，更容易获得银行贷款。社会资本中，全部样本家中是否有村干部比例为 9.34％，经常走动的能人数量为 4.53 人，年人情往来支出 0.19 万元。富裕组的农户村干部比例更高，经常走动的能人数量更多。

4.3.2　农户的生计策略

研究区域农户的生计策略见表 4－5。从生计依赖度来看，全部农户种植业依赖度 18.77％，养殖业依赖度 14.03％，林业依赖度 7.45％，采集业依赖度 3.82％，务工依赖度 42.11％，个体经营依赖度 9.72％，补贴依赖度 4.10％。贫困农户对农业收入（种植业、养殖业、林业、采集业）依赖度更高，富裕农户对非农收入（务工、个体经营）依赖度更高。

从不同工作类型投入时间来看，全部农户平均种植业时间比重 13.40％，养殖业时间比重 9.51％，林业时间比重 11.33％，采集业时间比重 7.21％，非农工作时间比重 56.73％。贫穷农户务农（种植业、养殖业、林业、采集业）时间比重更高，富裕农户非农工作时间比重更高。而种植业、林业、采集业更加耗时耗力，相对来说，养殖业和非农工作投入产出比更高。

从农户应对气候变化的措施来看，非农产业转移、改种生长周期短的作物以及重视林业是研究区域农户最主要的三项应对措施。不同收入分组下，农户在种植多样性、改种生长周期短的作物、增加灌溉和增加农药化肥投入方面的选择没有显著差异。而相较于贫穷农户而言，富裕农户更多的选择重视林业（显著性水平 10％）、非农转移（显著性水平 5％）来规避气候变化导致的生计风险。而相较于富裕农户，贫困组的农户更多地选择采集野生植物（显著性水平 1％）以及增加借贷（显著性水平 5％）来规避气候变化导致的生计风险。

表 4-5　农户生计策略情况

项目	最贫困	比较贫困	中等	比较富裕	最富裕	全体	F 值
生计依赖度							
种植业依赖度（%）	20.75	19.73	18.56	15.23	14.28	18.77	8.38**
养殖业依赖度（%）	16.90	15.15	14.53	12.82	11.98	14.03	5.41*
林业依赖度（%）	9.38	8.69	7.31	7.42	7.16	7.45	3.03*
采集业依赖度（%）	13.78	7.63	3.93	1.32	0.52	3.82	5.98**
务工依赖度（%）	19.75	26.37	34.81	36.68	39.36	42.11	9.39***
个体经营依赖度（%）	5.18	7.36	10.08	17.63	20.72	9.72	11.28***
补贴依赖度（%）	14.27	8.73	4.47	2.86	1.87	4.10	8.49***
工作时间比重							
种植业投入时间（%）	34.93	26.70	17.18	13.04	10.37	13.40	2.14**
养殖业投入时间（%）	11.16	13.31	11.95	8.53	9.77	9.51	1.56***
林业投入时间（%）	18.62	16.30	12.45	10.04	9.51	11.33	3.19***
采集投入时间（%）	17.53	14.59	10.35	6.09	2.46	7.21	3.24***
非农工作时间（%）	6.94	23.33	45.28	61.98	65.60	56.73	3.39***
应对气候变化措施							
种植多样性（%）	6.31	7.43	8.21	8.78	9.21	8.45	1.23
改种生长周期短的作物（%）	10.57	11.39	12.45	12.36	13.41	12.63	1.64
重视林业（%）	8.51	9.34	10.98	11.67	13.21	11.21	2.34*
增加灌溉（%）	8.76	7.72	7.54	7.02	6.11	7.03	1.02
增加农药化肥投入（%）	5.23	4.98	4.65	4.01	3.56	4.58	1.48
非农转移（%）	19.09	23.57	27.53	31.14	34.34	26.79	5.41**
采集野生植物（%）	21.33	14.31	7.88	3.21	1.24	7.51	9.31***
增加借贷（%）	4.54	3.78	3.23	2.21	1.23	3.12	4.59**

注：单因素方差分析（ANOVA）用来检验不同分组下农户生计资本是否存在显著差异，Duncan 检验用来判断变量方差是否齐性。

*、**、***分别表示显著性水平10%、5%、1%。

4.3.3　农户的生计结果

研究区域农户的生计结果见表 4-6。从家庭财富来看，全部样本人均年收入 8 536.32 元，参与式财富评价得分为 2.69，家庭财富指数得分为 0.61。富裕组农户在这三项家庭财富指标中均得分最高。

表 4-6　农户生计结果情况

项目	最贫困	比较贫困	中等	比较富裕	最富裕	全部样本	F 值
家庭财富							
人均年收入（元）[a]	4 523.84	6 224.40	8 886.82	12 543.83	15 121.87	8 536.32	3.21**
参与式财富评价[b]	1.25	1.86	2.65	3.15	3.85	2.69	1.24*
家庭财富指数[c]	0.31	0.42	0.59	0.72	0.86	0.61	3.25***
收入来源[d]							
种植业（元）	938.52	1 223.23	1 837.57	2 059.39	2 038.69	1 476.54	9.31**
养殖业（元）	764.29	939.52	1 438.6	1 732.64	1 646.31	977.41	4.45*
林业（元）	424.31	538.63	723.45	1 003.34	1 223.21	784.31	2.33*
采集（元）	623.35	473.21	389.34	178.34	89.34	302.31	4.92**
务工（元）	893.41	1 634.98	3 045.72	4 959.22	6 221.23	4 034.21	8.32***
个体经营（元）	234.34	456.31	998.41	2 383.09	3 539.31	623.24	10.21***
补贴（元）	645.28	541.24	442.09	387.26	319.95	331.23	9.44***
福祉满意度							
交通状况满意[e]	0.46	0.44	0.43	0.41	0.39	0.44	1.63*
医疗条件满意[e]	0.38	0.35	0.33	0.31	0.28	0.32	1.69*
垃圾处理满意[e]	0.42	0.41	0.39	0.40	0.37	0.39	1.23
社会治安满意[e]	0.62	0.64	0.65	0.63	0.63	0.64	1.03
生态环境满意[e]	0.67	0.68	0.68	0.69	0.67	0.67	1.42
村干部满意[e]	0.31	0.33	0.34	0.36	0.39	0.34	2.94*
生活满意[e]	0.34	0.38	0.41	0.43	0.46	0.41	4.35**

注：单因素方差分析（ANOVA）用来检验不同分组下农户生计资本是否存在显著差异，Duncan 检验用来判断变量方差是否齐性。

*、**、*** 分别表示显著性水平 10%、5%、1%。

[a] 人均年收入为家庭净收入除以家庭人口数。

[b] 农户需要给出自家在所在村的财富等级水平，1 为最贫困，5 为最富裕。

[c] 根据基本必需品调查（Basic Necessities Survey，BNS）得分计算得出，0～1 范围内数值（Davies 和 Smith，1998；Pro-Poor Centre 和 Davies，2006）。

[d] 收入来源中均为人均收入。

[e] 虚拟变量，取值"是=1，其他=0"。

从收入来源看，全部样本农户平均种植业收入 1 476.54 元，养殖业收入 977.41 元，林业收入 784.31 元，采集业收入 302.31 元，务工收入 4 034.21 元，个体经营收入 623.24 元，补贴收入 331.23 元。贫穷组农户更加依赖农业生产（种植业、养殖业、林业），而富裕组农户却获得了更高的农业收入。非农收入对富裕家庭贡献最大，而贫穷组农户获得了更多的采集业收入和补贴收入。

　　从福祉满意度来看，研究区域农户对村医疗条件、垃圾处理、交通状况以及村干部满意度较低，对社会治安以及生态环境满意度较高。从不同收入分组下农户满意度差异来看，相较于贫穷组农户，富裕组农户对交通状况的满意度较低（显著性水平10％），对村干部满意度较高（显著性水平10％）。研究区域农户对生活整体满意度不高（41％），富裕的农户对生活满意度更高，表明了家庭财富对农户生活满意度有显著影响。

5　农户的保护态度及保护行为分析

保护地区周边的农户，他们作为生物多样性保护的主体之一，是生物多样性资源的利用者和保护的直接执行者（Badola，1998；Karamidehkordi，2010；Nepal 和 Spiteri，2011），农户的保护态度及其行为是影响生物多样性保护效果的关键因素，在生物多样性保护中起着重要的作用。众多研究表明大多数农户的保护态度和实际行为强相关，可以用来预测人们的生产行为以及对政府保护干预的反应（Rishi，2007；Shibia，2010；Tessema 等，2010）。关于农户保护态度及保护行为影响因素的分析，普遍的结论是农户的保护成本（Kideghesho 等，2007；Naughton‒Treves 和 Grossberg，2003；Gelcich 等，2005）、保护收益（Gadd，2005；Allendorf，2007；Nepal 和 Spiteri，2011）对其保护态度及行为有一定影响。因此本节重点分析农户对保护的态度、行为及其影响因素（图 5-1）。

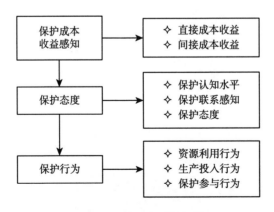

图 5-1　第 5 章逻辑框图

本章研究内容主要如下：①分析农户在保护过程中的成本及收益，由于农户的保护成本收益难以准确计量，本研究将其区分为直接成本收益和间接成本收益，可以较为准确科学地评估农户在保护中的收益和损失。②农户的保护态度。首先判断农户的保护认知水平，对自然保护区与社区联系的认知以及农户的态度，进一步判断不同受教育水平、收入水平、保护成本收益状态下农户保护态度的差异。③农户的保护行为。特别地，本研究将农户的保护行为分为对保护有间接影响的资源利用行为和生产投入行为，以及对保护有直接影响的保护参与行为。在统计分析基础上，通过结构方程模型判断不同变量对农户保护行为的影响。

5.1 农户保护成本收益分析

许多自然保护区的设立没有充分考虑社区的利益（Ghimire 等，1997），从而导致自然保护区与社区矛盾冲突的加剧。有学者认为自然保护区只有限制当地社区的参与，才能达到最大化保护的目的（Joppa 等，2008；Karanth 等，2009）。也有学者认为，忽视自然保护区面临的社会、政治和经济问题是不现实也是不可行的，自然保护区需要平衡保护与发展的目标（Wells 和 Brandon，1993；West 等，2006）。在这些不同的观点中，越来越多的人意识到自然保护区应当更加重视当地社区居民在保护管理活动中获得的利益和承受的损失（Hutton 等，2003；West 等，2004），从而有效解决资源保护与社区发展之间的矛盾。因此了解自然保护区周边农户对收益和损失的感知是平衡资源保护和当地社区需求目标的关键（Bruyere 等，2009；Karanth 等，2010）。

关于自然保护区内农户成本收益的研究已引起了大家足够的重视。普遍认为社区可以从自然保护区获益，包括薪柴、林产品、野生植物的采集，以及自然保护区提供的更多的非农就业机会（Wunder，2001；Scherl，2004；Coad 等，2008；Sandbrook，2010）。当地居民同样面临着自然保护区带来的成本和约束，例如对传统资源利用的限制、野生动物致害以及对社区土地的剥夺和占用（Lusigi 等，1984；Naidoo 和 Ricketts，2006；Clements 等，2014）。上述研究奠定了本研究分析的基础，但仍存在一些改进的空间。第一，多数研究分析了农户的直接保护成本收益，忽视了保护的间接成本收益，得出的结论不够全面。第二，多数研究集中在某一个特定的区域（或特定的自然保护区）进行分析，因此结论的普遍性不强。本研究系统分析了农户的直接和间接保护成本收益，因此得到的结论更全面，通过大尺度大样本（7个省36个自然保护区）分析，得到的结论更具普遍性。同时，通过农户保护成本收益与居住地位置和保护态度的关联性分析，得到一些有价值的结论和相应的政策启示。

5.1.1 变量设计和方法选择

5.1.1.1 变量设计

准确地评估农户在自然保护区中的收益和损失是困难的，因为许多保护收益和损失的价值很难准确计量。而且研究者很难剥离出来这些成本及收益多大比例来自自然保护区的设置，多大比例来自其他原因，比如野生动物致害是我们调查过程中在各个自然保护区都普遍存在的农户要承受的保护成本，但是如果我们将农户因为野生动物致害造成的损失全部归咎于自然保护区的设置是不够科学的，因为自然保护区设置前同样存在野生动物致害的现象，而自然保护区的设置一方面增加了野生动物的数量，导致致害发生率更高了，另一方面农户不能像从前那样对野生动物使用猎枪、套子等进行驱赶和捕杀，因此导致损失增加。那么因为自然保护区的设置导致致害损失金额增加的部分是很难准确计量的。因此单纯地分析成本收益的绝对值价值不大，然而横向比较农户保护成本收益之间的差别，以及将保护成本收益同农户的其他变量进行关联性分析，则是有价值的。本研究将农户在保护过程中的收益和成本分为可计量的直接收益、成本和难以准确计量的间接收益、成本并分别加以分析，试图评估出农户在保护过程中的相对成本收益以及与其他变量的关联性。

农户由于自然保护区建立而得到的直接经济收益主要包括：合法采集来自自然保护区内林产品收益（如一些中草药和山野菜），由于自然保护区开展生态旅游而从事的家庭旅游业（包括餐饮、住宿、商店等）获得的经营性收益，受雇于自然保护区管理局在自然保护区内从事相关工作获得的工资性收益（包括护林员，旅游服务人员如司机、导游、售票员等，自然保护区宣教中心讲解员等），参加自然保护区发展项目（如自然保护区提供种苗、资金、技术或销售渠道，支持农户开展养蜂、养羊等特色种植、养殖业）获得的年收益，野生动物肇事的经济补偿收益、各项林业重点工程补偿收益①及政府征地补偿十年平均收益②等（Allendorf，2007；Spiteri，2008；Karanth 和 Nepal，2011）。农户保护中的直接经济成本主要包括野生动物损坏庄稼的经济价值和野生动物伤害人畜的经济损失（Karanth 和 Nepal，2011），农户在生态移民搬迁过程中扣除政府补贴后自家承担费用的十年均值③，农户耕地、林地被占后估算的年损失金额。

农户在保护过程中获得的间接收益变量为自然保护区为农户提供更多就业机会、参加自然保护区提供的技能培训、参加自然保护区开展的清洁能源项目（如安装节柴灶、沼气池、太阳能等项目）、基础设施改善（如社区道路的改善、休闲广场的修建、村委会办公地点改善等）、社区环境改善（包括周边森林覆盖率提高、水质改善以及社区垃圾处理系统建立等）、加强与外界联系（更多的游客、学者前来游览或学习）。农户的间接成本包括农药化肥投入限制、木材采伐限制（自然保护区内的森林是全面禁伐的，仅允许农户盖房申请部分自用材）、薪柴采集限制（对薪柴采集的地点、采集的品质、采集数量的规定）、野生植物采集限制（对野生植物采集种类、时间以及采集地点的规定）、木耳香菇培育限制（由于木耳香菇培育需要消耗大量木材，因此部分自然保护区对社区木耳香菇的培育进行了限制）、社区经济开发限制（由于自然保护区的建立导致社区不能通过招商引资开展大规模工商业活动）、传统文化受破坏（由于自然保护区开展生态旅游导致游客大量增加后，对当地居民传统文化、习俗的影响和破坏）。

---

① 我国目前没有针对自然保护区内农户资源利用限制的特殊补偿政策，即自然保护区内农户享受和自然保护区外农户相同的公益林、退耕还林及其他生态工程补偿政策。然而自然保护区内农户通常拥有更多生态公益林。

② 对于建立自然保护区征用农民土地的（包括耕地、林地），政府通常一次性给予一定的补偿，然而农户因为失地带来的损失是持续的，本研究选择十年作为期数（实际上农户失地的损失是永久的），计算政府的征地补偿的年均金额，从而更好地计算农户在保护中的年均收益。

③ 尽管政府对于农户移民搬迁给予了一定的补偿，但多数农户表示自己仍然承担了部分金额（如盖房、装修等），一方面搬迁后的农户享受到了更好的居住环境，另一方面搬迁后的农户面临着耕地、林地距家太远的现象，不利于农林业经营，因此调查中发现搬迁农户又迁回山中原住宅的情况也比较常见，特别是以老年农户为主。本研究以十年作为期限，从而更好地计算出农户在保护中的年均成本。

综上所述，本研究设计了农户保护中的成本收益变量如表5-1所示。

表5-1 农户在保护中的成本收益变量

分类	具体变量
直接收益变量	合法采集自然保护区内产品收益、生态旅游相关经营活动收益、家庭成员自然保护区内工作收入、参与自然保护区发展项目收益、野生动物肇事补偿金额、生态补偿金额、政府征地补偿十年平均金额
直接成本变量	野生动物破坏作物损失、野生动物伤害人畜损失、耕地被占用损失、林地被占用损失、生态移民自家承担金额十年均值
间接收益变量	提供就业机会、参加技能培训、参加能源项目、基础设施改善、社区环境改善、加强与外界联系
间接成本变量	农药化肥投入限制、木材采伐限制、薪柴采集限制、野生植物采集限制、木耳香菇培育限制、社区经济开发限制、传统文化受破坏

5.1.1.2 方法选择

研究采用了2个统计检验：①通过独立样本 t 检验，判断不同自然保护区内外以及不同保护态度下农户的保护直接成本和收益的差异；②通过皮尔逊卡方检验判断自然保护区内外，不同保护态度以及不同家庭财富下，农户对保护间接损失和收益的感知是否有差异。同时通过绘制保护直接成本收益同家庭收入的散点图，判断农户直接保护成本收益同家庭财富的关系。

5.1.2 农户直接保护成本收益分析

5.1.2.1 农户直接保护成本收益结果

图5-2给出了研究区域全部农户在保护过程中的直接成本和收益情况。从总体来看，研究区域全部样本农户每年的平均保护直接收益为2 562.38元，平均保护直接成本为2 613.30元，净收益为-50.92元，即保护给农户带来的损失大于收益。

从农户的保护直接收益变量来看，生态旅游经营收益、自然保护区工作收入是最主要的两大收益因素。

生态旅游在自然保护区中发展迅速（Karanth等，2011），来自旅游的就业被认为是当地居民的一个重要收益。研究区域农户参与生态旅游经营的比例为11.80%，主要以经营农家乐为主。农户的年平均经营毛收入为

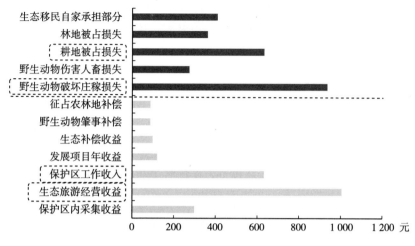

图 5-2 农户在保护过程中的直接成本收益情况

47 123.23 元，经营成本为 26 394.28 元。生态旅游对当地居民的影响是积极的，如外出打工的人减少，关注环境的人增多，乱砍滥伐现象减少，环境保护意识增强等。在看到森林旅游发展对农户带来利益的同时，也不能忽视其发展对野生动物以及其栖息地可能的负面影响。尤其是缺乏整体规划和无序的森林旅游开发会对野生动物及其栖息地保护带来较大的威胁。

自然保护区工作收入是农户的第二大保护收益。研究区域农户在自然保护区内的工作收益主要是自然保护区开展生态旅游雇佣农户支付的工资收益。自然保护区内农户多数从事收入很低的职位（如导游、司机、园艺、清洁工等），或者从事季节性工作（Karanth 和 Nepal，2012），而自然保护区外的老板分享了多数的旅游收入（潘景路，2013），因此自然保护区的生态旅游收益需要更多地和当地居民分享。

此外，需要注意的是，自然保护区开展的发展项目对农户家庭收益贡献非常小。这些发展项目多数是在一些国际机构（如 WWF，IUCN 等）的帮助下开展，通过提供种苗、种养以及可贷资本，并配套以技术培训，帮助农户发展绿色种植、养殖业，旨在提高农户的生计水平和发展能力。这些发展项目在执行期间往往效果较好，然而项目期一结束，许多项目就夭折了，导致了项目的不可持续性。其原因包括生产经营项目在当地的适应性、家庭劳动力的减少以及市场销售渠道的不畅等。因此自然保护区开展的发展项目要尽可能地选取适宜当地的生产方式，并保证项目的可持续性。

野生动物致害（包括造成庄稼损失以及对人畜的攻击）、农林地被占是研究区域农户承受的最主要的两项损失。

野生动物对庄稼、财产和人身安全的危害问题已非常严重，研究区域51.61%的农户面临着野生动物致害造成的损失，而多数农户并没有获得过相应的补偿。研究区域全部农户平均野生动物致害损失为 1 209.07 元，而农户获得的野生动物肇事补偿平均仅为 86.25 元。根据《中华人民共和国野生动物保护法》的规定，野生动物对农作物造成的损害应由当地政府负责补偿，但现实中很难得到兑现。同时该法规定只有国家一级保护动物引起的庄稼作物损失才会给予补偿，而现实中很多的损失是由非一级保护动物引起的，而这部分损失是没有补偿的（王昌海等，2011）。从目前的实际情况可以看出野生动物肇事损失的补偿主要存在以下几个方面的问题：补偿主体不明确；补偿制度操作性不强；补偿范围不明确；补偿经费无保障。如果保护以损害农户的生计为代价，不仅不利于自然保护区内农户的减贫，同时对保护的可持续性也是有影响的。

农林地被占用是农户面临的第二大损失。调查结果表明，研究区域全部农户耕地、林地被占用导致的每年损失是 994.93 元，而土地征占通常一次性给予农户一定补偿，本研究区域选取十年为期限，计算平均十年的补偿收益仅为 87.62 元，远远不能弥补农户的损失。《中华人民共和国自然保护区条例》规定："建设和管理自然保护区，应当妥善处理与当地经济建设和居民生产生活的关系"，但由于补偿义务主体及补偿标准不明确，补偿很难落实到位。最终是自然保护区周边的群众以自身生计水平的降低来承担建立自然保护区带来的"外部效应"（王岐海，2012）。

5.1.2.2　直接保护成本收益同相关变量关联性分析

本节分析了农户不同居住地位置（自然保护区内、自然保护区外），不同保护态度（积极、消极）以及不同家庭财富下（家庭总收入对数），农户的保护直接成本收益是否有显著性差异（表5-2）。

从居住地位置来看，自然保护区内的农户获得了更多的保护直接收益，同时也承受了更多的保护直接成本，总体上自然保护区内农户获得的保护净收益为负。

表5-2　农户在保护中的直接收益、成本关联性分析

单位：元

变量	居住地位置				保护态度			
	自然保护区内	自然保护区外	F值[a]	t值[b]	积极	消极	F值[a]	t值[b]
直接收益变量								
采集自然保护区内产品收益	364.32±123.21	187.24±45.21	1.21	1.34**	128.32±53.47	916.32±621.47	16.39**	−3.09***
生态旅游相关经营活动收益	1 592.29±782.21	921.23±345.48	4.52*	2.93**	2 583.45±3 319.29	969.35±420.98	36.71***	3.47***
家庭成员自然保护区内工作收入	732.23±432.65	432.21±212.58	0.21	2.24*	807.37±182.23	52.23±35.23	5.52**	4.19***
参与自然保护区发展项目收益	134.23±76.31	78.21±36.21	0.98	3.23**	147.23±52.80	50.00±41.85	1.16	1.45
野生动物肇事补偿	342.23±183.50	310.21±123.21	0.02	0.87	260.83±163.74	281.35±47.35	1.02	−0.11
政府征地补偿十年均值	134.21±76.94	78.21±57.21	0.25	2.21*	46.34±12.56	166.66±48.53	1.97	−2.49**
生态补偿	102.21±56.31	53.26±34.98	1.45	3.24**	123.48±35.68	35.74±18.17	0.66	1.42
直接成本变量								
野生动物破坏作物损失	1 421.21±872.17	487.21±231.42	13.45***	−5.24***	868.71±112.45	1 541.17±619.45	8.22**	−4.23***

（续）

	居住地位置				保护态度			
	自然保护区内	自然保护区外	F值ᵃ	t值ᵇ	积极	消极	F值ᵃ	t值ᵇ
野生动物伤害人畜损失	421.21±215.79	145.35±78.21	6.31**	1.23**	13.23±5.32	532.34±332.92	6.00**	-2.50**
耕地被占用年均损失	1 021.21±746.21	345.23±172.68	5.21**	1.14**	716.43±121.23	1 167.46±581.37	12.78***	-1.95*
林地被占用年均损失	456.8±210.67	209.42±119.35	0.21	0.28	212.45±129.24	398.44±194.26	1.31	-1.24
生态移民自家承担十年均值	321.21±221.12	451.23±234.21	1.29	-0.34	642.21±235.68	531.23±356.23	1.39	0.66
总体计算								
总收益	3 401.72±1 023.45	2 060.57±1 013.48	0.21	2.30*	5 033.32±3 273.23	2 535.34±498.38	33.05***	4.22***
总成本	3 641.64±1 198.45	1 638.44±784.01	2.34*	2.82**	2 791.23±291.25	3 125.36±1 094.83	22.31***	-1.29**
净收益	-239.92±564.21	422.13±201.24	2.21*	-1.58*	2 242.09±1 231.23	-590.02±872.91	1.41	3.96***

注：表内数值为均值加减标准误；

ᵃ F值为检验两组变量方差是否相等的 Levene 检验；

ᵇ t值为检验两组变量均值是否相等的独立样本 t 检验；

*、**、*** 分别表示显著性水平 10%、5%、1%。

其中，自然保护区内农户的生态旅游平均收益为 1 592.29 元，而自然保护区外为 921.23（显著性水平 5%）。自然保护区内农户的自然保护区工作收益为 732.23 元，而自然保护区外为 432.21 元（显著性水平 10%），自然保护区内农户的野生植物采集收益为 364.32 元，而保护外为 187.24 元（显著性水平 5%）。同时保护区内的农户也获得了更多补偿收益（征地补偿和生态补偿收益），而野生动物肇事补偿差异不显著，尽管自然保护区内的农户承受了更多的野生动物致害损失。其中，自然保护区内农户平均承受的野生动物破坏庄稼损失为 1 421.21 元，保护区外为 487.21 元（显著性水平 1%），自然保护区内农户承受的野生动物伤害人畜损失为 421.21 元，自然保护区外为 145.35 元（显著性水平 5%）。

从农户保护态度来看，保护态度积极的农户通常获得更多保护直接收益，而保护态度消极的农户通常承受更多保护直接成本。总体上看，保护态度积极的农户其保护的净收益为正，而保护态度消极的农户净收益为负。

其中，保护态度积极的农户其保护直接收益为 2 583.45 元，而保护态度消极的农户为 969.35 元（显著性水平 1%），保护态度积极的农户其自然保护区内工作收益为 807.37 元，而保护态度消极的农户为 52.23 元（显著性水平 1%）。保护态度积极的农户承受的野生动物破坏庄稼的成本为 868.71 元，而保护态度消极的农户为 1 541.17 元（显著性水平 1%）。保护态度积极的农户承受野生动物伤害人畜的成本为 13.23 元，而保护态度消极的农户为 532.34 元（显著性水平 5%）。

图 5-3 给出了农户的保护直接成本收益（对数）同家庭年收入（对数）的散点图。从散点图拟合曲线可以看出，农户的直接保护收益同家庭财富呈正相关关系，即农户获得更多保护收益其家庭财富更多。而农户的直接保护成本同家庭财富呈负相关关系，即农户承受更多保护成本其家庭财富更少。

5.1.3　农户间接保护成本收益分析

5.1.3.1　农户间接保护成本收益结果

图 5-4 给出了农户对间接保护成本收益的感知。保护间接成本变量中，

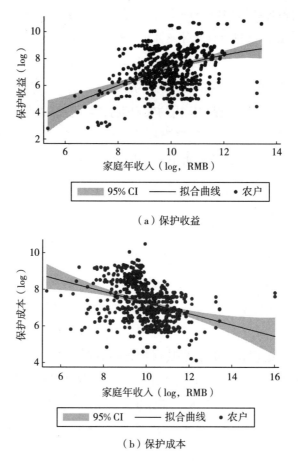

（a）保护收益

（b）保护成本

图5-3 农户家庭年收入同保护收益、保护成本的关系

木材采伐限制和薪柴采集限制是农户认同率最高的两个成本因素。中国自然保护区周边的农户往往收入低下，经济来源比较单一，对自然资源的依赖很强，传统的养殖、采药、采伐木材、薪柴等资源利用方式，对资源消耗较大。由于研究区域自然保护区将大面积集体所有的山林划进自然保护区范围，禁止林业生产经营活动，处于边远山区的自然保护区周边社区居民失去了部分经济来源，大大缩小了社区农户的活动与生存空间，减少了农户的收入（王昌海等，2011；侯一蕾等，2013）。

保护间接收益变量中，加强与外界联系以及社区环境改善是农户认同率最高的两个因素。而参加自然保护区清洁能源项目的比例非常低，只有15.75%，参加自然保护区技能培训的为8.37%。认为自然保护区增加了工作机会的只有 24.96%。可见，自然保护区在促进农户生计方面的工作仍有待加强。

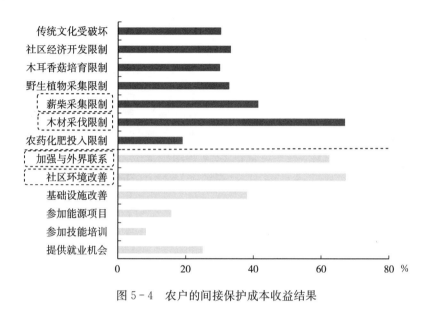

图 5-4 农户的间接保护成本收益结果

5.1.3.2 间接保护成本收益同相关变量关联性分析

农户不同的保护间接成本收益同居住地位置（自然保护区内外）、家庭收入（贫困组和富裕组）和不同保护态度（积极、消极）的关联性分析见表5-3。

从不同居住地位置来看，自然保护区内的农户获得了较多的保护收益，同时也承受了较多的保护成本。从保护收益变量来看，获得过自然保护区技能培训的农户有 84.40%居住在自然保护区内，15.60%居住在自然保护区外。认为自然保护区提供就业机会的农户，60.92%居住在自然保护区内，39.08%居住在自然保护区外。参与过自然保护区清洁能源项目的农户有65.85%居住在自然保护区内，34.15%居住在自然保护区外。从保护成本变量来看，认为木材采伐、薪柴采集和野生植物采集受到限制的农户分别有77.18%、74.77%和70.02%的比例居住在自然保护区内。

从不同家庭收入来看，承受保护损失的农户，其家庭收入相对较低，而获得保护收益的农户，其家庭收入相对较高。保护收益变量中，得到更多就业机会的农户，相较于其他农户其家庭收入差异显著。其中，得到更多就业

单位：元

表5-3 农户在保护中的间接收益、成本关联性分析

		居住地位置			家庭财富			保护态度		
		自然保护区内	自然保护区外	χ^2值[a]	贫困	富裕	χ^2值[a]	消极	积极	χ^2值[a]
		% （样本数）	% （样本数）		% （样本数）	% （样本数）		% （样本数）	% （样本数）	
保护收益变量										
提供就业机会	是	60.92 （198）	39.08 （127）	8.23*	32.31 （42）	67.69 （88）	12.21**	8.31 （18）	91.69 （199）	12.34**
	否	49.54 （484）	50.46 （493）		55.75 （218）	44.25 （173）		30.71 （200）	69.29 （451）	
参加技能培训	是	84.40 （92）	15.60 （17）	23.21**	40.91 （18）	59.09 （26）	7.24*	6.88 （5）	93.12 （68）	9.93**
	否	49.46 （590）	50.54 （603）		50.73 （242）	49.27 （235）		26.78 （213）	73.22 （582）	
参加能源项目	是	65.85 （135）	34.15 （70）	9.29*	42.68 （35）	57.32 （47）	4.21*	16.83 （23）	83.17 （114）	7.94*
	否	49.86 （547）	50.14 （550）		51.25 （225）	48.75 （214）		26.66 （195）	73.34 （536）	
基础设施改善	是	51.72 （256）	48.28 （239）	3.03	46.46 （92）	53.54 （106）	2.24	20.61 （68）	79.39 （262）	4.56
	否	52.79 （426）	47.21 （381）		52.01 （168）	47.99 （155）		27.88 （150）	72.12 （388）	
社区环境改善	是	53.31 （467）	46.69 （409）	4.27	46.57 （163）	53.43 （187）	3.21	24.49 （143）	75.51 （441）	3.57
	否	50.47 （215）	49.53 （211）		57.06 （97）	42.94 （73）		26.41 （75）	73.59 （209）	
加强与外界联系	是	53.33 （433）	46.67 （379）	4.73	48.00 （156）	52.00 （169）	5.21*	22.72 （123）	77.28 （418）	3.85
	否	50.82 （249）	49.18 （241）		53.06 （104）	46.94 （92）		29.08 （95）	70.92 （232）	
保护成本变量										
农药化肥投入限制	是	54.03 （134）	45.97 （114）	3.25	60.00 （60）	40.00 （40）	9.20*	61.69 （102）	38.31 （63）	7.57*
	否	51.99 （548）	48.01 （506）		47.39 （200）	52.61 （222）		16.51 （116）	83.49 （587）	

（续）

		居住地位置					家庭财富					保护态度				
		自然保护区内		自然保护区外		χ^2值ᵃ	贫困		富裕		χ^2值ᵃ	消极		积极		χ^2值ᵃ
		%	(样本数)	%	(样本数)		%	(样本数)	%	(样本数)		%	(样本数)	%	(样本数)	
木材采伐限制	是	77.18	(673)	22.82	199	16.48**	59.60	(208)	40.40	(141)	18.66**	34.58	(201)	65.42	(380)	16.21***
	否	2.09	(9)	97.91	421		30.23	(52)	69.77	(120)		5.93	(17)	94.07	(270)	
薪柴采集限制	是	74.77	(403)	25.23	136	34.21***	58.33	(126)	41.67	(90)	5.38	36.73	(132)	63.27	(227)	9.46**
	否	36.57	(279)	63.43	484		43.93	(134)	56.07	(171)		16.91	(86)	83.09	(423)	
野生植物采集限制	是	70.02	(299)	29.98	128	15.98**	57.89	(99)	42.11	(72)	3.96	37.94	(108)	62.06	(177)	8.99*
	否	43.77	(383)	56.23	(492)		46.00	(161)	54.00	(189)		18.86	(110)	81.14	(473)	
木耳香菇培育限制	是	52.17	(204)	47.83	(187)	4.69	58.33	(91)	41.67	(65)	4.39	29.16	(76)	70.84	(185)	2.21
	否	52.47	(478)	47.53	(433)		46.43	(169)	53.57	(195)		23.38	(142)	76.62	(465)	
社区经济开发限制	是	57.76	(362)	42.24	(211)	19.21**	54.24	(111)	45.76	(78)	16.49*	28.83	(87)	71.17	(362)	5.01*
	否	36.47	(320)	63.53	(409)		37.12	(149)	62.88	(183)		14.13	(131)	85.87	(288)	
传统文化受破坏	是	67.59	(267)	32.41	(128)	10.57*	64.56	(102)	35.44	(56)	10.67*	29.62	(78)	70.38	(185)	3.04
	否	45.76	(415)	54.24	(492)		43.53	(158)	56.47	(205)		23.15	(140)	76.85	(465)	

注：括号内数字为实际样本数；

ᵃ χ^2为皮尔逊卡方检验统计量；

*、**、***分别表示显著性水平10%、5%、1%。

机会的农户有 67.69% 处于富裕组，而未得到更多就业机会的农户，该比例下降至 44.25%。保护成本变量中，木材采伐受到限制对农户家庭收入有显著影响。木材采伐受到限制的农户中，有 40.40% 的农户处于富裕组，而木材采伐未受到限制的农户中，该比例上升至 69.77%。

从保护态度来看，承受更多保护损失的农户其保护意识更为消极，而获得更多收益的农户其保护态度更为积极。保护收益变量中，获得更多就业机会及参与过自然保护区技能培训的农户，相较未获益的农户，其保护态度有显著差异。认为自然保护区并未提供更多就业机会的农户有 69.29% 持有积极的保护态度，而认为提供了更多就业机会的农户该比例上升至 91.69%。未参与过自然保护区技能培训的农户有 73.22% 持积极保护态度，而参与过培训的农户该比例上升至 93.12%。

而基础设施改善、居住环境改善和加强外界联系对农户的保护态度的影响不显著。这表明，为了使利益真正成为激励，必须建立起自然资源保护和取得更多收入机会之间的直接联系（Salafsky 和 Wollenberg，2000；Brown，2002）。利益只有作为激励并且当地居民真正感知到生计和保护的联系，才会改变其对资源保护的态度（Noss，1999）。保护成本变量中，木材采伐受到限制、薪柴采集受到限制对农户的保护态度有较大的影响，且差异显著。

5.1.4 结论

本节通过对研究区域农户保护直接成本收益及间接成本收益的分析，得出：①研究区域全部样本农户每年的平均保护直接收益为 2 562.38 元，平均保护直接成本为 2 613.30 元，净收益为 −50.92 元，即保护给农户带来的损失大于收益。生态旅游经营收益、自然保护区工作收入是最主要的两大保护直接收益，野生动物致害、农林地被占是研究区域农户承受的最主要的两项直接损失。②从居住地位置来看，自然保护区内的农户获得了更多的保护直接收益，同时也承受了更多的保护直接成本，总体上自然保护区内农户获得的保护净收益为负。从农户保护态度来看，获得更多保护直接收益的农户通常保护态度积极，而承受更多保护直接成本的农户通常保护态度消极。农户的直接保护受益同家庭财富呈正相关关系，而农户的直接保护成本同家庭财富呈负相关关系。③木材采伐受到限制和薪柴采集受到限制是农户认同率最高的两个保护间接成本因素。加强与外界联系以及社区环境改善是农户认同率最高的两个保护间接收益因素。④从居住地位置来看，自然保护区内的农户获得了较多的保护收益，同时也承受了较多的保护成本。从不同家庭收入来看，承受保护损失的农户，其家庭收入相对较低，而获得保护收益的农户，其家庭收入相对较高。从保护态度来看，承受更多保护损失的农户其保护意识更为消极，而获得更多收益的农户其保护态度更为积极。

综上所述，农户在保护过程中获得了一定收益，同时承受了更多的成本。农户保护成本收益直接影响农户家庭财富状况和保护态度。因此政府应尊重社区生存和发展的诉求，在生态保护过程中明确社区的权利和利益保障，建立起保护与农户生计利益之间的联系，通过提供市场信息、开展技术培训、设立发展项目等综合手段，在保护资源环境的同时促进当地农户经济收入的提高和社区的繁荣发展；同时协调保护与发展之间的矛盾和冲突，对农户承受的生态保护成本给予公平、公正地补偿，特别要建立健全野生动物肇事补偿机制，这是目前保护事业能否可持续发展的关键。

5.2　农户对保护的认知及态度

自然保护区内农户对自然资源保护态度的重要性，目前已经得到相关领域内研究人员、保护机构和自然保护区官方的广泛关注，农户对自然资源保护的态度被认为是自然保护区发展成功与否的关键因素之一（Ambastha等，2007；Kideghesho等，2007；Lee等，2009）。有研究表明，大多数农户对自然资源保护的态度和其对自然资源所采取的实际行为显著相关，这种关系可以用来预测人们的资源利用方式、对保护项目的接受度以及对保护措施的反应（Rishi，2007；Shibia，2010；Tessema等，2010）。激发农户保护自然资源的积极态度能促进实现保护目标，农户对自然资源保护的消极态度则会损害保护目标（Jafari等，2007）。因此，在当地社区对自然资源的管理和保护中，了解农户对自然资源保护的态度是十分必要的。因此本节首先分析农户的保护认知及其保护态度，进一步判断不同受教育水平、家庭财富、保护成本收益下农户保护态度的差异。

5.2.1 农户对保护的认知及态度

5.2.1.1 农户对保护的认知

图5-5给出了农户的保护认知水平。从（a）图可以看出82%的农户知道自然保护区相关法律法规，可见自然保护区的成立对提高当地居民的保护意识是有帮助的；从（b）图中可以看出，有64%的农户知道自然保护区保护的主要物种，36%的农户不知道。这表明农户对自然保护区的了解程度还不够。当地社区农户作为保护的直接相关者，提高其保护意识是非常重要的。从农户的保护认知水平来看，研究区域自然保护区周边的农户保护意识还是亟待提高的。

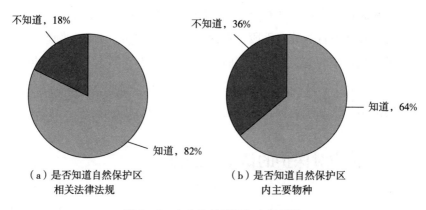

（a）是否知道自然保护区　　　　　（b）是否知道自然保护区
　　相关法律法规　　　　　　　　　　　内主要物种

图5-5　农户的保护认知水平情况

图5-6给出了农户对近十年保护变化的感知。91%的农户认为近十年农户的保护意识提高了，这与自然保护区的宣传教育是分不开的。70%的农户认为野生动物数量变多了，这也与国家的野生动植物调查结果相吻合，表明了自然保护区的建立确实提高了当地的生态环境水平，在保护方面取得了积极的效果。同时50%的被访者表明野生动物对人的威胁变大了，表明了野生动物致害具有普遍性，应该受到政府的重视。

5.2.1.2 农户对自然保护区与社区联系的认知

联系保护与发展的概念是近十年来保护管理的一个主要变化（Sherpa等，1986；Lehmkuhl等，1988；Brandon和Wells，1992；Wells和Brandon，1992；IUCN，1998；Dudley等，1999；Stolton和Dudley，1999；

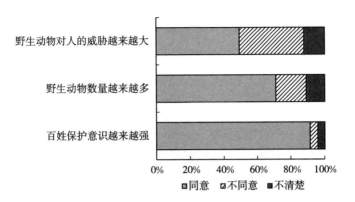

图 5 - 6　农户对近十年保护变化的感知

Salafsky 和 Wollenberg，2000）。管理者逐渐认识到只有当地居民密切参与到他们的管理中，自然保护区管理活动才能持续有效（DNPWC，1996；Oviedo 和 Brown，1999；Rao 等，2002）。自然保护区的管理是联系农户生计与保护关系的纽带，因此了解农户对保护联系的认知十分必要。

　　表 5 - 4 给出了研究区域农户对保护联系的感知。从对自然保护区管理满意度来看，74.70％的农户认为自然保护区同社区的关系很好，当然也有20.54％的农户不同意这一说法。67.52％的农户认为自然保护区管理人员很好，也有 23.96％的农户表示不认同。而认为自然保护区能考虑到百姓需要的农户仅占全部样本的 37.46％，55.33％的农户认为自然保护区的建立和相关政策没有考虑到百姓的生计需要。可见，虽然绝大多数被访者给予了自然保护区和工作人员较好的评价，然而农户对保护干预和政策还是较不满的。生态保护具有较强的外部性，保护的成本不应该让当地农户买单。保证保护的可持续性必须要考虑到当地居民的生计需求。

表 5 - 4　农户对保护联系的感知

联系变量	同意		不同意		不清楚	
	％	（样本数）	％	（样本数）	％	（样本数）
保护管理满意程度						
自然保护区和社区关系很好	74.70	（973）	20.54	（267）	4.76	（62）
自然保护区管理人员很好	67.52	（879）	23.96	（312）	8.53	（111）
自然保护区能考虑到百姓的需要	37.46	（488）	55.33	（720）	7.20	（94）

（续）

联系变量	同意		不同意		不清楚	
	％	（样本数）	％	（样本数）	％	（样本数）
同自然保护区接触程度						
从未接触过自然保护区管理人员	52.92	（689）	30.46	（397）	16.62	（216）
从未参加过自然保护区管理活动	53.23	（663）	37.57	（545）	9.20	（94）
从未参加过自然保护区的培训	79.86	（1 040）	11.60	（151）	8.53	（111）
生计与保护关系						
家庭生计依赖自然保护区内资源	57.93	（754）	34.01	（443）	8.07	（105）
家庭生计与自然保护区管理冲突	29.02	（378）	66.38	（864）	4.60	（60）

从农户与自然保护区接触程度来看，52.92％的农户表示从未接触过自然保护区管理人员，53.23％的农户表示从未参加过自然保护区的管理活动，79.86％的农户表示从未参加过自然保护区的相关培训。可见，农户对自然保护区的接触还是非常不足的。自然保护区作为最基层的保护机构，是需要直接和社区、农户接触的。社区农户是生物多样性保护的最重要相关利益者，在我国抢救式保护过程中，他们更多被认为是威胁者，而忽视了对农户生计的关注（王岐海，2012）。而目前越来越多的人逐渐认识到自然保护区应该促使当地居民密切参与到他们的管理中，才能保证保护的实现和可持续性（Brandon 和 Wells，1992；Wells 和 Brandon，1992；DNPWC，1996；Oviedo 和 Brown，1999；Rao 等，2002）。许多自然保护区已经开始通过社区共管，或者成立社区科室，来更好地与当地社区接触，提高农户生计的同时也调动农户的保护积极性，促进当地生产方式的转变，实现保护与发展协调的目标。

从农户生计与自然保护区关系来看，57.93％的被调查者表示家庭生计依赖自然保护区内的资源，表明了中国自然保护区与周边社区空间接壤重叠，资源相互交错，利益共存，因此当地社区与自然保护区容易产生矛盾。调查结果显示 29.02％的农户其家庭生计与自然保护区的管理有冲突。社区居民对自然保护区的资源利用，有着传统和现实两方面的原因。封闭式的保护模式只考虑资源保护的目标实现，而忽略了自然保护区和周边社区相互嵌套、相互牵制、相互影响的关系，造成资源保护与社区发展之间的矛盾冲突（王昌海，2014），因此如何协调好保护与发展之间的关系非常重要。

5.2.1.3 农户的保护态度

多数农户对保护都持较为积极的态度。如农户对自然保护区的态度中，53.43%的农户表示支持自然保护区面积扩大，23.21%的农户表示不支持（图5-7）；农户的保护意愿中，81.93%的农户表示愿意参与野生动植物保护，只有16.31%的农户表示不愿意。当然在保护和生计发生冲突时，农户也表达出了对严格保护的担忧，在农户对环境保护的态度中，只有42.83%的农户认为生态保护比经济发展更重要，更多的农户（44.5%）则认为经济发展更重要，表明了在生计较为脆弱的自然保护区，农户的生计发展愿望强烈，保护带来的矛盾冲突也更为激烈。

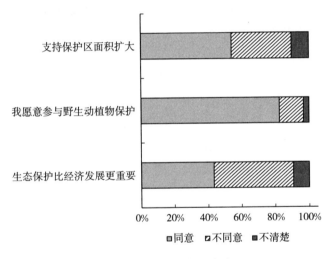

图5-7 农户的保护态度

农户对生态保护的态度、对自然保护区的态度和野生动植物保护意愿3个变量之间显著相关，农户的生态保护态度与其对自然保护区的态度的相关系数为0.50（$\rho<0.01$），农户生态保护态度与其对野生动植物保护的意愿之间的相关系数为0.75（$\rho<0.01$）。

5.2.2 农户保护态度差异性分析

目前，国外已经开展了大量有关自然保护区居民对自然资源保护态度的研究，得到的比较一致的结论是，保护成本（Jafari 等，2007；Naughton-Treves 和 Grossberg，2003；Gelcich 等，2005）、保护收益（Gadd，2005；Teri，2007；Sanjay 和 Arian，2011）和社会人口学变量（McClanahan 等，2005；Jafari 等，2007）对农户对自然资源保护的态度有一定影响。例如，Jafari 等（2007）研究了坦桑尼亚塞伦盖蒂国家公园周边农户对自然资源保护的态度，得出保护成本和受教育程度对农户对自然资源保护的态度有影响。Teri（20007）对尼泊尔西南区域 3 个对比鲜明的自然保护区进行了研究，认为管理目标和自然资源保护带来的利益、自然资源保护与农户经济利益的冲突对农户对自然资源保护的态度有影响。Sanjay 和 Arian（2011）对尼泊尔奇旺国家公园周边居民进行了调查，结果显示，随着保护项目收益的增加，农户对保护项目的态度也更积极。因此本节选取农户居住地位置（自然保护区内外），农户的受教育水平、年龄、家庭财富状况、农户对保护成本收益的感知，以及与自然保护区的接触程度为自变量，判断不同特征差异下农户保护态度的变化，结果见图 5-8。

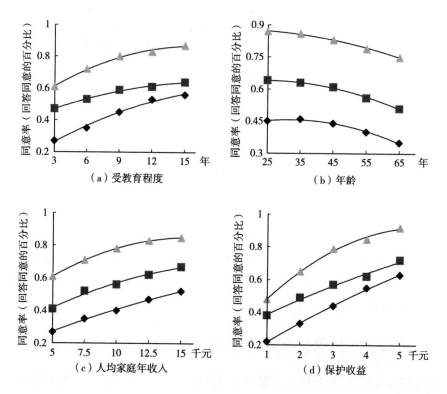

（a）受教育程度　　　　　　（b）年龄

（c）人均家庭年收入　　　　　（d）保护收益

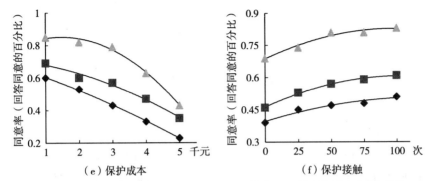

图 5-8 农户保护态度同被访者受教育水平、被访者年龄、
人均家庭年收入、保护直接收益、保护直接成本、
同自然保护区管理人员接触次数的关系

注：不同特征下农户的保护态度的差异在 $P<0.05\sim0.01$ 之间显著（t 检验）。

（1）受教育程度。农户受教育程度越高，其保护态度更积极，这与其他学者的研究结论一致，普遍认为较高的受教育水平对保护的重要性有更深的理解（Røskaft 等，2004；McClanahan 等，2005）。受教育水平同样是能否拥有更多就业机会的关键，通过减少对资源的依赖而缓和农户与自然保护区之间的冲突（Jafari 等，2007）。

（2）年龄。被访者的年龄越大其保护态度越差，主要是由于岁数较大的被访者通常受教育水平较低。同时老年人在农村属于弱势群体，保护约束对其影响更大，因此保护态度更为消极。

（3）家庭收入水平。家庭财富对农户的保护态度影响显著，收入越高的家庭其对资源的依赖度越低，其获得的保护收益越高，因此保护的态度更积极。

（4）保护收益。获得更多保护直接收益的农户其保护态度更积极。这一结论也得到其他许多学者的证实，只有当地社区居民从保护中获益，他们才更可能促成保护的实现（McClanahan 等，2005；Siddhartha 等，2006；Songorwa 等，2000；Holmern 等，2007）。

（5）保护成本。农户承受的保护成本越多，其保护态度越消极。这也同其他学者的研究一致。在肯尼亚的莱科皮亚区域，农民感知到的许多野生动物保护的负面影响来自庄稼遭受入侵和危险野生动物带来的伤害（Jafari 等，2007）。在莫桑比克，因为大象丧失庄稼的农民和非受害者相比对马普托大象自然保护区有着更否定的态度（Sonorwa 等，2000）。在塞罗斯野生动物自然保护区，因为野生动物对庄稼的破坏导致当地居民对保护项目的强烈反对（Gadd，2005）。

（6）保护接触。农户自然保护区工作人员接触次数越多，其保护态度越积极。社区居民可能会通过同保护职员有规律的接触而提高家庭收入水平（Hulme，1997；Holmes，2003），从而拥有更积极的保护态度。同时居民同自然保护区更广泛的接触也能提高其保护意识。

5.2.3 结论

本章节通过对农户的保护认知及保护态度进行分析，得出如下结论：①从农户保护认知水平来看，自然保护区的成立对提高当地居民的保护意识是有帮助的。从农户对保护效果的感知来看，自然保护区的建立确实提高了当地的生态环境水平，在保护方面取得了积极的效果。②从对自然保护区管理的满意度来看，虽然绝大多数被访者给予了自然保护区和工作人员较好的评价，然而农户对保护干预和政策还是较不满的。从农户与自然保护区接触程度来看，农户对自然保护区的接触还是非常不足的。从农户生计与自然保护区关系来看，57.93%的被调查者表示家庭生计依赖自然保护区内的资源。③多数农户对保护都持较为积极的态度，53.43%的农户表示支持自然保护区面积扩大，81.93%的农户表示愿意参与野生动植物保护，42.83%的农户认为生态保护比经济发展更重要。④农户受教育水平越高、年龄越低、家庭收入水平越高，同自然保护区接触越密切，其保护态度越积极。此外，农户的保护收益同保护态度正相关，而保护成本同保护态度负相关。因此，今后应该继续加强对自然保护区内及自然保护区周边农户的保护宣传教育工作，提高农户保护意识；通过发展项目等方式，建立起生物多样性保护与农户生计利益之间的联系，在保护的同时促进当地社区经济发展和繁荣；协调保护与发展之间的矛盾和冲突，对因保护所导致的成本增加应该给予农户公平、公正的补偿。

5.3 农户的生态保护行为及其影响因素：结构方程模型的验证

农户是自然保护区周边社区的重要行为主体和基本决策单位，同时也是自然资源的利用者和生态保护的执行者（Karamidehkordi，2010；Nepal 和 Spiteri，2011）。农户行为直接影响生物多样性保护效果，在生物多样性保护中起着重要的作用。我们目前采用的更多是抢救式的保护，更多地将农户视为威胁者，而忽视了对农户行为背后成因的研究（王岐海，2012）。因此判断影响农户行为背后的因素，有利于保护管理者制定合理的保护政策，减少保护与发展的矛盾，确保资源可持续利用。

5.3.1 分析框架：机制与影响

农户行为对生态保护影响的逻辑框架图见图 5-9。本研究将农户行为分为三大行为：资源利用行为（木材的采集量、薪柴采集量、野生植物采集量）、生产投入行为（农药使用量、化肥使用量、是否增加灌溉）、保护直接相关行为（是否参与自然保护区管理、是否参与野生动物救助）。这三种行为或直接或间接地对生态环境和生物多样性保护造成一定影响。

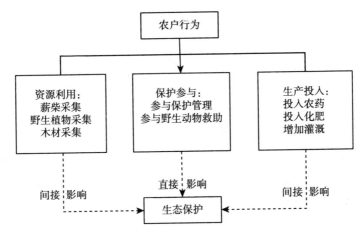

图 5-9 农户行为对生态保护影响的逻辑框架图

在农户资源利用行为中，环境退化或毁林的一个重要指标通常被认为是薪柴采集（Biddlecom 等，2005；Baland 等，2007）。由于居民点附近的树木常被繁殖期的鸟类选作巢树（马志军等，2001），因此，采集薪柴会影响鸟类的栖息和筑巢。野生植物在促进生态系统物质循环、提供野生动物栖息地、为人类带来巨大经济效益等方面发挥着重要的基础作用。近年来自然保护区开展森林旅游导致对野生植物食用、药用、观赏价值的开发，对野生植物的需求进一步加大，导致野生植物资源被过度利用，野生植物的生存环境进一步恶化，其物种和资源蕴藏量都急剧下降（盛茂银等，2011）。资源过度利用导致 48％的野生植物物种面临严重威胁，且由于生存环境恶化 39.7％的野生植物陷入濒危状态（赵永新等，2005），因此野生植物的保护刻不容缓。此外，有足够的研究表明农药化肥大量使用导致的农业面源污染是一些地区湖泊和河流等遭受污染和水体富营养化的主要来源之一（周民良，2000）。此外，水田是自然保护区内鸟类冬季最重要的觅食地（Wang 等，2010），因此农药和化肥的大量使用会影响农田中鸟类食物的状况，严重威胁鸟类的生存安全（赫晓霞等，2006）。有研究表明，灌溉造成的生态灾难主要是灌溉土地退化、灌溉渠道和下游水道的富营养化、对栖息地的破坏以及生物多样性丧失（Frenken 和 Faurès，1997），因此农药、化肥的过量投入和灌溉用水的增加会导致环境破坏和生态失衡。

农户行为受诸多因素影响，不同学者对农户行为进行了广泛的研究。研究农户行为不仅要考虑社会心理学理论，还应当把更宽范围内影响农户行为的有效变量考虑在内，包括个人特征和外在环境变量（Holloway 和 Ilbery，1996；Willock 等，1999；Cherchye 等，2011）。研究农业行为的学者们通常采用的模型是 Logit 模型或者 Probit 模型，针对某一项具体农业生产行为或技术的采纳与否（二分类变量）作为因变量进行分析。通常把四种类型的变量作为自变量引入模型：农户特征因素包括决策者的年龄、受教育程度、家庭人口数以及决策者对环境等问题的认知等方面；资源特征因素，如农场规模、种植面积、农地分割情况、地块坡度以及土壤温度和湿度等情况；经济特征和管理特征因素如收入、风险偏好、贷款、农业机械设备等；外源性因素如农业信息的获取、农业技术推广、农业组织化生产、农户的社会关系等。

由于农户行为受各类因素影响，而各因素间又存在着错综复杂的关系，Logit 模型或者 Probit 模型（包括改进后的其他 Logit 类模型）难以识别出影响因素间的耦合关系，从而使得模型结果在模拟农户行为决策时可能会出现偏差。而综观现有的文献，多数研究集中在某一个因素和某几个因素对农业生产方式或行为的影响，实际上，这些要素之间本身相互关联和制约。例如，资源禀赋一定程度上决定了家庭财富，家庭财富又会影响农户的保护态度，这些直接和间接的影响和制约过程，很难通过简单的一一对应关系进行分析和统计。此外，农户生产行为作为上述因素的最终结果，会反馈和影响到农户的保护态度、家庭财富等因素上，这种双向、复杂的影响过程，决定了相关研究的复杂性和困难性。只有系统分析因素之间的相互关系及其影响程度，才能有效制定自然保护区相关政策、实施自然保护区可持续管理。当期的困难是，缺乏有效的方式和方法开展相关的分析和研究。本节通过结构方程模型，分析农户个人特征、家庭财富、资源禀赋，以及保护收益、保护成本、保护参与、保护态度、保护行为之间的耦合关系。农户保护行为的影响因素各变量及其之间相互作用关系如图 5-10 所示。

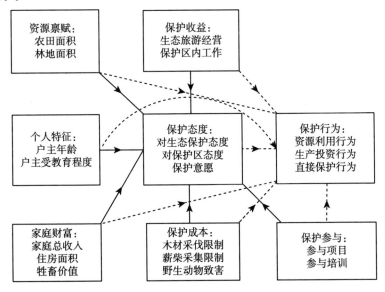

图 5-10 农户保护认知、态度、行为关系逻辑框架图

注：实线表示对保护态度的影响路径，虚线表示对保护行为的影响路径。

5.3.2 方法

结构方程模型（SEM）是一种实证分析模型，可以用来解决变量间彼此相互影响导致的计量经济学模型失效的问题（Asah，2008）。该方法的优势和特点，在不少领域得到广泛的应用（Arhonditsis 等，2006；Chen 和Lin，2010；Kuppum 和 Pendyala，2001；Elrod 等，2012）。

结构方程模型（Structural Equation Model，SEM）也被称为潜变量模型（Latent Variable Model，LVM）。该方法是 Jöreskog 和 Goldberger（1972）在 20 世纪 70 年代创立的。早期 SEM 被广泛应用于心理学和社会学的研究（Burnette 和 Williams，2005；Fyhri 和 Klæboe，2009；Roesch 和Weiner，2001），随后被应用到环境学和生态学的研究当中（Chen 和 Lin，2010）。最近几年，SEM 逐渐被应用到管理学和经济学研究中（Golob，2003；Ülengin 等，2010）。SEM 的一个优点是通过衡量可观测变量来分析不可观测变量。该方法提出后，许多学者对其进行了改进，包括多元指标和多元因果模型（Asah，2008；Chou 和 Bentler，2002；Iacobucci，2010；Curran 和 Hussong，2002；Zou，2012）。

和其他多元变量静态模型相比，SEM 通过对测量误差建模，可以更好地检验变量间的因果关系（Chen 和 Lin，2010）。一个完整的 SEM 模型包括测量模型与结构模型。测量模型描述了观测变量和潜变量之间的关系，而结构模型描述了不同潜变量之间的关系。公式（5-1）和公式（5-2）为测量模型的模型形式，公式（5-3）为结构模型的模型形式。

$$X = \Lambda_X \xi + \delta \qquad (5-1)$$

$$Y = \Lambda_Y \eta + \varepsilon \qquad (5-2)$$

$$\eta = \beta \eta + \Gamma \xi + \zeta \qquad (5-3)$$

式中，X 为 $q \times 1$ 外生观测变量向量；Y 为 $p \times 1$ 内生观测变量向量；ξ 是 $n \times 1$ 外生潜变量向量；η 是 $m \times 1$ 内生潜变量向量；Λ_X 是外生观测变量 X 在外生潜变量 ξ 上的 $q \times n$ 因子载荷矩阵；Λ_Y 是内生观测变量 Y 在内生潜变量 η 上的 $p \times m$ 因子载荷矩阵；$\beta_{m \times m}$ 是内生潜变量 η 的系数矩阵，也是内生潜变量间的通径系数矩阵；$\Gamma_{n \times n}$ 是外生潜变量 ξ 的系数矩阵，也是外生潜变量对相应内生潜变量的通径系数矩阵；δ、ε 为测量误差向量，表示不能由潜变量解释的部分；ξ 为残差向量，是模式内未能解释的部分（Bollen 和 Long，1993）。估计的因果关系函数形式如下：

$$\eta_1 = \eta_1(\xi_1,\ \xi_2) \qquad\qquad (5-4)$$

$$\eta_2 = \eta_2(\xi_1,\ \xi_2,\ \eta_1) \qquad\qquad (5-5)$$

本研究中，外生潜变量（ξ）包括资源禀赋变量（ξ_1）、家庭财富变量（ξ_2）、保护收益变量（ξ_3）、保护成本变量（ξ_4）和保护参与变量（ξ_5）。保护态度（η_1）和资源利用行为（η_2）、生产投入行为（η_3）和直接保护行为（η_4）表示内生潜变量（η）。本研究建立了三个结构方程模型，分别判断外生潜变量（ξ）对保护态度（η_1）及三种保护行为（$\eta_2 - \eta_4$）的影响。

按照上述分析同时作如下假设：

H1：保护态度对农户保护行为有正面影响，对资源利用和生产投入行为有负面影响；

H2：保护收益对农户保护行为有正面影响，对资源利用和生产投入行为有负面影响；

H3：保护成本对农户保护行为有负面影响，对资源利用和生产投入行为有正面影响；

H4：保护接触对农户保护行为有正面影响，对资源利用和生产投入行为有负面影响；

H5：资源禀赋对农户保护行为有负面影响，对资源利用和生产投入行为有正面影响；

H6：家庭财富对农户保护行为有正面影响，对资源利用和生产投入行为有负面影响；

H7：户主受教育程度对农户保护行为有正面影响，对资源利用和生产投入行为有负面影响；

H8：反映各个潜变量的可测变量可以作为衡量所对应潜变量的有效指标。

5.3.3 结果

5.3.3.1 农户的生态保护行为

农户的保护行为见表 5-5。研究区域农户平均木材采伐量为 1.25 立方米，主要原因是自然保护区对农户木材采伐的限制。保护外的农户同样面临着公益林无法采伐，以及商品林采伐需要申请采伐指标的问题，因此普遍较少地采伐用材林。研究区域户均年薪柴采集量为近 3 000 斤*，尽管劳动力的转移和生产方式的转变导致农户薪柴利用的减少，研究区域农户的薪柴采集问题仍不可忽视。薪柴采集最多的农户一年能采集接近 2.5 万斤，对自然保护区及其周边生态保护构成威胁。采集野生植物的比重占到全体农户的11%，尽管这一比值比过去有所下降，但由于生态旅游的发展和农家乐的兴起，农户对山野菜的采集量和采集品种是增加的。农户生产投入行为会对环境产生间接影响，其中农户平均年农药购买金额约 157 元，化肥购买金额约495 元。由于研究区域户均农田面积 8.84 亩，因此每亩地农药投入、化肥使用量也并不少。增加灌溉的农户比重并不大，占到全体农户的 12%。农户保护参与行为中，参与过自然保护区管理活动的比重占到 37%，参与野生动物救助的农户占到 4%。表明农户在自然保护区中的参与度和积极性并不高。而人们逐渐认识到只有当地居民密切参与到自然保护区的管理中，保护活动才能持续有效（Rao 等，2002）。

表 5-5　农户的保护行为

行为类型	保护行为名称	均值	方差	最小值	最大值
资源利用行为	木材采集量（立方米）	1.25	4.76	0	120
	薪柴采集量（斤）	2 927.30	4 656.35	0	25 000
	是否采集野生植物（是=1）	0.11	0.34	0	1
生产投入行为	农药购买金额（元）	157.22	280.42	0	2 000
	化肥购买金额（元）	495.26	790.26	0	2 000
	是否增加灌溉（是=1）	0.12	0.32	0	1
保护参与行为	是否参与保护管理活动（是=1）	0.37	0.49	0	1
	是否参与野生动物救助（是=1）	0.04	0.42	0	1

表 5-6 给出了农户保护行为彼此的相关系数。可以得出，农户的资源利用行为和生产投入行为显著正相关，农户的保护参与行为则同其他两种行为显著负相关，表明本研究选择的这八个变量作为农户保护行为的代理变量

---

* 1斤=500克。

是可靠的。是否增加灌溉和是否参与野生动物救助这两种行为与其他部分行为变量相关性不显著，可能的原因是这两种行为发生的比例均较少，另外本研究的样本量较小，因此导致相关系数的不显著性。

表 5-6　农户保护行为相关系数

	木材采集量	薪柴采集量	野生植物采集	农药购买金额	化肥购买金额	增加灌溉	参与保护管理	参与动物救助
木材采集量	1							
薪柴采集量	0.283*	1						
野生植物采集量	0.121	0.398***	1					
农药购买金额	0.413**	0.320***	0.420***	1				
化肥购买金额	0.302*	0.291***	0.182**	0.274***	1			
增加灌溉	0.212	0.100	0.221	0.178*	0.127	1		
参与保护管理	−0.311*	−0.466***	−0.461***	−0.327***	−0.147*	−0.005	1	
参与动物救助	−0.132	−0.031	−0.199*	−0.046	−0.005	−0.025	0.350**	1

注：表内给出变量间的 Person 相关系数，*、**、*** 分别表示显著性水平 10%、5%、1%。

5.3.3.2　生态保护行为结构方程模型的检验

对结构方程模型合理性的检验包括每个参数的合理性检验与显著性检验以及整个模型的适合性检验等。结构方程模型是一个拟合、评价、修正及再评价的反复过程（林嵩，2008），直至模型从统计学的角度具有意义。检验不仅可以为模型的合理性提供数量化依据，还可以为进一步研究及模型的改进提供方向（林嵩，2008；Schmidt 等，2006）。结构方程模型的拟合度通常用卡方统计值来评估，然而，样本大小可能会影响这些统计值。

本研究中，模型的总体拟合指数采用规范拟合指数（Normed Fit Index，NFI），同时，根据 Schmidt 等（2006）和 Zou（2012）的建议，采用拟合度指数（the Goodness of Fit Index，GFI），比较拟合指数（the Comparative Fit Index，CFI），调整拟合优度指数（Adjusted of the Goodness of Fit Index，AGFI）和均方根误差近似值（Root Mean Square Error Approximation，RMSEA）对模型进行评价。对于 *NFI*、*CFI*、*GFI* 和 *AGFI*，拟合指数大于 0.9 被认为拟合度较好（Lee，2007；林嵩，2008）。SEM 的拟

合结果见表 5-7。

表 5-7　结构方程模型的拟合指数

拟合指数	x^2/df	GFI	NFI	AGFI	CFI	RMSEA
标准	<3	>0.9	>0.9	>0.9	>0.9	<0.1
结果：模型 1	1.05	0.947	0.963	1.009	1.000	0.000
模型 2	1.05	0.947	0.963	1.009	1.000	0.000
模型 3	1.05	0.947	0.963	1.009	1.000	0.000

设定初始潜变量模型，经调试后得到最终的耦合模型。应用 SPSS 17.0 软件对模型变量进行信度分析，除直接保护行为外各潜变量的 α 值均大于 0.7（表 5-8），可认为模型变量具有较好的内部一致性（Chen 和 Lin，2010；Schmidt 等，2006；Zou，2012）。

表 5-8　潜变量的信度

潜变量	测量详细内容	α 值
保护态度 η_1	对生态保护态度[a]Y_1 对自然保护区态度[a]Y_2 保护意愿[b]Y_3	0.895
资源利用行为 η_2	木材采集量 Y_4 薪柴采集量 Y_5 野生植物采集量 Y_6	0.762
生产投入行为 η_3	化肥使用量 Y_7 农药使用量 Y_8 是否灌溉[c]Y_9	0.758
直接保护行为 η_4	参与自然保护区管理[c]Y_{10} 参与野生动物救助[c]Y_{11}	0.582
保护收益 ξ_1	参与生态旅游经营[c]X_{12} 自然保护区内工作[c]X_{13}	0.831
保护成本 ξ_2	木材采伐限制[c]X_{14} 薪柴采集限制[c]X_{15} 野生动物致害[c]X_{16}	0.837
保护接触 ξ_3	参与自然保护区项目[c]X_{17} 参与自然保护区培训[c]X_{18}	0.774

（续）

潜变量	测量详细内容	α 值
资源禀赋 ξ_4	农田面积 X_{19} 旱田面积 X_{20} 经济林面积 X_{21}	0.841
家庭财富 ξ_5	家庭年收入对数 X_{22} 人均住房面积 X_{23} 年末牲畜价值 X_{24}	0.804

注：[a] 虚拟变量，取值为：1 不好，2 一般，3 好；
　[b] 虚拟变量，取值为：1 不愿意，2 一般，3 愿意；
　[c] 虚拟变量，取值为：1 是，0 否。

5.3.3.3 生态保护行为结构方程模型结果

结构方程模型参数估计实际上是对潜变量与潜变量、潜变量与观测变量及相关观测变量之间关系的量化（Chen 和 Lin，2010；Arhonditsis 等，2006），一般常用两种方法：极大似然估计和广义最小二乘法（Sutton - Grier 等，2010；Wälder 等，2008）。本研究运用极大似然估计方法对模型参数进行估算。运用软件 AMOS 17.0 进行运算，得到该模型具体路径的拟合结果和显著性程度（表 5 - 9），由此可见各路径系数都是较为显著的。

（1）H1 结果。保护态度对农户资源利用行为和生产投入行为的影响路径系数分别为 -0.150 和 -0.108，即农户保护态度变动一个标准差，户主有害于环境保护的资源利用行为和生产投入行为分别减少 0.150 和 0.108 个标准差。说明农户保护态度的提高有助于减少其不利于保护的资源利用活动，然而保护态度对农户生产投入行为的系数不显著，表明农户的保护态度并不一定能促使保护的实现，只有当农户感受到保护的利益，才能有助于其减少不利于生态保护的生产投入行为（Nepal 等，2011；Siddhartha 等，2006）。

（2）H2 结果。保护收益对农户的资源利用行为和生产投入行为影响为负，系数分别为 -0.259 和 -0.182。对直接保护行为的影响系数为 0.323，验证了研究假设 1，即农户在自然保护区的收益有助于其减少不利于保护的资源利用和生产投入行为并增加其保护参与行为。

（3）H3 结果。保护成本对农户的资源利用行为和生产投入行为影响路径系数分别 0.319 和 0.478，表明承受较多保护成本的农户其资源利用行为和生产投入行为较多，即对资源依赖度较高，而保护又带来了约束，因此削弱了农户的生计基础。而农户会进一步增加其资源利用和生产投入来弥补保护带来的损失，从而加剧了保护与生计之间的矛盾。保护成本对农户直接保护行为影响路径系数为 -0.398，验证了研究假设 2，即农户承受较多保护成本不利于其增加保护参与行为。

（4）H4 结果。保护接触对农户的资源利用行为和生产投入行为影响为负，其路径系数分别为 -0.175 和 -0.101，表明了农户同自然保护区的接触有助于保护意识的提高，以及减少不利于生态保护的生计活动。自然保护区接触对农户的直接保护行为影响系数为 0.872，这也验证了假设 3。

（5）H5 结果。资源禀赋对农户的资源利用行为和生产投入行为的路径系数分别为 0.052 和 0.231，即资源禀赋较多的农户，其资源利用行为和生产投入行为就越多。然而资源禀赋对农户资源利用行为影响并不显著，主要是自然保护区对农户的木材采伐以及薪柴采集行为有严格的约束和限制，因此尽管农户拥有较多的资源，政策约束的存在导致其并不能获取更多的资源。资源禀赋对农户的直接保护行为没有显著影响。

（6）H6 结果。家庭财富对农户资源利用行为和生产投入行为的路径系数分别为 -0.234 为 -0.026，说明家庭财富越多的农户更可能减少自然资源的利用以及农业投入，家庭财富对农户的直接保护行为影响为正，系数为 0.157，这也验证了我们的假设 6。家庭财富较多的农户通常拥有更多的非农收入，当农户外出打工，一方面农户与农村环境的联系开始发生变化，削弱了农户对资源的依赖，释放了当地大量剩余劳动力，进而缓解了社区对环境的压力。另一方面，外出劳动力以青壮年为主，他们接受了新的思想和观念的熏陶，进而对当地农业生产方式和资源的使用方式产生影响（Wang 等，2010）。

（7）H7 结果。户主受教育程度对农户资源利用行为和生产投入行为影响为负，其路径系数分别为 -0.143 为 -0.110，说明随着户主受教育程度的提高，农户能更多从事非农工作，采用危害环境的资源利用和生产经营行为就越少。而户主受教育程度对农户的直接保护行为影响显著为正，表明农户受教育程度的提高能促使农户的直接保护行为，证明了研究假设7。

表 5-9 模型的拟合结果

| | 模型 1 | | 模型 2 | | 模型 3 | |
| | 资源利用行为 η_2 | | 生产投入行为 η_3 | | 直接保护行为 η_4 | |
	系数	标准误	系数	标准误	系数	标准误
保护态度 η_1	-0.150^{**}	0.213	-0.108	0.325	0.231^{***}	0.328
保护收益 ξ_1	-0.259^{**}	0.253	-0.182^{*}	0.183	0.323^{***}	0.285
保护成本 ξ_2	0.319^{***}	0.511	0.478^{***}	0.219	-0.398^{***}	0.538
保护接触 ξ_3	-0.175^{***}	0.184	-0.101^{*}	0.693	0.872^{***}	0.214
资源禀赋 ξ_4	0.052	0.199	0.231^{**}	0.547	0.002	0.203
家庭财富 ξ_5	-0.234^{**}	0.231	-0.026	0.220	0.157^{*}	0.447
户主年龄 X_{14}	0.012^{*}	0.321	0.002	0.239	0.004	0.229
户主受教育年限 X_{15}	-0.143^{***}	0.183	-0.110^{***}	0.531	0.039	0.193

5.3.4 结论

本研究建立了生计资本和农户生态保护行为评估指标，评估了不同生计资本对农户保护行为的影响，结果表明：①研究区域农户平均木材采伐量为 1.25 立方米，户均年薪柴采集量为近 3 000 斤，采集山野菜的比重占到全体农户的 11%，尽管这一比值比过去有所下降，但由于生态旅游的发展和农家乐的兴起，农户对山野菜的采集量和采集品种是增加的。农户平均年农药购买金额约 157 元，化肥购买金额约 495 元，增加灌溉的农户比重占到全体农户的 12%。农户保护参与行为中，参与过自然保护区管理活动的比重占到 37%，参与野生动物救助的农户占到 4%，表明农户在自然保护区中的参与度和积极性并不高。②积极的保护态度、较高的保护收益、密切的保护接触、较多的家庭财富以及较高的受教育程度对农户保护行为有正面影响，对资源利用和生产投入行为有负面影响；而更多保护成本、较高的资源禀赋对农户保护行为有负面影响，对资源利用和生产投入行为有正面影响。可见，农户的保护态度直接影响农户的保护行为，关键则在于农户在保护过程中的成本收益，因此协调好保护与农户生计之间的关系，促使农户从保护中获益是促进农户保护行为的关键。此外，增加农户收入可以有效增加农户的生态保护行为，自然保护区管理者同社区管理者应当鼓励劳动力转移及实现生计多样化，增加农户的现金收入，减轻农村生态环境的负荷。提高农户的受教育程度是促使农户实践有利于生态保护行为的有效途径。可以通过对农户展开技能培训、加强基础教育等途径来提高农户的人力资本。

6 自然保护区设置对农户生计资本及生计策略的影响

生计问题乃民之根本，国之大计。家庭的生计资本状况是理解家庭所拥有的选择机会、采用的生计策略和应对所处环境风险的基础，也是对农村生态保护和发展项目进行政策干预的切入点。自然保护区内社区生计资本既与所处区域社会经济环境密切相关，又与自然保护区保护的生态系统和保护管理工作相关。利用可持续生计分析框架进行分析，能够较全面地反映农户各类生计资本的现状，发现存在的问题并寻找解决的有效途径，保证生计实现的可持续性（图6-1）。更为重要的是，自然保护区建设和保护政策的干预对当地社区居民可持续发展具有典型的外力冲击效应（杨云彦和赵锋，2009）。

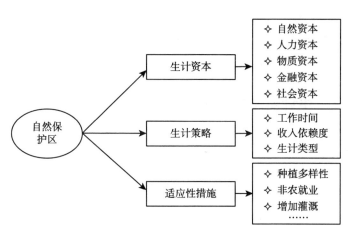

图6-1 第6章逻辑框图

农户的生计资本及生计策略受到脆弱性环境的影响以及制度和组织外部环境的影响（DFID，2000）。农户生计策略是动态的，并随着外界环境条件的变化而调整、改变着对资产利用的配置和经营活动种类、比例的构成。自然保护区的设置作为典型的外部机构、制度和政策冲击，对农户的生计资本及生计策略构成影响。在不同的生计资本状况及政策环境下农户选择不同的生计策略（苏芳等，2009）。另外，在从事农业的生产经营活动时，自然环境的影响也很重要，特别是农业很容易遭到自然和气候的破坏。所以在对农民的生存状况进行分析调查时，还要注意到自然环境的作用效果以及农民采取的相应的对策措施。在此基础上，本章所研究的对象还考虑到了农村家庭在应对气候转变时采取的对策措施，例如改变种植产品、外出打工、借钱等。

6.1 自然保护区设置对农户生计资本的影响：削弱与增强

由于市场、制度、政策及自然环境具有风险性，农户所采取的生计方式取决于家庭拥有的生计资本，生计资本越多，处理冲击及发现和利用机会的能力更强，从而能有效保障生计安全，并实现自然资源可持续利用（Soini，2005；Koczberski 和 Curry，2005；Bradstock，2006）。自然保护区的建立可能削弱农户的生计资本，也可能增强农户的生计资本，从而提高其抵御冲击的能力。因此判断自然保护区的设置对农户生计资本的影响十分必要，有助于政策制定者帮助社区农户在生计资本方面做出适应与调整，从而更好地实现生计可持续发展与生态保护战略的紧密结合（杨云彦和赵锋，2009）。

6.1.1 生计资本指标的确定

6.1.1.1 指标选取及赋值

农户的生计资本是进行各项生存活动的基础，还是农村家庭应对生计风险的重要屏障。在 DFID 可持续生计分析框架中，生计资本包括了自然资本、物质资本、金融资本、社会资本与人力资本五个方面。自然资本是农户用来保证生活的资源，如土地、水和动植物资源等；物质资本指的是人们通过自己的劳动所获得的资本，如房屋、生产工具、机械设备等；金融资本是购买活动中必需的现金和获得的贷款或借款等；人力资本是个人拥有的知识、技能以及劳动能力等（李斌等，2004）；社会资本是人们在生存过程中能利用到的社会资源，如社会关系网、社会组织等，包括垂直的（上级或下级同事的关系）和水平的（与有共同利益的人的联系）两种。在充分参考国内外研究的基础上，本研究设计了自然保护区周边社区生计资本作为具体代理变量，如表6-1所示。

表6-1 农户生计资本代理变量赋值

生计资本	代理变量	变量类型	变量取值
自然资本	农田面积	分类变量	<1亩=1，1~5亩=2，5~10亩=3，>10亩=4
	农田质量	分类变量	不好=1，一般=2，好=3
	林地面积	分类变量	0亩=1，0~100亩=2，>100亩=3
	林地坡度	分类变量	陡峭=1，比较陡=2，平缓=3
人力资本	家庭成员劳动能力	分类变量	学龄前儿童及70岁以上老年人=0，少年=1，55~70岁老年人=2，青年=3，成年=4
	家庭成员受教育水平	分类变量	文盲=0，小学=1，初中=2，高中及中专=3，大专=4，大学本科及以上=5
	家庭成员身体状况	分类变量	严重疾病=1，一般疾病=2，比较健康=3，非常健康=4
	家庭人口数	分类变量	1人=1，7人及以上=2，2~3人=3，4~6人=4
物质资本	人均房屋面积	分类变量	<10平方米=1，10~20平方米=2，20~30平方米=3，30~50平方米=4，>50平方米=5
	房屋结构	分类变量	土木结构=1，砖木结构=2，砖混结构=3
	通信设备	分类变量	<1.5CU=1，1.5~3CU=2，>3CU=3
	交通工具	分类变量	0TU=1，0~1TU=2，>1TU=3
	牲畜	分类变量	0LU=1，0~1LU=2，>1LU=3
金融资本	人均年收入	分类变量	<5 000元=1，5 000~1万元=2，1万~2万元=3，2万~3万元=4，>3万元=5
	是否可获得银行贷款	分类变量	不可获得=0，可获得=1
	补贴收入	分类变量	<200元=1，200~500元=2，>500元=3
社会资本	是否有村干部	分类变量	都没有=1，曾经有=2，现在有=3
	人情往来成本	分类变量	<1万元=1，1万~10万元=2，>10万元=3
	经常走动能人数量	分类变量	<5人=1，5~20人=2，>20人=3

注：LU表示牲畜单位（livestock units）。参照Sharp（2003），1头牛=1LU；1头猪=0.25LU；1只羊=0.2LU；1只家禽=0.005LU。

CU表示通信设备单位（communication units），根据专家打分，一台电视=1CU；一台电脑=0.8CU；一部电话=0.2CU。

TU表示交通工具单位（transportation units），根据专家打分，一辆汽车=1TU；一辆拖拉机=0.5TU；一辆摩托车=0.2TU；一辆三轮车=0.1TU。

自然资本指的是能够用来维持生计的土地、水等自然资源，研究区域农户的自然资本主要是农户拥有或能够长时间使用的土地。土地保障了农户的生活，是农户最为重要的自然资本。本研究参考黎洁等（2009）、蔡志海（2010）的研究，选取农田面积和林地面积以及农林地相应的质量特征作为衡量指标。面积可以反映出农户耕种土地的规模大小，质量能够反映出生产效率。耕地的质量受很多因素的影响，例如地形、气候、灌溉条件、土地耕作技术和生产投入等。所以我们的评判依据为耕种的农民的主观感受。而林地坡度作为林地条件重要的特征之一，坡度陡峭的林地更难进行作业和规模化经营，因此被用来反映农户林地的质量特征（分为陡峭、比较陡和平缓三个等级）。

人力资本指个人所拥有的用于谋生的知识、技能以及劳动能力和健康状况，人力资本的数量和质量直接决定了农户驾驭其他资本的能力和范围。本研究参考 Sharp（2003）、李斌等（2004）、阎建忠等（2009）的研究，选取家庭成员劳动能力、受教育程度、身体状况、家庭人口数为测量指标。家庭成员年龄赋值借鉴杨云彦（2009），根据家庭成员年龄及是否具备劳动能力，将家庭成员年龄分为五档，学龄前儿童和 70 岁以上老年人由于不具备劳动能力取值为 0，6～12 岁少年具备可从事辅助性工作的能力，取值为 1，55～70 岁老年人可从事部分劳动，取值为 2，13～25 岁青年具备一定劳动能力，取值为 3，26～55 岁成年具备完全劳动能力，可从事全部劳动，取值为 4。家庭成员受教育水平借鉴蔡志海（2010）的赋值，将文盲取值为 0，小学取值为 1，初中取值为 2，高中及中专取值为 3，大专取值为 4，大学本科及以上取值为 5。农户的身体状况根据实际情况分为四等，严重疾病取值为 1，一般疾病取值为 2，比较健康取值为 3，非常健康取值为 4。家庭人口数取值考虑到劳动力人数及经济负担进行赋值，家庭人口仅 1 人由于劳动力较少取值为 1，家庭人口数 7 人及以上，通常拥有较多的老年人及儿童，因此负担较重，取值为 2，家庭人口数 2～3 人通常以夫妻加孩子为主，取值为 3，家庭人口数 4～6 人拥有较多的劳动力，取值为 4。

物质资本是通过人类生产过程所创造出来的资本，研究区对农户有重要影响的物质资产包括住房、牲畜以及农用机械等资产，参考李小云等（2007）、黎洁等（2009）、李军龙等（2013）的研究，选取房屋、牲畜、通信设备和交通工具作为衡量指标。家庭住房以农户住房类型、人均住房面积（其权重各占 50%）为准进行测算。例如，若某农户家庭住房情况为人均 35 平方米砖瓦房，则这一农户家庭住房指标赋值得分为（4＋3)/2＝3.5 分。牲畜用牲畜单位 LU（livestock units）表示，参考 Sharp（2003），1 头牛＝1LU；1 头猪＝0.25LU；1 只羊＝0.2LU；1 只家禽＝0.005LU。通信设备用 CU（communication units）表示，根据专家打分，一台电视＝1CU；一台电脑＝0.8CU；一部电话＝0.2CU。交通工具用 TU（transportation units）表示，根据专家打分，一辆汽车＝1TU；一辆拖拉机＝0.5TU；一辆摩托车＝0.2TU；一辆三轮车＝0.1TU。

金融资本指的是农村家庭可以自由使用的资金，由三个部分组成：家庭年收入、以不同的方式获得的筹款、政府相应的补贴等。农村家庭用不同的方式筹得的资金分为正规和非正规两种方式，正规的渠道有银行信用社等，非正规渠道有亲朋好友的借款等。大部分农民的授信基础较为薄弱，且银行等机构重视不足，使得农民从正规渠道中获得资金上的帮助很困难。本研究中农户所获得的政府补贴主要有粮食直补、生态公益林补偿、退耕还林补偿以及低保救助补贴等。借鉴杨云彦（2009）、蔡志海（2010）等的研究，选择家庭人均年收入、能否获得银行贷款、补贴收入等作为指标。

农户的社会资本，是农户为了生存所能够利用的社会资源，包含有社会关系网与社会组织等。农村家庭中的社会关系网络主要体现为家族亲戚关系网、乡邻关系网和行政组织关系网络等（李琳一，2004）。本研究参考苏芳等（2009）、李军龙等（2013）的研究，选取家庭是否有村干部、人情往来成本、经常走动能人数量作为测量指标。

6.1.1.2 指标计算

研究采用熵值法对各个指标权重进行赋值。熵值法是一种客观赋权法，其实质是根据指标间的重复信息量确定权重，相对变化程度越大的指标具有的权重越大，反之，相对变化程度越小该指标权重也越小。该方法可以有效避免人为赋权带来的主观影响，在实践中得到广泛应用。具体计算步骤如下：

第一步，采用极差变换公式对各项系统指标进行标准化处理，消除各指标量纲差异。其标准化公式如下：

$$x'_{ij} = \frac{x_{ij} - \min\limits_{i} x_{ij}}{\max\limits_{i} x_{ij} - \min\limits_{i} x_{ij}} \qquad (6-1)$$

在（6-1）式中，x'_{ij} 是第 i 个农户第 j 项指标标准化后的值，x_{ij} 为第 i 个农户第 j 项指标的实际值，$\max\limits_{i} x_{ij}$ 和 $\min\limits_{i} x_{ij}$ 分别代表第 j 项指标的最大值和最小值。其中，$0 < i \leqslant n$，$0 < j \leqslant m$。

第二步，计算比重 p_{ij}：

$$p_{ij} = \frac{x'_{ij}}{\sum\limits_{i=1}^{n} x'_{ij}} \qquad (6-2)$$

第三步，计算第 j 项指标的熵值：

$$e_j = -k \sum_{i=1}^{n} p_{ij} \ln p_{ij} \qquad (6-3)$$

其中，$k = 1/\ln(n)$，$e_j \in [0, 1]$。e_j 为第 j 项指标的信息熵，是对体系混乱或无序的度量，对于给定的指标 j，x_{ij} 差异越小，e_j 越大。

第四步，定义第 j 项指标权重 w_j。

$$w_j = \frac{g_j}{\sum\limits_{j=1}^{m} g_j} \qquad (6-4)$$

其中，g_j 为第 j 项指标的差异系数，$g_j = 1 - e_j$。根据上述步骤可以确定各指标的熵值法权重。

具体指标权重和公式如表 6-2 所示。

表 6-2 生计指标权重的计算

资本类型	测量指标	指标权重	指标公式
人力资本 H	家庭成员劳动能力 $H1$	0.24	$0.24 \times H1 + 0.42 \times H2 + 0.34 \times H3$
	家庭成员受教育程度 $H2$	0.42	
	家庭成员健康水平 $H3$	0.34	
自然资本 N	农田情况 $N1$	0.67	$0.67 \times N1 + 0.33 \times N2$
	林地情况 $N2$	0.33	
物质资本 P	住房情况 $P1$	0.34	$0.34 \times P1 + 0.17 \times P2 + 0.22 \times P3 + 0.27 \times P4$
	通信设备 $P2$	0.17	
	交通工具 $P3$	0.22	
	牲畜 $P4$	0.27	

（续）

资本类型	测量指标	指标权重	指标公式
社会资本 S	家庭成员有村干部 S1	0.47	
	人情往来支出 S2	0.24	$0.47×S1+0.24×S2+0.29×S3$
	经常走动能人情况 S3	0.29	
金融资本 F	人均年收入 F1	0.48	
	是否可获得贷款 F2	0.37	$0.48×F1+0.37×F2+0.15×F3$
	补贴性收入 F3	0.15	

6.1.2 农户生计资本的差异分析

研究区域农户的生计资本情况见表 6 - 3。总体来看，研究区域呈现出生计资本规模有限、整体脆弱、生计资本社会融合度低的特征。其中，人力资本变量中，家庭成员劳动能力状况的综合水平为 0.42，家庭成员健康水平为 0.53，健康水平较低。另一方面，农户文化程度总体水平较低，家庭成员受教育程度仅为 0.34，反映出研究区域农户人力资本积累整体薄弱，普遍缺乏一种有利于生计创新的人力资本基础。自然资本变量中，研究区域农户的资源禀赋较少，质量较差，农田和林地得分分别为 0.52和 0.33，农户传统生计的自然环境基础是非常薄弱的。农户的户均耕地面积仅为 3.46 亩，人均耕地面积还不到 1 亩，加之自然保护区对耕地的占用以及野生动物危害，使得农业生产遭到重大影响。而户均林地面积也仅为 4.57 亩，人均也不到 1 亩。因此总体来说，自然保护区周边农户自然资本及其产出表现出极大的脆弱性。物质资本变量中，多数农户住房条件尚可（0.53），但交通工具拥有率得分很低（0.22）。绝大多数农户仅拥有少量的鸡鸭等家禽，因此牲畜拥有量得分也较低（0.25）。因此，多数农户自有物质资产多限于维持简单生产和生活等基本生计的需要。金融资本中，农户家庭年收入得分较低（0.47），表明农户没有足够的金融资本积累，提高收入水平仍然是农户在发展中面临的突出问题。社会资本中，经常走动能人情况和人情往来支出得分较高（0.66 和 0.50），表明农户人际交往支出的压力较大。

从农户生计资本与其收入的关系来看（表 6 - 3 和图 6 - 2），可以发现，农户收入高低与各个生计资本总量的高低具有一定的正相关关系，不同收入分组下农户的生计资本有显著差异。人力资本方面，富裕组农户在家庭成员劳动能力和受教育程度方面显著高于贫困组（显著性水平1%）。自然资本方面，富裕组在农、林地方面都要好于贫穷组，然而差距并不明显（显著性水平10%和5%），表明了研究区域农村贫富差距主要是非农收入造成的。物质资本方面，富裕组均要好于贫穷组（显著性水平1%），因为物质资本一定程度上反映了农户的家庭财富状况。社会资本方面，富裕组在家庭拥有村干部和经常走动能人数量方面要显著高于贫穷组（显著性水平1%和5%），表明了社会资本在当今农村发展中的作用已经凸显。金融资本方面，富裕组在人均年收入和是否获得银行贷款方面优于贫穷组（显著性水平1%和10%），在补贴性收入方面劣于贫穷组（显著性水平5%）。

表6-3　农户生计资本的差异

	自然保护区内	自然保护区外	t 值	贫穷组	富裕组	t 值	全体
人力资本 H	0.41	0.44	−1.16*	0.322	0.49	−6.68***	0.43
家庭成员劳动能力 $H1$	0.41	0.43	−0.21	0.38	0.51	−6.31***	0.42
家庭成员受教育程度 $H2$	0.33	0.36	−1.19*	0.21	0.4	−5.99***	0.34
家庭成员健康水平 $H3$	0.52	0.55	−1.56*	0.42	0.59	−2.28*	0.53
自然资本 N	0.41	0.51	−8.04***	0.41	0.49	−4.04**	0.46
农田情况 $N1$	0.48	0.57	−7.50**	0.48	0.53	−1.42*	0.52
林地情况 $N2$	0.28	0.39	−2.49***	0.29	0.41	−2.77**	0.33
物质资本 P	0.42	0.47	−1.45*	0.38	0.51	−5.25***	0.43
住房情况 $P1$	0.5	0.57	−3.88**	0.48	0.72	−566**	0.53
通信设备 $P2$	0.77	0.79	−0.87	0.75	0.79	−1.61*	0.77
交通工具 $P3$	0.21	0.24	−2.53*	0.15	0.28	−3.16**	0.22
牲畜 $P4$	0.28	0.32	−1.06*	0.22	0.26	−1.52*	0.25
社会资本 S	0.33	0.39	−2.19**	0.30	0.47	−1.39***	0.36
家庭成员有村干部 $S1$	0.07	0.15	−4.95***	0.02	0.28	−7.52***	0.11
人情往来支出 $S2$	0.47	0.53	−1.03*	0.47	0.53	−1.72*	0.50
经常走动能人情况 $S3$	0.65	0.67	−0.35	0.61	0.72	−3.22**	0.66

（续）

	自然保护区内	自然保护区外	t 值	贫穷组	富裕组	t 值	全体
金融资本 F	0.36	0.38	−0.92*	0.29	0.46	−8.24***	0.37
人均年收入 F1	0.44	0.51	−2.54*	0.26	0.68	−7.41***	0.47
是否可获得贷款 F2	0.18	0.21	−0.78	0.18	0.21	−2.96*	0.19
补贴收入 F3	0.54	0.39	7.51***	0.64	0.37	6.50**	0.47

注：*、**、***分别表示显著性水平10%、5%、1%。

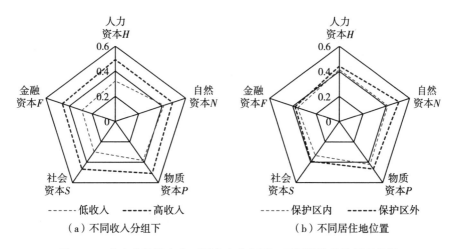

（a）不同收入分组下　　　　（b）不同居住地位置

图 6-2　农户生计资本在不同收入分组下、不同居住地位置的差异

从农户生计资本与家庭居住位置（自然保护区内外）的关系来看，自然保护区内外的农户主要在自然资本和社会资本方面存在显著差异（显著性水平分别为 1% 和 5%）。人力资本方面，自然保护区内的农户在家庭成员受教育程度和健康水平方面要低于自然保护区外的农户（显著性水平10%）。自然资本方面，自然保护区内的农户在农田情况和林地情况方面均显著劣于自然保护区外农户（显著性水平分别为 5% 和 1%），因为自然保护区内农田更容易受到野生动物危害，因此农田质量较差，同时自然保护区内农户在林地拥有量方面要显著低于自然保护区外农户，因为新一轮集体林权制度改革将集体所有的林地分林到户，而自然保护区内的森林几乎全部为公益林，因此并没有实施分林到户。物质资本方面，自然保护区内农户在住房方面要显著劣于自然保护区外农户（显著性水平 5%），因

为自然保护区外农户一部分是生态移民搬迁后的农户，因此住房质量较好，另外自然保护区内的农户在盖房或翻修房屋方面面临一定约束，因此自然保护区内农户住房条件相对较差。在社会资本方面，自然保护区内农户拥有村干部比率要显著低于自然保护区外（显著性水平1%）。在金融资本方面，自然保护区内农户在人均收入方面要低于自然保护区外农户（显著性水平10%），而在补贴性收入方面要显著高于自然保护区外农户（显著性水平1%），因为自然保护区内农户由于保护的约束，能获得更多的公益林补偿、野生动物肇事补偿等。

6.1.3 结论

本节在借鉴DFID可持续生计框架的基础上，构建了自然保护区周年社区生计资本分析框架，通过熵值法计算了自然保护区周边农户的生计资本，并进行了相应的关联性分析，得出：①研究区域呈现出生计资本规模有限、整体脆弱、生计资本社会融合度低的特征。其中，人力资本变量中，研究区域农户人力资本积累整体薄弱，普遍缺乏一种有利于生计创新的人力资本基础。自然资本变量中，研究区域农户的资源禀赋较少，农户传统生计的自然环境基础是非常薄弱的，表现出极大的脆弱性。物质资本变量中，多数农户自有物质资产多限于维持简单生产和生活等基本生计的需要。金融资本中，农户没有足够的金融资本积累。社会资本中，农户人际交往支出的压力较大。②从农户生计资本与其收入的关系来看，农户收入高低与各个生计资本总量的高低具有一定的正相关关系，富裕的农户生计资本较为丰富，特别是在人力资本、金融资本和社会资本方面差异显著。③从农户生计资本与家庭居住位置（自然保护区内外）的关系来看，自然保护区的设立对农户各项生计资本均有一定影响，其主要对农户自然资本影响较大。以土地为基础的自然资本是农户赖以生存的基础，自然保护区的设立削弱了农户的自然资本，必然不利于自然保护区内农户的生计发展。因此自然保护区在保护资源的同时，应当考虑到农户的生计，尽量不损害农户的生计，提高农户的生计资本水平和可持续发展能力，从而实现保护与发展的协调发展。

6.2 自然保护区设置对农户生计策略的影响：约束与激励

生计策略由生计活动组成，通过系列生计活动来实现。农户家庭的生计资产状况不是静止的，而是一个动态变化的过程，受到社会因素和外部冲击的影响随着时间推移而发生变化（DFID，2000）。个人或家庭实施不同生计策略的能力取决于所拥有的资产状况。在农户生计研究中，从农户拥有的生计资本状况到农户采取什么样的生计策略，是在特定的背景条件下实现的（伍艳，2015）。自然保护区的设置削弱了农户的自然资本，在某些情况下又增强了农户的人力资本和社会资本，势必对农户的生计策略造成影响。因此判断自然保护区设置下农户生计策略的差异，有助于了解自然保护区与农户生计的互动关系，有助于自然保护区制定出保护与生计协调发展的政策。

6.2.1 生计策略指标的确定

生计策略是指人们对资本利用的配置和经营活动的选择，以便实现他们的生计目标，其中包括了生产活动、投资策略、生育安排等。农户的生计策略决定了其生产行为和消费行为，进而决定了其收入来源和消费状况。本书通过分析农户的劳动投入时间与收入依赖度来分析农户的生计策略。对于农户的劳动投入时间，我们让农户回忆一年有几个月从事该生计活动，平均每个月有多少天，每天有多少小时从事该生计活动，最终计算得出该生计活动每年的劳动投入时间。将农户的所有生计活动投入时间加总得出该农户全部生计活动投入时间，进而计算得出每个生计活动所占的时间比重①。农户的

---

① 我们并没有计算农户的闲暇时间，因为本研究的重点在于通过分析农户在各项生计活动投入时间的比重来了解农户的生计策略，考虑农户闲暇后的计算将导致结果计算的不准确。同时本研究在访问农户时，并没有严格规定最终计算得出的农户各项生计时间不得大于 365 天，同时对农户的全部生计活动时间采各个农户全部生计活动时间的加总，并没有确定统一值。因为我们并不关注农户在某一项生计活动具体的工作时间长短，我们关心的是每个生计活动投入时间的相对值。此外，调研发现让农户尽可能地去回忆有几个月，每个月几天，每天几个小时从事该生计活动，可以尽可能地逼近农户真实投入时间，获取的数据也较为准确。

收入依赖度等于农户各项生计收入①除以总收入的百分比。

6.2.2　自然保护区内外农户生计策略的差异

6.2.2.1　自然保护区内外农户工作时间差异性分析

自然保护区内外农户投入时间的比重见图 6-3。总体而言，务工和种植业是全部农户投入时间最多的两项生计活动。从自然保护区内外农户生计活动投入时间差异来看，相较于自然保护区外的农户，自然保护区内的农户投入在种植业（15.68％ vs.13.37％）、养殖业（11.94％ vs.10.77％）和采集业（9.32％ vs.4.37％）和务工（47.68％ vs.44.63％）上投入的时间更多。在林业（4.43％ vs.11.34％）、个体经营（10.95％ vs.13.52％）上投入的时间更少。

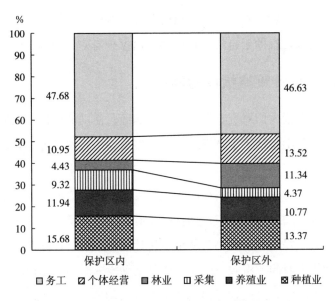

图 6-3　自然保护区内外农户不同工作时间比重

自然保护区内农户林业投入时间比重较小的原因是保护政策的干预。但总体而言，自然保护区内的农户在务农方面投入的时间更多。自然保护区内外农户生计模式实际上可以认为是微观经济主体在更高的不确定收入与较低

---

① 各项生计收入全部为扣除生产成本的人均净收入。

的确定收入之间进行权衡的结果。如果农民是一个风险中性者，那么他将会把他的劳动力资源在各个生计活动进行最有效的配置，以使他在每一个生计活动的边际劳动收益是相等的，从而实现其劳动收入的最大化（都阳，2001）。而贫困农户倾向于保守的生产组合，即选择那些使其收入波动较小的生产活动（Rosenzweig 和 Wolpin，1993）。自然保护区和社区在资源利用和保护方面的矛盾一直存在，尽管自然保护区内许多农户已经通过劳动力转移或从事生态旅游等非农工作，从传统的依赖自然资源的生计活动转移到依赖生态可持续的非农工作，但我们必须认识到自然保护区内同时居住着许多生计资本脆弱、发展能力有限、对自然资源依赖较强的贫困户。自然保护区的干预必须考虑到这些农户的生计问题，才能更好地解决自然保护区保护与发展的矛盾。

6.2.2.2　自然保护区内外农户收入依赖度差异性分析

自然保护区内外农户收入依赖度差异见图 6-4。从各项收入来源来看，尽管自然保护区内的农户对种植业和养殖业的依赖度较高，然而自然保护区外的农户却获得了更高的种植业和养殖业收入，一方面由于自然资本差异导致，另一方面可能是由于自然保护区的干预及影响（如野生动物致害等）。此外，自然保护区外的农户获得了更多的个体经营收入和务工收入。

从收入的属性看（自用 vs. 现金），自然保护区内农户的种植业及养殖业以家庭自用的比例更高。其中，自然保护区内农户种植业收入中 85% 为自用，而养殖业收入中 82% 为自用，而在自然保护区外农户中该比例分别为 75% 和 70%。由于资源禀赋较小、保护约束等原因，自然保护区内农户的农业生产以自给自足的小农生产为主，获得的现金收入较少，不利于农户的减贫和生计水平的提高。而非农收入则是农户提高现金收入的重要来源，不论是自然保护区内还是外，非农收入占农户现金收入的比重均达到了50% 以上，因此提高农户的非农工作收入有助于研究区域农户的减贫和家庭财富的提高。

从收入的结构看（农业 vs. 非农），自然保护区内农户获得了较少的务工收入和个体经营收入，非农收入占保护内农户全部收入的比重为 51%，而自然保护区外非农收入占农户全部收入的比重为 54%。总体而言，不论是自然保护区内还是外，非农收入已经构成了农户最主要的生计来源基础，特别是非农收入对农户现金收入的贡献非常大，在自然保护区内外，非农收入均占到农户家庭全部现金收入的 50% 以上。随着工业化、城镇化进程的加快，在政策、非农就业机会增加、农林业比较效益下降等的刺激下，自然保护区内大量农村劳动人口向非农产业转移，农户收入多样化和非农化将成为一种普遍现象（段伟等，2015）。

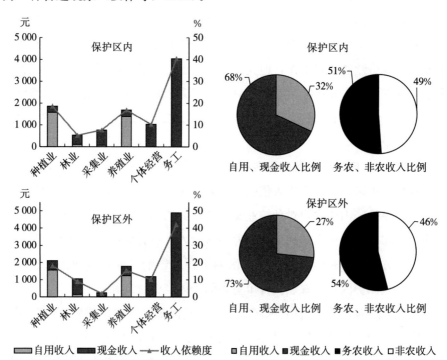

图 6-4　自然保护区内外农户不同收入依赖度

从农户这一微观层面观察，影响劳动力配置的有两类基本因素。其一，农业生产的劳动力边际生产率低于非农工作，为了实现收入均等化，劳动由边际生产率较低的生计活动配置到边际生产率更高的生计活动；其二，家庭为了分散农业收入波动风险而使劳动供给多样化（都阳，2001）。以非农活动为主的生计多样化能确保收入增长和生活水平的提高，同时也降低了单一生计活动的脆弱性和风险（Block 和 Webb，2001；Bruce 等，2007；Charlie 等，2007）。农业劳动向非农部门的流动是中国自然保护区周边社区发展过程中长期存在的现象，同时也是解决保护与发展矛盾的重要途径。地方政府和自然保护区应该重视非农收入的重要性，提高农户的生计水平，让农户尽可能地转移出去，从而减轻对资源利用的压力。

6.2.2.3 不同生计类型下农户的差异性分析

不同学者根据其研究需要对农户生计类型的分类也不同，如田帅（2008）曾在调查中将不同的家庭，根据农业收入和非农业收入所占的比重不同，将农户分为耕养型、混合型、工商型三种。黎洁（2009）将农户分为农业户和兼职户。吴莹莹（2009）将调查农户按不同生计活动初分为纯农户和非农户，之后按照非农收入占家庭总收入的比重将非农户进一步细分为以农为主型、以非农为主型和非农型三种，本研究借鉴上述学者的分类方式，根据本研究需要对农户生计类型进行分类。

研究区域全部农户平均从事种植业及养殖业的时间为全部劳动时间的29%，从事林业及采集业的时间为全部劳动时间的16%，务工的时间为全部劳动时间的42%。全部农户平均种植业及养殖业收入为全部收入的33%，林业及采集业收入为全部收入的11%，务工收入为全部收入的42%。根据农户的投劳时间及收入比重、农户投劳时间及收入比重是否大于平均值的20%作为分类依据，将农户分为以下4类：传统耕养型、资源依赖型、务工依赖型和兼业型（表6-4）。

表6-4　农户生计类型的定义

生计类型	生计定义
传统耕养型	种植业、养殖业时间投入超过35%，且种植业、养殖业收入超过40%的农户家庭
资源依赖型	林业、采集业时间投入超过19%，且林业收入、采集业收入超过13%的农户家庭
务工依赖型	务工时间超过50%，且务工收入超过50%的农户家庭
兼业型	其他农户家庭

不同生计类型下农户的差异性分析见表6-5。从保护特征来看，不同生计类型农户的居住地没有显著差异。务工依赖型和兼业型农户更多地居住在自然保护区内，表明自然保护区对农户生计的限制很可能在一定程度上促进了自然保护区内农户的非农就业和收入多样化。兼业型农户获得的保护直接收益最大，资源依赖型和传统耕养型农户承受的保护直接成本最高。务工依赖型和兼业型农户的保护态度更为积极，表明非农就业和收入多样化有助

于减少农户对传统资源的依赖，减少了生计与保护之间的冲突，从而使农户有着更积极的保护态度。

表6-5　不同生计类型下农户的差异性分析

	传统耕养型	资源依赖型	务工依赖型	兼业型	F 值
保护特征					
居住在自然保护区内（%）	51.91	51.23	53.21	52.32	1.25
直接保护收益（元）[a]	2 798.35	2 701.34	2 638.42	2 893.45	1.83
直接保护成本（元）[a]	2 742.31	2 876.31	2 230.48	2 432.36	2.12*
生态保护更重要（%）[b]	38.42	35.67	50.32	47.52	6.53**
个体特征					
户主年龄（年）	46.42	45.37	43.93	44.31	2.34*
户主受教育年限（年）	6.74	6.80	7.07	6.91	4.56**
户主有疾病（%）	8.63	8.10	7.11	7.34	3.21*
家庭特征					
家庭人口数（AEU）	4.13	4.16	4.11	4.37	1.23
劳动力人数（人）	2.97	3.38	3.35	3.27	1.18
人均年收入（万元）	0.87	0.66	1.56	1.23	9.31***
资源特征					
农田面积（亩）	13.28	9.03	8.78	9.39	3.81*
农田质量好（%）	54.21	52.12	51.25	52.35	1.29
林地面积（亩）	35.31	42.21	33.21	36.31	1.24*
经济林比重（%）	23.42	37.42	25.36	27.3	5.21**

注：[a]直接保护收益及成本的定义及计算见第5章第一节内容。
　　[b]原题为"是否同意本村生态保护比经济发展更重要"。

从个体特征来看，务工依赖型和兼业型农户户主年龄更低，受教育程度更高，身体健康状况更好，表明了人力资本对于农户家庭非农就业的重要性。从家庭特征来看，不同生计类型农户的家庭规模和劳动力人数没有显著差异，表明家庭人口及劳动力数量不会显著影响农户的生计策略。务工依赖型和兼业型农户人均年收入更高，进一步表明了非农就业和收入多样化对于农户家庭收入的贡献很大。

从资源特征来看，传统耕养型的农户家庭拥有更多的农田面积，农田质量也更好。而资源依赖型的农户拥有更多的林地面积，且经济林面积比重最大，表明了资源禀赋的数量和质量影响着农户家庭生计策略，资源禀赋较多的农户家庭更可能依赖该资源进行家庭生计策略的选择。

6.2.3 结论

本研究选取农户不同生计活动投入时间、收入比重以及收入结构性质作为农户生计策略的依据，对农户的生计策略及家庭居住地位置进行了关联性分析，得出：①总体而言，务工和种植业是全部农户投入时间最多的两项生计活动。从自然保护区内外农户生计活动投入时间差异来看，相较于自然保护区外的农户，自然保护区内的农户投入在种植业、养殖业和采集业和务工上的时间更多。在林业、个体经营方面投入的时间更少。自然保护区内农户林业投入时间比重较小的原因是受保护政策干预的影响。保护干预一定程度上促进了农户的非农转移。②从各项收入来源来看，尽管自然保护区内的农户对种植业和养殖业的依赖度较高，然而自然保护区外的农户却获得了更高的种植业和养殖业收入，一方面由于自然资本差异导致，另一方面可能是由于自然保护区的干预及影响（如野生动物致害等）。③从收入的属性看（自用 vs. 现金），自然保护区内农户的种植业及养殖业以家庭自用的比例更高。从收入的结构看（农业 vs. 非农），不论是自然保护区内还是外，非农收入已经构成了农户最主要的生计来源基础，非农收入均占到农户家庭全部收入的50％以上。④从不同生计类型下农户的差异性分析可以看出，务工依赖型和兼业型农户更多地居住在自然保护区内，表明自然保护区对农户生计的限制很可能在一定程度上促进了自然保护区内农户的非农就业和收入多样化。务工依赖型和兼业型农户的保护态度更为积极，表明非农就业和收入多样化有助于减少农户对传统资源的依赖，从而有着更积极的保护态度。从个体特征来看，务工依赖型和兼业型农户户主年龄更低，受教育程度更高，身体健康状况更好，表明了人力资本对于农户家庭非农就业的重要性。可见，自然保护区的设置一定程度上影响了农户生计策略的选择，由于保护干预政策对资源利用行为的强约束，导致自然保护区内的农户较少地从事林业生产，且推动了农户的非农化，有利于减轻农户对自然资源的依赖，提高其生计水平。然而对于没有非农收入的农户而言，自然保护区的设置限制了其资源生产收入，无疑削弱了其生计水平。

6.3 自然保护区设置对农户气候变化适应性措施的影响

中国的自然保护区与贫困区高度重叠，居民日常生计和收入直接依赖当地的生物资源，而气候变化对自然保护区周边农户影响较大。大量研究显示，气候变化已成为农村贫困人口的一种额外负担（Maraseni，2012）。农户对气候变化的适应性措施作为农户重要的生计策略需要引起足够的重视，更好地理解自然保护区周边农户对气候变化的感知和适应机制对于自然保护区制定有效的政策非常重要。

6.3.1 分析框架

气候变化对以自然资源为生计基础的农业人口有显著影响（Kurukula-suriya 和 Mendelsohn，2008；朱红根和周曙东，2011），传统的自给自足式的小农经济很容易受到气候波动的影响。而我国自然保护区主要分布在生态环境敏感、经济欠发达的边远山区和农村（科学技术部等，2007；Rodima-Taylor 等，2012；段伟等，2013），气候变化的干预不仅加剧了自然保护区生态的敏感与脆弱性，同时对那些本就处在贫困中的当地居民来说无异于雪上加霜。

气候变化能够对农业尤其是粮食生产产生巨大的影响。世界各国都极为关注气候变化，并通过实施相应的对策加以应对（Adger 等，2003；Kurukulasuriya 和 Mendelsohn，2008）。在气候变化领域中，联合国在《联合国气候变化框架公约》中对气候变化的定义是"自然、人文系统对现状、未来气候变化的响应和调整，具体包括预期的、规划的、自动的、瞬时的、公共的和私人的"（United Nations Framework Convention on Climate Change，2006）。对适应性的含义解释为"保护国家和社会免受气候变化不利影响的实际措施"。联合国开发计划署（United Nations Development Programme，2006）对适应性规定为"对降低气候变化危害，利用气候变化机遇不断加强认识、开发方法和贯彻实施的过程"。

不同学者对气候变化的适应性措施进行了研究（Brondizio 和 Moran，2008；周旗等，2009；Mertz 等，2009；Hisali 等，2011），如 Brondizio 和

Moran（2008）研究发现，农民对气候变化的认知具有本地性，但不具有全球性，在适应性行为的选择上，农民趋向于使用当地的方法。Hisali 等（2011）认为农户应对气候变化的措施普遍包括：灌溉、种植多样性、改变种植业时间、非农活动转移、土壤保护技术、造林等。经济合作与发展组织（Organization for Economic Cooperation and Development，2008）给出了农户和政府层面的气候变化适应性措施（表6-6）。

表6-6 农户和政府层面的气候变化适应性措施

农户层面	政府层面
种植业和农业保险	投资研究领域（如发展耐热性作物）
种植业多样化	促进农户采用新技术
调整经营时间	提供机构支持来促进气候变化信息的传播（如预警系统）
迁移（到城市或其他农村地区）	促进资源利用效率（如确保市场效率）
调整投入强度（如化肥、灌溉）	创造有利于可持续适应措施的政策环境（如环境政策、贸易政策）
采取新的技术（如水土保持耕作技术）	改进贸易政策，将国内粮食供给不足转嫁到国际市场

资料来源：OECD（2008）。

国内外学者对农户对气候变化认知和适应性行为的影响因素进行了大量研究（Nhernachena 等，2007；Deressa 等，2009；云雅如等，2009；朱红根等，2011）。如 Nhernachena 等（2007）通过 Probit 模型方法对南非部分地区的农户家庭所采取的适应性行为进行了分析。Deressa 等（2009）提出：教育水平的高低、性别、年龄的大小、户主健康状况的好坏、气候信息的获取、社会资本等因素均会对农民的适应性措施的选择造成影响。朱红根等（2011）在对江西省346户农村家庭进行详细调查分析后发现：影响农民家庭对感知环境变化的因素和影响农民采取适应性措施的因素这两者之间并不完全相同。户主的性别、年龄、文化水平、来往亲戚数、赶集次数、看电视频率及气象信息服务等对农民家庭的适应性行为有着明显的影响。

上述成果为本研究提供了很好的基础，但总体而言，农户对气候变化的适应机制仍不明确，且关于自然保护区周边农户对气候变化的感知及适应性措施的信息极少。农户作为气候变化适应性行为采用的微观决策主体，准确了解农户对气候变化的感知及其适应气候变化的行为决策机理，对于科学促进农户积极采用适应性行为措施具有重要的决策参考意义。本节的逻辑框图见图 6-5。

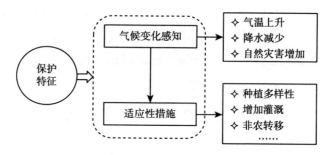

图 6-5 保护政策对农户气候变化适应性措施影响逻辑图

6.3.2 方法

6.3.2.1 变量选择与研究假设

本研究因变量为农户对气候变化的感知以及是否采取适应性措施，是二元分类变量。本研究自变量主要从自然保护区接触变量、户主特征变量、资源禀赋变量、财富特征变量以及信息获取变量五个方面选取。具体各变量的研究假设见表 6-7。

表 6-7 变量选择及研究假设

变量名	预期方向	假设依据
参与自然保护区培训（是=1）	+	中国大部分自然保护区对资源的依赖性强，受气候变化影响更大（王献溥和崔国发，2003）。自然保护区通过对社区居民进行培训，提高了自然保护区及社区自养能力和应对气候变化的能力（王昌海等，2011）
接触管理人员次数（>100=1）	+	社区居民可能会通过同从事保护工作的职员有规律的接触而提高收益水平（Hulme，1997；Holmes，2003）。与自然保护区管理人员接触多的农户对气候变化信息了解更多，更容易采取适应性措施
户主性别（男性=1）	+/-	男性户主通常比女性户主在获取信息能力方面更强（Asfaw 和 Admassie，2004）。女性由于受社会传统意识影响和约束，导致女性在获取信息、土地及其他资源方面的能力有限（Tenge 等，2004）。而 Nhemachena 和 Hassan 等（2007）则得出与 Tenge 完全相反的结论，他认为由于女性参与更多的农业生产活动，从而有更多的经验和信息，因此更容易采取适应性措施

（续）

变量名	预期方向	假设依据
户主年龄（年）	+/-	劳动力的年龄越大，经验也越丰富，从而有更多的渠道和方法来收集气候信息和相关的防范对策等。Kebede 等（1990）利用模型证明了生产经验和技术应用之间具有正相关性。Maddison（2007）的调查发现，随着农户生产意识的不断积累，会相应地提升其采取气候变化适应性行为的可能性。Shiferaw 和 Holden（1998）利用反向调查研究，也证实了这一点
户主受教育程度（年）	+	通常认为户主有更高的受教育程度更容易获取技术进步等信息（Lin，1991）。许多研究表明户主的受教育程度与家庭是否采取新技术以及是否应对气候变化正相关（Igodan 等，1988；Maddison，2007）。林毅夫（1994）和刘华周等（1998）也认为受教育程度对技术采纳具有积极影响
农田总面积（亩）	+	农田面积较大的农户受气候变化的影响更大，而适应性措施的成本相对较小。Daberkow 和 McBride（2003）得出小规模农田的农户面临更高的实施成本因此不太愿意采取新技术
林地总面积（亩）	+	由于森林受气候变化影响较小，可以作为贫困家庭应对气候变化的经济缓冲和安全网（Pattanayak 和 Sills，2001），因此林地面积大的农户更容易采取适应性措施
收入多样化指数	-	农户生计的多样化通过增加农户的收入渠道能抵御突发性因素对家庭生计的影响，增强农户生计恢复力（Stark 等，1986；刘建国，1999）。农户家庭收入来源的多样化能帮助农户更好地承受气候变化带来的影响（Illukpitiya 和 Yanagida，2008）。因此收入多样指数越高，农户越不容易采取适应性措施
人均年收入（元）	+	大多数情况下，农民需要更多的资金来采取适应性措施，有较高收入的农户更有能力来面对气候的变化。Franzel（1999）调查时证明了收入和技术应用二者成正比的关系。朱红根（2011）的研究表明，农户的收入越高，因气候变化造成的损失也就越大，从而更加关注气候的改变
居住地距镇中心距离（10公里）	-	大多数情况下，农户所处位置距离市场越近，信息交换越频繁，所了解掌握的信息也就越多。朱希刚等（1995）的调查结果表明，乡镇等距离农户的远近与农户新技术的应用负相关。朱红根（2011）得出农户所在村庄到乡镇时间越长，对气候变化的感知就越弱，采取气候变化适应性行为的可能性就越小
家庭是否有电脑（是＝1）	+	Tizale（2007）用实际案例证明了农户在信息收集和生产行为之间的正相关性，Maddison（2007）的调查结果显示，通过收集大量相关信息能够提升农户应对气候变化的能力

6.3.2.2　模型设定

在现有气候变化适应性影响因素模型中，通常运用二元选择模型（Fo-su - Mensah，2012）或多元选择模型（Nhemachena 和 Hassan，2007；Ku-rukulasuriya 和 Mendelsohn，2008）进行分析。事实上，农户对气候变化的适应性行为决策也存在两步过程，农户气候变化的适应性行为决策取决于农户对气候变化的感知（Maddison，2007）。农户的感知阶段和决策阶段有先后顺序并且相互依赖，如果只选择那些感知到气候变化的农户作为样本，则可能会导致样本选择偏差的问题，而采用 Heckman Probit 选择模型则可避免样本选择的偏差。

为了解决样本选择问题，我们通常在原方程上增加一个选择方程：

$$y_i = \alpha X_i + \mu_i \qquad \mathrm{E}(X_i \mu_i) = 0 \qquad (6-5)$$

$$s_i = \beta Z_i + v_i \qquad \mathrm{E}(Z_i v_i) = 0 \qquad (6-6)$$

式（6-5）为农户是否对气候变化采取适应性措施的概率方程，$y_i = 1$ 表示农户采取了适应性措施，$y_i = 0$ 表示农户未采取适应性措施，X_i 代表影响农户采取适应性措施的各个自变量，包括自然保护区接触变量、户主特征变量以及家庭特征变量，μ_i 为残差项；式（6-6）为农户是否感知到气候变化的概率方程，$s_i = 1$ 表示农户感知到了气候变化（气温上升、降水减少和灾害增加），$s_i = 0$ 表示农户未感知到气候变化，Z_i 为影响农户对气候变化感知的因素，包括 X_i 和农户家庭居住地变量，v_i 为残差项。

由于研究区域为 7 个不同的省区，为了避免不同区域不能作为一个样本回归，我们首先进行了邹检验（chow test），检验结果显示不分区域回归是可以接受的。同时，我们控制了自然保护区虚拟变量，来减少区域不可观测因素对农户气候变化感知及适应性的影响。

6.3.3　结果

6.3.3.1　农户对气候变化的感知

农户对气候变化的感知见图 6-6。对全部农户而言，81% 的农户表示近十年来当地的气候在发生变化。具体地，认为气温在上升的农户占全体样本的 80%，认为降水在减少的农户和自然灾害在增加的农户占总体的 50%。从自然保护区内外农户感知差异来看，自然保护区内农户对气候变化的感知要弱一些，特别是在降水减少和自然灾害增加方面，自然保护区内的农户更少地感知到这两项，表明了自然保护区内由于拥有更好的生态环境，对气候变化有一定的缓解作用。

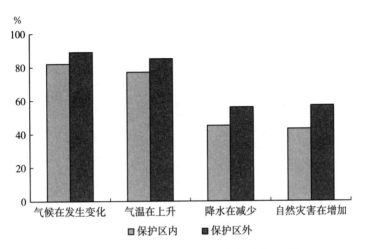

图 6-6 自然保护区内外农户对气候变化的感知

从农户对具体自然灾害发生的感知（图 6-7），可以得出，旱灾（21%）、洪灾（18%）、风灾（14%）是农户认为发生最多的三个自然灾害。气温上升、降水减少以及自然灾害的增加会直接影响农作物的产量和质量，因此会对农户的生计产生影响。

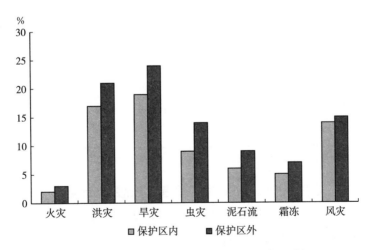

图 6-7 自然保护区内外农户对自然灾害的感知

6.3.3.2 农户对气候变化的适应性措施

农户对气候变化的应对措施见表 6-8。尽管绝大多数农户认为气候在发生变化（81%），而对气候变化采取适应性措施的农户比例不到 50%。非农产业转移、改种生长周期短的作物以及重视林业生产是自然保护区外农户应对气温上升以及降水减少的最主要的三种措施；非农转移、改种生长周期短的作物以及增加野生植物采集是自然保护区内农户应对气温上升以及降水减少最主要的三种措施。而自然保护区内 44.83% 的农户通过非农产业转移来规避自然灾害增加导致的风险，而自然保护区外 32.91% 的农户通过非农产业转移、17.23% 的农户通过重视林业生产来规避自然灾害导致的风险。增加灌溉和增加化肥农药投入作为最直接增加农业产量的手段，在本研究区域采用比例并不高，可能的原因是自然保护区对农户的环保宣传教育以及生产投入限制。

表 6-8 农户应对气候变化的措施

应对措施	气温上升		降水减少		自然灾害增加	
	区内	区外	区内	区外	区内	区外
种植多样性	7.34%	10.21%	4.84%	7.34%	5.34%	4.39%
改种生长周期短的作物	15.60%	16.10%	11.29%	15.60%	22.41%	23.67%
重视林业生产	6.93%	15.13%	5.90%	15.93%	6.79%	17.23%
增加灌溉	3.67%	2.61%	9.86%	8.67%	6.90%	6.61%
增加化肥农药投入	3.83%	1.34%	3.23%	2.83%	5.17%	6.21%
非农产业转移	25.94%	22.42%	20.97%	22.94%	44.83%	32.91%
采集野生植物	13.21%	5.64%	11.23%	5.11%	13.86%	3.49%
增加借、贷款	3.21%	2.54%	3.25%	2.24%	3.18%	3.46%
无措施	52.29%	52.29%	64.52%	51.11%	55.17%	52.29%

注：农户适应性措施的选择为多项选择，故各适应性措施的加总不等于 100%。

6.3.3.3 自然保护区对农户适应性措施影响的估计结果

运用 Heckman Probit 选择模型进行回归，其模型估计结果详见表 6-9。

从农户对气候变化感知模型回归结果可以得出：

（1）户主受教育程度、农田面积以及是否拥有电脑影响农户对气候变化的感知。在其他因素不变的条件下，随着户主受教育年限每增加1年，农户对气温上升、降水减少以及自然灾害增加的感知概率分别增加18％、11％和8％。而随着农户农田面积增加1亩，农户对三种气候变化表现的感知概率分别增加4％、9％和11％，可见农田面积较大的农户由于受到自然冲击影响更大因此更容易感知到气候的变化。而拥有电脑的农户则感知到这三类气候变化的概率分别增加92％、96％和27％，表明信息获取的便利有助于促进农户对气候变化的感知。

表6-9　农户对气候变化是否采取应对措施影响因素的回归结果

	气温上升		降水减少		灾害增加	
	气候感知	适应性措施	气候感知	适应性措施	气候感知	适应性措施
自然保护区接触变量						
参与过自然保护区培训（是＝1）	0.21 (0.33)	0.23** (0.45)	−0.24 (0.29)	0.58* (0.70)	0.35*** (0.08)	0.35* (0.19)
参与自然保护区管理次数（＞100次＝1）	0.13 (0.36)	0.68 (0.47)	−1.20 (0.30)	−0.44 (0.82)	−0.05 (0.18)	0.11 (0.39)
户主特征变量						
户主性别（男性＝1）	0.13 (0.53)	−1.36 (0.71)	0.36 (0.41)	0.88 (1.06)	0.04 (0.20)	0.69 (0.56)
户主年龄（年）	0.01 (0.02)	0.01 (0.02)	0.02 (0.02)	0.02 (0.03)	0.00 (0.01)	0.08** (0.03)
户主受教育年限（年）	0.18*** (0.06)	0.17** (0.08)	0.11 (0.05)	0.09 (0.11)	0.08* (0.02)	0.15*** (0.04)
资源禀赋变量						
农田面积（亩）	0.04* (0.05)	0.47*** (0.14)	0.09* (0.05)	0.40** (0.15)	0.11*** (0.03)	0.33** (0.12)
林地面积（亩）	0.01 (0.00)	0.00 (0.00)	0.00 (0.00)	0.01 (0.00)	0.01* (0.00)	0.01* (0.00)
家庭财富变量						
收入多样化指数	−0.36* (0.22)	−0.05* (0.29)	−0.05 (0.19)	−0.07 (0.58)	−0.09 (0.12)	−0.25** (0.40)
人均年收入（log）	−0.04 (0.11)	−0.33** (0.15)	−0.01 (0.08)	−0.32 (0.34)	0.10 (0.07)	−0.51** (0.23)

（续）

	气温上升		降水减少		灾害增加	
	气候感知	适应性措施	气候感知	适应性措施	气候感知	适应性措施
信息获取变量						
居住地到镇市场距离	−0.09	−0.32**	−0.34	−0.77**	0.06	−0.89***
（10公里）	(0.10)	(0.15)	(0.09)	(0.45)	(0.07)	(0.27)
是否有电脑（是=1）	0.92*	0.52	0.96***	0.53	0.27*	0.72
	(0.46)	(0.45)	(0.33)	(0.71)	(0.19)	(0.50)
自然保护区虚拟变量	控制	控制	控制	控制	控制	控制
常数	0.24	−0.59	−0.03	0.77	−1.35**	−3.11*
	(1.54)	(2.10)	(1.23)	(3.91)	(0.60)	(1.91)

注：系数下方圆括号内数字表示标准差。

  ＊、＊＊、＊＊＊分别表示显著性水平10％、5％、1％。

（2）自然保护区接触变量对农户气候变化感知影响不是十分显著，只有参与过自然保护区培训对灾害增加的感知有显著影响。

从农户是否采取适应性措施影响因素回归结果可以得出：

（1）自然保护区接触变量中，参与自然保护区培训的农户更容易采取应对措施，应对气温上升、降水减少以及灾害增加的措施概率分别增加23％、58％和35％，表明自然保护区的培训有助于农户对气候变化采取适应性措施。自然保护区接触变量影响并不显著，因此自然保护区今后要重视气候变化对农户的影响，通过信息发布、技术培训和支持项目帮助农户更好地应对气候变化带来的不利影响。

（2）户主特征变量中，户主受教育程度对其采取适应性措施有积极影响。保持其他因素不变，户主受教育程度增加1年，农户应对三种气候变化采取适应性措施的概率分别增加17％、9％和15％。表明户主文化程度越高，农户掌握和分析气象信息、适应性技术的能力越强，越易感知气候的变化并采取相应适应性行为措施。户主性别和户主年龄的影响并不显著，户主年龄系数均为正，且在应对自然灾害的措施中显著程度小于5％，表明户主年龄越大，农户从事农业生产经验越丰富，积累农业气象信息和技术信息越多，对气候变化感知越敏感，采取气候变化适应性行为概率越大。

（3）资源禀赋变量中，农田面积越大的农户采取适应性措施的概率越大，农田面积增加 1 亩，采取措施的概率分别增加 47％、40％和 33％，表明农田面积越大的农户，其受气候变化风险损失越大，从而对气候变化越关注。而林地面积的影响并不显著，可能的原因是研究区域因为保护限制农户对林木的采伐，导致农户对林业的积极性不高。

（4）家庭财富变量中，收入多样性指数越高，农户应对气候变化的概率越小，收入多样性指数增加 1 个单位，农户应对气温上升、降水减少和灾害增加采取适应性措施的概率分别减少 5％、7％和 25％。农户人均年收入越高，采取措施的概率越小，人均年收入增加 1％，农户应对三类气候变化的概率分别减少 33％、32％和 51％。表明家庭财富较高和替代生计较多的农户受气候变化的影响越小，同时更有能力承担由于放弃气候变化适应性行为措施所造成的损失。

（5）信息获取变量中，居住地到市场距离越近的农户，越容易采取适应性措施，表明到市场越近的农户，其从事非农就业的机会越大，从而更容易采取适应性措施。拥有电脑的影响并不显著，但系数为正，表明拥有电脑的农户获取到的知识和信息较丰富，所以农户对气候变化的感知越强，采取相应的适应性措施的可能性越大。

6.3.4 结论

本节运用 Heckman Probit 选择模型实证分析了自然保护区对农户气候变化感知及其适应行为决策的影响，结果表明：①81％的农户表示近十年来当地的气候在发生变化。旱灾、洪灾、风灾是农户认为发生最多的三个自然灾害，自然灾害的增加会直接影响农作物的产量和质量，因此对农户的生计产生影响。②尽管绝大多数农户认为气候在发生变化（81％），而对气候变化采取适应性措施的农户比例不到 50％。非农产业转移、改种生长周期短的作物，以及重视林业生产是自然保护区外农户应对气温上升以及降水减少的最主要的三种措施。③户主受教育程度、农田面积以及是否拥有电脑影响农户对气候变化的感知。而参与自然保护区培训的农户更容易采取应对措施，户主受教育程度越高，农田面积越大，居住地到市场距离越近的农户，越容易采取适应性措施。收入多样性指数越高，农户人均年收入越高的家庭应对气候变化的概率越小。因此地方政府和自然保护区要大力提高农户文化素质及教育水平，加强对农民有关气候变化知识和适应性措施的教育，从而增强农户获取信息知识及技术采用的能力，为他们主动采取适应气候变化的行为创造条件。其次，加强农村道路、农村市场建设，努力构建和完善信息交流渠道，把气候变化相关信息和适应性技术及时准确地传输给农户，降低农户气候变化适应性行为的成本和风险。最后，要千方百计增加农民收入，特别要提高主要依赖于农业生产的农户的收入水平，从而增强农户气候变化适应行为的成本承担能力。

7 自然保护区设置对农户
生计结果的影响

自然保护区在保护生物多样性以及生态系统方面的作用已得到广泛认可（Balmford 等，2002；TEEB，2010），然而，自然保护区对当地社区的社会经济影响是有争议的（Adams 和 Hutton，2007；Roe，2008；Clements 等，2014）。批评者认为自然保护区限制了社区的发展机会，导致了贫困（Brockington，2002；Schmidt‐Soltau，2003；West 等，2006）。然而，自然保护区同样可以通过吸引旅游业、促进基础设施发展或增加环境服务的经济收益来提高农户的生计水平。在第六章分析了自然保护区设置对农户生计资本和生计策略的影响后，本章建立模型评估自然保护区的建立对农户生计结果的影响。

以往对自然保护区社会经济影响的评估存在两个主要的问题。一是以往研究以农户家庭收入作为农户的生计结果得出的结论不够全面。尽管财富、收入和消费的增加通常被认为是获得更多福利和幸福的前提，但是越来越多的研究表明财富的增加同农户的幸福感并非线性关系（"幸福悖论"的讨论），表明了需要用综合的指标来评价保护对农户的影响（布鲁尼和波尔塔，2007）。本研究从主观福祉、家庭财富和生计风险三个维度衡量自然保护区建设对农户生计结果的影响，评价的结果更加客观全面。二是自然保护区设置非随机性的问题。在中国，自然保护区的建立基于当地环境状况、野生动植物分布、区位以及社会经济发展情况综合考虑。中国的农村贫困与自然保护区设置有着密切的关联，592 个国家级贫困县，496 个（或总数的 84%）分布在自然保护区集中分布的山区。据估算，全国自然保护区及其周边地区的贫困人口，大约有 1 000 万人以上，占全国尚未解决温饱问题的贫困人口的一半。因此直接比较自然保护区内外农户生计结果而推断出自然保护区加剧了贫困的结论是不可靠的。本研究通过匹配估计量和混合效应模型的方法，旨在解决自然保护区设置的非随机性问题（即样本选择问题）。本章逻辑结构见图7-1。

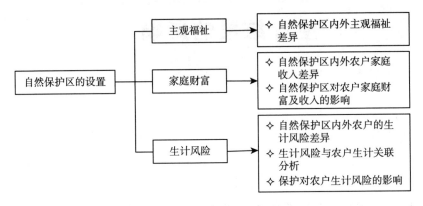

图7-1　第7章逻辑结构图

7.1　自然保护区设置对农户财富的影响：贫困陷阱

21世纪初，由于对环境保护和减贫关系的日益了解，将消除贫困作为保护政策的一部分的做法获得了国际社会的广泛认同（Hunter和Toney，2005；Adams，2004）。因此保护政策必须同时实现生态和社会进步。作为最重要的保护形式，自然保护区在保护生物多样性以及生态系统方面的作用已得到广泛认可（Balmford等，2002；TEEB，2010），然而，自然保护区对当地社区居民的生计及减贫的影响是有争议的（Adams和Hutton，2007；Roe，2008；Clements等，2014）。那么自然保护区的设置是否加剧了当地贫困，影响程度怎样便是本节的主要研究内容。

7.1.1　分析框架

贫困陷阱是指贫穷的人由于拥有极少的资本而陷入贫困，并且人均资本随着时间变动而不断减少（Sachs，2006）。在生态保护领域，普遍认为环境退化和贫困的相互作用关系是恶性循环的形式，也被称为"贫困陷阱"（图7-2），即贫困导致环境退化，环境退化加剧了贫困（Cao等，2009）。

特别是自然保护区内，交通不发达，基础设施建设落后，信息闭塞，经济发展水平较低，许多居民面临着严重的贫困威胁（Terborgh 和 Peres，2002；Schaik 等，2002）。那么在何种程度上，自然保护区导致了贫困陷阱？究竟是自然保护区导致了贫困，还是自然保护区多建立在生态脆弱区，本身就是贫困地区？仍然没有统一的结论。

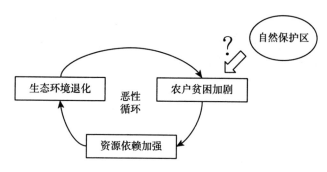

图 7-2　生态保护的贫困陷阱

在贫困的状态下，保护生态的社会公德和政策法规在农民的生存压力面前往往苍白无力（赵跃龙和刘燕华，1996）。此时的农民只重视短期直接经济利益，倾向于采取短期行为，而这种短期性与生态效益的滞后性之间存在着巨大的矛盾，从而造成生态破坏（党小虎等，2008）。但是，单纯地指责农民作为生态退化的始作俑者是不负责的。因为这一现象的背后是市场机制的失灵（张玉波，2010）。为了逃离贫困陷阱，内部的努力（当地居民的努力）和外部的帮助（资本投入、技能和教育的提高、有利的政策等）都是必要的（Zhang，2006）。为了摆脱"生态系统退化-贫困陷阱"，考虑农户生计的保护政策越来越受到欢迎，如环境服务支付（Payments for Environmental Services，PES），以及保护与发展综合项目（Integrated Conservation and Development Project，ICDP）在许多国家和自然保护区开始实施。在我国，自然保护区管理人员也逐渐意识到了过去将农户视为保护直接威胁者的、圈地式的严格保护是不可取的。许多自然保护区通过发展项目、技能培训、参与式管理等方式，旨在提高农户生计水平，减少其自然资源依赖，实现保护与发展的统一。那么在现阶段下，评价自然保护区对农户财富的影响就非常必要。

许多研究关注了自然保护区对农户财富的影响。Kamanga 等（2009）

分析了马拉维森林自然保护区林业收入与农户生计之间的关系，结论是严格的限制政策加速了当地农户收入的差异化，导致农户生计与福利的不均等程度加重。Cao等（2010）认为通过"生态补偿"的方式去解决农户与自然保护区之间的冲突与矛盾难以补偿农户的实际损失，再加上偏远自然保护区的农户通常缺乏知识与就业技能，农户的生计并没有得到改善。Clements等（2014）通过匹配法和混合效应模型法评估了柬埔寨自然保护区对农户生计的影响，认为没有证据表明自然保护区的设置加剧了当地贫困。吴伟光等（2005）采用访谈的形式对天目山自然保护区主要利益相关者进行调研，指出自然保护区与周边居民的主要冲突是自然保护区的设立减少了周边农户的收入。王蕾等（2011）通过生产函数理论分析得出在没有生态补偿的情况下，自然保护区的规划建设会使周边地区的农民收入减少这一结论。

以往的研究为本研究提供了很好的基础，然而仍有一些可能改进的地方。第一，多数研究，特别是国内相关研究更多是通过定性分析或一般统计分析关注自然保护区带给农户的成本收益，不能得出自然保护区对农户生计影响的整体评价结论。那么，自然保护区内社区的贫困问题是由于自然保护区建立所致，还是其他原因比如大多数自然保护区分布在发展机会有限的生态脆弱区，仍然不够清楚（Sims，2010；Naughton‐Treves等，2011）。进一步的研究需要采取不同的政策评估变量来了解保护干预与农户生计的关系。第二，无论采用横截面数据或面板数据，都是将所有个体的信息归结于一层进行分析。这样"平均化"了个体之间的异质性，本研究通过混合效应模型，可以很好地克服由于区域差异导致的异质性。第三，以往研究主要采取农户收入水平作为衡量农户贫困程度的指标，不够准确全面。农户的贫困是一个多维度概念，包括社会、政治、文化、机构和环境维度（Scoones，1998；McGregor等，2007）。单纯使用收入作为衡量贫困的指标就会损失掉贫困的非经济维度。本研究采取了两个指标来衡量农户的贫困状况及人均收入水平和基于基本必需品调查（Basic Necessities Survey，BNS）的家庭财富指数。

本节研究目标是判断自然保护区对农户财富的影响。具体地，本节检验三个问题：①哪些因素影响农户的贫困程度？②自然保护区对农户家庭财富的整体影响如何？③自然保护区对农户不同收入来源的影响如何？

7.1.2 方法

7.1.2.1 指标选择

本研究采取了三个指标来衡量农户的贫困状况及人均收入水平、参与式家庭财富评价和基于基本必需品调查（Basic Necessities Survey，BNS）的家庭财富指数（Davies 和 Smith，1998；Pro - Poor Centre 和 Davies，2006）。家庭收入和财富通常高度相关，收入通常更难以准确测量，而财富则对家庭经济变化的敏感度弱一些，因为资产不像收入一样是动态的（Clements 等，2014）。BNS 计算了每个样本家庭的相对财富指数（Hallerod，1994；Noble 等，2008）[①]。本研究设计了关于住房、食物、衣服、资产、健康等 25 个问题，被访者需要同时回答是否需要以及是否拥有该项。前一个问题用来计算每一项的权重。计算后，我们剔除了需要率低于 50% 的 7 个选项，剩余了 18 个选项。接着计算每个农户的家庭财富得分，即所有该家庭认为是必需品的产品或服务的权重汇总数。家庭财富得分最大值为 14.36，即所有权重的加总。农户的家庭财富指数等于财富得分除以最大值（14.36）。指数越低表示农户家庭财富越少。研究证明了该方法在评估农户多维贫困时是非常省时且有效的。

本研究收入采用 Angelsen 等（2014）的定义，即由劳动力和资本带来的增加的价值。本研究中农户的家庭总收入为一年内家庭人均净收入，等于家庭上一年报告的净收入除以成人当量单位（adult equivalent unit）。收入的来源根据调查工具的设置（PEN，2007）共分为七类，包括种植业收入、养殖业收入、林业收入、务工收入、经营性收入、补贴和其他收入。其中，自我雇佣型的收入（种植业、养殖业、林业、个体经营）等于毛收入减去投入品成本得出（个人机会成本和折旧成本不含在内）。务工收入等于务工期间收入减去务工期间生活支出。

7.1.2.2 混合效应模型

无论采用横截面数据或面板数据，都是将所有个体的信息归结于一层进行分析。这样既"平均化"了个体之间的异质性，增大了参数估计误差，又

---

① 关于 BNS 调查更详细的信息见网址：http：//www.mande.co.uk/BNS.htm。

无法正确描述和分析由于层次差异形成的个体之间的异质性，降低了多层数据的应用价值（Gelman 和 Hill，2006）。虽然有些学者利用虚拟变量或控制变量区分个体之间的层次差异，但这样做实际上是假设个体之间的层次差异是"固定效应"，忽略了环境与个体之间交互影响所形成的层次差异的"随机效应"（Gelman，2012）。同时具有分层结构的个体之间也可能相互关联，违背了样本之间必须独立的统计学原则。

混合效应模型（Mixed Effects Model），又称多层回归模型（Multilevel Regression Model）或分层回归模型（Hierarchical Regression Model），不需要假定数据中的观察相互独立，因而可以修正因数据非独立引起的估计偏差（Hox，2002）。另外，标准的横截面回归方法通过虚拟变量或交互项来引进变截距或变系数，而多层模型允许我们同时并且有效地估计分组效应及个体效应（Gelman，2006）。多层模型这一术语最早由 Lindley 和 Smith 于1972年提出，英国的 Harvery Goldstein 和美国的 Stephen W. Raudenbush 发展了该模型，它不受线性、正态、方差齐性和样本独立性等传统统计假设的严格限制，适合对分层结构数据的分析（Gelman 和 Hill，2006）。

7.1.2.3 模型设定

农户的收入受一系列因素的影响，普遍认为人力资本、自然资本是农户获取收入的前提（徐晋涛等，2004；朱山涛等，2005）。人力资本包括数量和质量两个层次，数量方面因素包括家庭人口数以及外出务工人数，质量方面因素包括户主年龄、受教育程度及健康状况等。自然资本即农户的资源禀赋，包括数量（耕地面积、林地面积）和质量（每块农田面积、林地距家距离、经济林面积比重）。此外，农户家庭的外部环境特征同样对其家庭财富和收入产生影响。

本研究考虑到村一级变量对农户福祉的影响，利用分层结构数据，建立混合效应模型。本研究只考虑第二层变量对第一层截距的影响，因此建立相应的随机截距模型，其模型形式为：

家庭特征影响： $\mathrm{Inc}_{ij}=\beta'_{0j}+\beta'_{1j}X'_{ij}+\gamma'_{ij}$ （7-1）

村级特征影响： $\beta'_{0j}=r'_{10}+r'_{11}W'_j+u'_{1j}$ （7-2）

式中，Inc_{ij} 代表农户的福祉满意度，X'_{ij} 代表农户特征变量，包括农户的自然保护区接触变量、资源禀赋变量和社会人口学变量。W'_j 表示村级特征变量。农户的家庭财富指数和家庭总收入采用广义线性潜在混合模型（Generalized Linear and Latent Mixed Models）估计（Gllamm 和 Hill，2006）。由于农户因变量在 0～1 范围内取值，本研究采取 Fractional Logit 模型进行估计（Papke 和 Wooldridge，1996）。

7.1.3　结果

7.1.3.1　自然保护区内外农户家庭收入的差异

自然保护区内外农户收入差异见图 7-3。自然保护区内的农户获得了更少的种植业收入，因为野生动物致害更为严重。自然保护区内农户也获得了较少的林业收入，因为木材采伐的限制。自然保护区内农户同时获得了较高的采集业收入和补贴收入。采集业是一项耗时耗力的生产活动，然而由于一些中草药价值较高，因此自然保护区内农户采集中草药可以有效提高农户家庭生计水平。此外，生态旅游的发展，带动了山野菜的采集。山野菜的采集从过去的自食自用为主转变为销售为主，有效提高了农户的现金收入。

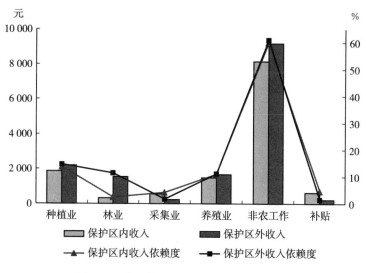

图 7-3　自然保护区内外农户的收入差异

从收入依赖度来看，自然保护区内农户对采集业和补贴的依赖度要高于自然保护区外农户。而自然保护区外农户对林业依赖度要高于自然保护区内农户。

7.1.3.2 自然保护区对农户家庭财富及收入的影响

自然保护区对农户家庭财富及收入影响的回归结果见表7-1。

表7-1 自然保护区对农户家庭财富和收入影响的回归结果

	家庭财富指数[a]	人均年收入[a]	人均种植业收入[b]	人均林业收入[b]	人均采集业收入[b]	人均补贴收入[b]	人均非农收入[b]
农户层面变量							
居住自然保护区内（是=1）	-0.076*	-0.102**	-0.273***	-0.345***	0.321***	0.213**	0.023
	(0.157)	(0.123)	(0.213)	(0.219)	(0.234)	(0.312)	(0.195)
参与自然保护区管理（是=1）	0.057*	0.066*	0.113*	0.083	-0.005	-0.037	0.049*
	(0.115)	(0.129)	(0.167)	(0.123)	(0.133)	(0.189)	(0.102)
参与自然保护区培训（是=1）	0.070**	0.093**	0.012	-0.026	-0.031	-0.002	0.083**
	(0.098)	(0.066)	(0.031)	(0.023)	(0.185)	(0.198)	(0.139)
参与自然保护区项目（是=1）	0.031*	0.034	0.046*	0.006	0.012	0.034	-0.034
	(0.213)	(0.210)	(0.194)	(0.174)	(0.124)	(0.324)	(0.147)
户主年龄（年）	-0.008	-0.014*	0.026*	0.013	0.133**	0.098**	-0.044**
	(0.018)	(0.028)	(0.035)	(0.023)	(0.217)	(0.313)	(0.196)
户主受教育年限（年）	0.048**	0.076***	0.093	0.073	-0.113**	-0.087**	0.131***
	(0.076)	(0.136)	(0.297)	(0.103)	(0.124)	(0.213)	(0.194)
家庭人口数（AEU）	0.025	-0.168**	0.068	0.083*	0.053	-0.011	-0.023
	(0.134)	(0.078)	(0.042)	(0.049)	(0.258)	(0.123)	(0.156)
外出务工人数（人）	0.791**	0.125***	-0.128**	-0.062**	-0.123***	-0.021	0.232***
	(0.193)	(0.224)	(0.258)	(0.200)	(0.137)	(0.189)	(0.098)
家庭农地面积（亩）	0.017*	0.068*	0.178***	-0.023	-0.035	0.001	-0.102*
	(0.191)	(0.138)	(0.068)	(0.123)	(0.176)	(0.185)	(0.231)
农地质量（好=1）	0.132**	0.123**	0.346***	-0.023	-0.032	-0.009	-0.031
	(0.212)	(0.194)	(0.219)	(0.153)	(0.246)	(0.034)	(0.136)
家庭林地面积（亩）	0.047	0.020	-0.001	0.034**	0.012	0.004	-0.031
	(0.043)	(0.180)	(0.014)	(0.035)	(0.129)	(0.321)	(0.043)
经济林比重（%）	0.035*	0.024**	0.021	0.028**	-0.002	-0.019	-0.021
	(0.074)	(0.116)	(0.293)	(0.143)	(0.213)	(0.235)	(0.164)
村级层面变量							
全村农地面积（100亩）	0.028*	0.099*	0.079**	-0.012	-0.021	0.003	0.002
	(0.298)	(0.332)	(0.100)	(0.231)	(0.217)	(2.346)	(0.229)

（续）

	家庭财富指数[a]	人均年收入[a]	人均种植业收入[b]	人均林业收入[b]	人均采集业收入[b]	人均补贴收入[b]	人均非农收入[b]
全村林地面积（100亩）	0.018	0.029	−0.011	0.037**	0.041*	0.002	−0.001
	(0.212)	(0.124)	(0.157)	(0.230)	(0.263)	(1.358)	(0.145)
村水泥道路数（条）	0.117**	0.102*	0.043*	0.021	0.021	−0.059*	0.043
	(0.293)	(0.380)	(0.112)	(0.137)	(0.157)	(2.344)	(0.133)
村中心到镇距离（公里）	−0.051	−0.032*	−0.013**	−0.010	0.083	0.031	−0.021*
	(0.012)	(0.013)	(0.004)	(0.034)	(0.149)	(1.345)	(0.089)
常数项	8.052***	4.087***	6.221***	9.312***	8.324***	7.532***	6.754***
	(4.230)	(3.357)	(1.191)	(3.411)	(0.194)	(1.233)	(5.369)
Log‐likelihood	−691.04	−695.85	−490.57	−569.31	−654.32	−746.32	−530.76
AIC	1 847.52	1 423.70	1 015.14	1 485.42	1 546.33	1 549.35	1 743.23
BIC	1 913.06	1 485.38	1 080.67	1 394.52	1 563.09	1 429.45	1 674.32

注：括号内数值为标准误。

＊、＊＊、＊＊＊分别表示显著性水平10％、5％、1％。

[a]模型采用广义线性潜在混合模型估计（Generalized Linear and Latent Mixed Models）（Gllamm 和 Hill，2006）。

[b]模型采用 Fractional Logit Multilevel Model 进行估计（Papke 和 Wooldridge，1996）。

（1）保护特征。自然保护区的设置对农户的家庭财富和人均年收入影响显著为负，自然保护区内的农户家庭财富减少 7.6％，人均年收入减少 10.2％。自然保护区对农户收入的影响主要是通过两个路径：第一，由于自然保护区内野生动物致害更加频繁，导致自然保护区内农户种植业收入降低；第二，由于自然保护区内木材采伐限制，导致区内农户林业收入降低。尽管自然保护区对农户给予了一定的生态补偿，但补偿金额远远低于农户的损失。综合来看，自然保护区的设置还是在一定程度上影响了农户的财富和收入水平。然而值得注意的是，当我们通过混合效应模型控制了区域差异，自然保护区的设置导致了农户非农收入的提高（尽管不显著），表明了自然保护区的资源约束一定程度上推动了劳动力的非农化。

此外，参与自然保护区管理和自然保护区培训可以显著提高农户的家庭财富和家庭收入（显著性水平 10％和 5％），而参与自然保护区项目仅对农户家庭财富有显著影响（显著性水平 10％），对农户增收效应不显著。参与自然保护区管理活动的农户更有可能从事自然保护区周边非农就业（如生态旅游就业，护林员，巡护员等）从而增加家庭收入。而参与自然保护区培训通过提高农户的人力资本和技能水平，从而增加农户外出就业的概率，提高了农户的家庭收入水平。调研中我们发现，自然保护区的发展项目更多地是帮助农户发展绿色种植、养殖业，在短期内对农户家庭增收有一定作用，一旦项目期结束，没有补贴和技术支持后，多数农户也逐渐回归过去的生产经营方式，导致项目的可持续性较差。

（2）人力资本。户主的年龄越大，家庭财富和总收入和非农收入越低，种植业收入、林业收入越高。可能的原因是，年龄较大的户主可能由于受教育程度或思想观念等因素，更倾向于传统的农业生产。此外，和年轻人相比，年纪大者更难获得非农就业机会。和我们的预期相同，户主的受教育程度对农户家庭财富、总收入、非农收入影响显著为正。较高的受教育程度通常与有机会接触更多的新信息以及对各种就业机会的思想观念更加开放相关（Liu 等，2015），更少地依赖农林业。

家庭规模对总收入影响为负，家庭规模增加 1 个单位，农户总收入减少 16.8%（$P < 0.05$）。重要的原因是本研究中收入是用成人当量单位（AEU）衡量的。家庭规模对农户的林业收入影响为正，可能的原因是森林资源开采是一个困难和耗时的活动，家庭规模大的农户由于拥有更多的劳动力从而更可能多地从事林业生产活动。外出打工人数对家庭财富和总收入影响为正，对种植业收入、林业收入影响为负。由于劳动力倾向分配到生产效率更高的行业，非农程度较高的家庭由于面临更高的农业生产的机会成本，从而可能更少地投入到农业生产活动中。

（3）自然资本。农地面积和农地质量对农户的家庭财富、总收入、种植业收入影响为正，对非农收入影响为负，表明农地禀赋较好的农户面临更高的转移成本，从而更少地从事非农产业。林地面积对农户的林业收入影响为正，对家庭财富和总收入影响不显著，表明自然保护区周边林地利用的限制导致林地无法带给农户直接的收入来源。而经济林面积比重可以显著增加农户的家庭财富和家庭总收入，表明了经济林由于不受采伐限制可以获得林业收入，因此对家庭财富贡献较大。

（4）村级特征。村农田面积越多，农业收入和总收入越高。村森林面积越多，林业收入和总收入越高。村水泥路越多，农户家庭财富及各项收入来源越多，水泥路数量作为交通状况的代理变量，表明交通状况有助于改善家庭财富，增加家庭收入。相似的是，村到镇市场距离越远，家庭财富及各项收入来源越低，到镇市场距离作为市场化程度的代理变量，表明市场化程度越高，家庭财富越高，家庭收入越高。

7.1.4 结论

本节通过多指标作为衡量农户贫富程度的变量，通过混合效应模型分析自然保护区对农户家庭财富的影响，得出：自然保护区的设置对农户的家庭财富和人均总收入影响显著为负，自然保护区内的农户家庭财富减少7.6%，人均年收入减少10.2%。自然保护区对农户收入的影响主要是通过两个路径：第一，由于自然保护区内野生动物致害更加频繁，导致自然保护区内农户种植业收入降低；第二，由于自然保护区内木材采伐限制，导致保护区内农户林业收入降低。尽管自然保护区对农户给予了一定的生态补偿，但补偿金额远远低于农户的损失。综合来看，自然保护区的设置还是在一定程度上影响了农户的财富和收入水平。

自然保护区和社区的关系就像跷跷板的两端，一方失衡必然影响另一方（Wang 等，2014）。农户是生物多样性保护的直接利益相关者，自然保护区的干预导致了农户自然资源利用的变化，影响了当地农户获得收入维持生计的条件（Liu 等，2011）。因此政府和自然保护区管理局不应该增加当地社区在保护过程中的成本、减少其应该获得的利益，应设计出更好的保护政策以实现生态保护和可持续发展的双重目标。外出务工在中国减贫过程中发挥了非常重要的作用（De Janvry 等，2005；World Bank，2009）。政府和自然保护区管理局应该促进非农就业，帮助农户实现收入的多元化。政府应该充分利用市场机制，促进农业生产结构的调整，鼓励农户收入多元化。

7.2 自然保护区设置对农户主观福祉的影响：阻隔与发展

自然保护区的设立改善了生态系统在涵养水源、保护生物多样性、文化景观等方面的功能，对人类福祉产生了积极的作用。但是，生计脆弱的农户并没有享受到生态保护带来的经济效益和发展机会，自然保护区的设置在很大程度上制约了当地经济的发展，使社区居民经济收入减少。可见，自然保护区对当地居民福祉的影响是双重的，既有阻碍作用又有发展作用，因此需要通过多维度主观福祉进行评估。

7.2.1　分析框架

福祉是指人类需求被满足的程度，反映出人们的理想生活状态，包括身体健康、幸福和繁荣等，并且感到良好或者满意。人类福祉的构成要素很多，比如物质条件、自由选择权、身心健康以及良好的社会关系和安全保障等。福祉的内涵可以通过主观和客观两个方面体现出来，客观福祉指的是福祉的物质或者社会属性的减少或增加，包括财富、教育和健康等方面；主观福祉指自身的自我评估和想法等。在对古典经济学的研究当中，大多数人认为财富收入是决定幸福的基础。然而许多研究发现收入和财富对于个人福祉的影响没有人们想象的那样重要，引起了有关"幸福悖论"的讨论。即与客观福祉的提高形成对比的是，人们的幸福感并没有呈现相应程度的上升（布鲁尼和波尔塔，2007）。因此，主观福祉（Subjective Well‐Being，SWB）的概念越来越受到重视。

人类的福祉与生态系统服务的变化紧密相连，前者是在后者的基础上获得利益的。2001 年 6 月，联合国秘书长安南正式宣布，全球第一个以"生态系统服务与人类福祉"为主题的国际合作项目"千年生态评估"成立，该合作项目围绕各种不同的生态环境进行全面系统的评估，最终得出以下结论：生态环境的状况和变化与人类的福祉是息息相关的。因此人们要高度关注生态系统服务和人类福祉二者之间的关系。该项目构建出生态系统对人类福祉影响的概念框架（图 7‐4），该框架具体分为四个部分：影响生态系统的直接和间接驱动力、生态系统服务、人类福祉和减贫等。人类通过直接或间接因素影响生态系统的变化；反过来，生态系统的变化又会引起人类福祉发生改变。它们之间可以跨越多个尺度发生相互作用。

人们的日常生活依赖于生态系统，生态系统可以为人们提供生活必需的食物资源和淡水资源等；同时生态系统又对人们的生活和经济发展产生巨大

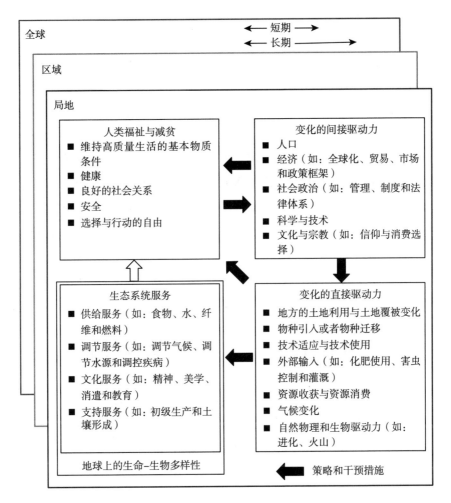

图 7-4 千年生态系统评估的概念框架

资料来源：千年生态系统评估。

的影响，如休闲娱乐以及科研教育等；因此生态系统能够直接或间接地影响人们的福祉。代光烁等（2012）提出，生态系统能够通过环境自身拥有的产品或服务增加人类福祉的机遇。人类利用生态系统能够为自身提供三个方面的便利，首先是自然资源，其次是生态环境，此外还能影响生态环境的服务功能。郑华等（2000）提出，人类所进行的大多数活动都会对环境造成危机和灾难。比如人们乱砍滥伐、肆意破坏自然资源、破坏植被等活动，直接或者间接地导致水土流失速度加快、土地沙漠化面积增大、森林面积锐减以及全球气候变暖等情况的发生，这些行为最终改造了当地人民甚至是全国人民的福祉。

生态系统的功能是决定生态系统服务水平和能力的重要因素，中国政府为了确保生态系统能够良好地运作下去，开展了许多生态保护项目，比如设立自然保护区、生态旅游景区等，开展退耕还林、天然林保护工程等。这些项目的实施，在多重尺度上对不同的群体产生了不同的福祉效应。设立自然保护区不仅可以改善生态系统涵养水源、生物多样性、文化景观等方面的功能，同时还可以为人类提供洁净的水源和多样的基因资源等，产生积极的福祉作用。然而，赵士洞和张永民等（2006）提出，生态系统为人们带来的利益并不是均衡地分布到所有人身上，很多贫困农户往往享受不到这些利益。由于生计脆弱的农户享受不到生态保护所带来的利益，所以目前关于生物多样性的保护以及减贫的争议依旧非常激烈。许多专家和学者开始批评建立自然保护区、保护生物多样性等策略。由于在建设自然保护区的过程中会遇到很多阻碍，因此大多数采用了强迫甚至是暴力搬迁等手段，居民怨声载道，他们缺少土地、资源、食物，甚至没有固定的住所，他们随时面临着财产损失和与社会脱节的风险（Michael 等，2006）。Hutton 等（2005）提出，自然保护区大多分布在贫困地区或者偏远的山区，所以当地的居民基本都是通过种植业、养殖业来维持生计，因此它们对生态环境的依赖程度非常高。而建立自然保护区则会在很大程度上限制这些农户对自然资源的开发利用，迫使他们改变当地的传统生产生活方式。另外，自然保护区建立以后，野生动物的数量随之上升，经常会破坏农户的农林作物，阻碍了当地经济的发展进程，减少了当地居民的经济收入。

自然保护区同当地居民以及生态系统之间的相互作用关系见图 7-5。自然保护区周边居民依赖所处的生态系统和环境，对系统内的自然资源进行直接或间接利用。然而资源的过度利用会导致生态系统和环境的退化。自然保护区的设置改善了生态系统，提高了生态服务功能，改善了社区环境，有助于居民福祉的提高。同时，自然保护区设置通过搬迁、资源利用限制等削弱了农户的生计资本、阻碍了区域发展，导致了农户的生计脆弱性，损害了农户的主观福祉。因此部分自然保护区通过组织培训、开展项目、提供发展机会等帮助农户从传统的依赖自然资源的生计活动中解放出来，旨在提高居民生计水平和主观福祉。可见，自然保护区的设置对当地居民福祉的影响是双重的，既有阻碍作用又有发展作用，因此需要通过多维度主观福祉进行评估。

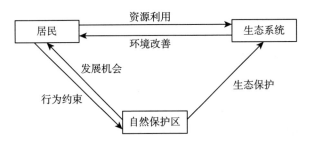

图 7-5 自然保护区、居民及生态系统之间的相关作用关系

越来越多的学者开始重视生态保护政策（或工程）对农户福祉的影响。Cumming 等（2006）指出生态系统生产的产品和提供的服务对人类福祉和其他社会组织是必不可少的。Mcshane 等（2011）认为生态系统服务和人类福祉双赢，即既要保护生态系统服务中的生物多样性，又要提高人类福祉的解决方案是很难实现的。Egoh 等（2007）将生物多样性纳入到生态系统服务中，并提供数据和资料证明生物多样性的保护对人类福祉的重要影响。杨莉等（2010）评估了黄土高原地区农户对生态系统服务变化的认知和态度，采用多指标法对农民福祉的变化进行分析，并探讨二者的关系。潘影等（2012）基于土地利用图、统计年鉴及农户调研数据，定量研究了宁夏固原市五大生态系统服务的空间格局和农户福祉的变化过程，探讨了生态保育对农户福祉的影响。刘秀丽等（2014）对黄土高原土石山区退耕还林引起的生态系统服务变化和农户福祉的变化进行分析，并探讨了二者的关系。

综上所述，自然保护区设置和居民福祉二者相互作用的过程和关系仍然缺乏理论和实证研究。生态环境与人类福祉间是复杂和非线性的关系，受多种因素影响，需要综合评估自然保护区对农户福祉的影响。此外，许多评估研究采取传统的回归模型评估政策影响是基于个体同质性的假设基础。事实上，自然保护区的分布不是随机的，这就带来了样本选择偏误的问题（Heckman 和 Li，2004）。准确地评估自然保护区的影响应该比较同一农户在自然保护区建立前后的主观福祉水平，而不是比较自然保护区内外农户的福祉水平，否则会导致选择性偏误，即高估或低估自然保护区的影响。本研究采用匹配估计量方法（Matching Method）模拟随机试验过程，基于处理组和对照组尽可能相似的前提下估计自然保护区的处理效应。

7.2.2 方法

7.2.2.1 指标选择

主观福祉，也称生活幸福感或生活满意度，是指人们对自身目前生活总体质量进行评价的全面肯定程度（邢占军等，2005）。越来越多的学者开始研究主观福祉的测量问题（Sen，1981；Graham，2005；Appleton 和 Song，2008；Wills，2009；Wills - Herrera 等，2011；Petrosillo 等，2013）。Sen（1981）最早提出可行能力方法（Capability Approach），认为可通过测量居民能够获得不同组合的生活内容的能力来反映居民的主观福祉。在 Sen 的研究基础上，各种主观福祉的测量，如生活满意度量表（SWLS）、可持续经济福利指数（ISEW）、个人福祉指数（PWI）、人文发展指数（HDI）、人均GDP 等从社会、经济、生态多角度测量了国家层面居民对生活的满意度（单项、多项）（Wills 等，2011）。进一步地，Petrosillo 等（2013）认为这些测量方法不足以支持可持续发展经营的概念，因此构建了一个多维指数，从居民资本拥有属性，考虑主观及客观指标两方面，分析了社会资本及生态资本对居民主观福祉的影响。"千年生态系统评估"计划中将人类福祉的组成要素定义为安全、维持高质量生活的基本物质需求、健康、良好的社会关系、选择与行动的自由 5 个方面，被全世界广泛应用。

本研究借鉴"千年生态系统评估"对福祉的定义，通过四个维度对自然保护区周边农户福祉进行度量，如图 7 - 6 所示。福祉的测量采取 1～5 打分，1 表示非常不满意，2 表示比较不满意，3 表示一般，4 表示比较满意，5 表示非常满意。

7.2.2.2 匹配估计量方法

传统线性回归方法大都建立在个体同质性假设的基础上。然而由于自然保护区的设置不是随机分配的，这就带来了样本选择性偏差（Heckman 和Li，2004）。因此如果不能解决由于反向因果关系或者遗漏变量所带来的选择偏差问题，那么关于自然保护区对农户福祉影响的研究结论就不能令人完全信服。

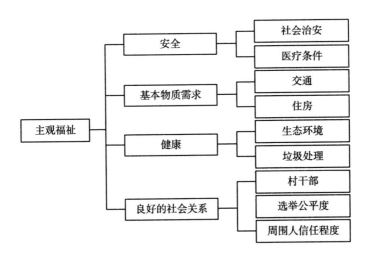

图 7-6 本研究主观福祉测量指标

匹配估计量方法提供了解决这一问题的思路：通过匹配方法构造潜在的未被观察的反事实结果，来计算同一个农村家庭的事实结果与反事实结果的净差异。这种净差异可以被视为同一个农村家庭在自然保护区设置前后主观福祉的差异，这就是自然保护区的平均处理效应，也是自然保护区导致福祉变化的"因果效应"。

在有超过一个观测协变量的情况下，简单匹配估计量方法分为三个步骤：

首先，根据和使用向量模来计算每个自然保护区内家庭与每个自然保护区外家庭之间在观测协变量（例如劳动力占家庭成员比例、林地面积等）上的距离。

其次，以向量模最小作为匹配标准，选取某个自然保护区外家庭如果被纳入自然保护区范围后或自然保护区家庭如果撤销自然保护区时）的潜在主观福祉。例如，对于自然保护区外的家庭，对该家庭与所有自然保护区内家庭在协变量上的距离进行比较，选取距离最短的自然保护区内家庭主观福祉作为该家庭的潜在主观福祉。每个家庭缺失的潜在主观福祉数据可以通过这种最小距离匹配的方法进行填补，由此构造不可观察的反事实结果。

最后，依据匹配选取的潜在主观福祉，对自然保护区设置的平均处理效应进行估计。

7.2.2.3 模型设定

本研究首先构建计量经济学模型检验自然保护区对农户主观福祉的影响。具体的模型设定如下：

$$\ln y_i = \alpha + \beta_1 D_i + \beta_2 S_i + \beta_3 R_i + \beta_4 V_i + \varepsilon \qquad (7-3)$$

式中，y_i 为农户主观福祉（包括安全变量、基本物质需求变量、健康变量、良好的社会关系变量），定义农户对福祉变量选择满意或比较满意为 1，农户选择一般、比较不满意、不满意为 0。以此模型衡量自然保护区对农户主观福祉满意度的影响。虚拟变量 $D_i = \{0, 1\}$ 表示个体 i 是否居住在自然保护区内，即 1 为居住在自然保护区内，而 0 为居住在自然保护区外。S_i 为农户人力资本变量，包括户主年龄、受教育年限、健康状况、家庭人口数、劳动力人数。R_i 为自然资本变量，包括耕地总面积、林地总面积。V_i 为村级特征变量，包括村中心到最近的镇距离、村内道路数、村内诊所数量。ε 是残差项。

本研究进一步通过匹配估计量方法克服异质性导致的估计偏差。匹配时选择的观测协变量包括户主年龄、受教育年限、健康状况、家庭人口数、劳动力人数、耕地总面积、林地总面积、村中心到最近的镇距离、村内道路数、村内诊所数量。模型共计 10 个协变量，在这种条件下，由于匹配后的农户不是完全相同，因此简单匹配法将产生一个偏误项。为了消除匹配后的偏误，本研究采用了偏误修正匹配估计量（bias - corrected matching estimator）来估计未观测的潜在福祉。同时，考虑到条件方差可能随着协变量向量变动，本研究采用偏差修正稳健估计量（bias - corrected and robust variance estimator）来解决异方差的问题（Abadie 等，2004；Imbens，2004）。

由于模型使用了非常多的协变量，因此准确地匹配样本数据集是非常困难的。根据 Abadie（2006）的建议，在运行稳健方差估计量时，我们选择距离最近（即向量模最小）的四个农户来匹配每一个可观测的农户。匹配方法通过 Stata 12.0 软件中的 nnmatch 程序进行分析。

7.2.3 结果

7.2.3.1 自然保护区内外农户主观福祉的差异

自然保护区内外农户主观福祉满意度见图 7 - 7。从安全变量来看，自然保护区内的农户对社会治安的满意度更高，自然保护区内 69% 的农户对社会治安满意，自然保护区外 59％的农户满意。自然保护区内通常具有较为封闭的地理环境，与自然保护区关系也较为密切，社会治安因此更好。医疗条件满意度方面，自然保护区内农户略低于自然保护区外，自然保护区内 31％的农户表示满意，自然保护区外 36％的农户表示满意。总体来看，差距不明显，且区内区外农户对医疗条件的满意度均非常低。自然保护区周边医疗条件非常有限，影响农户的生计安全。

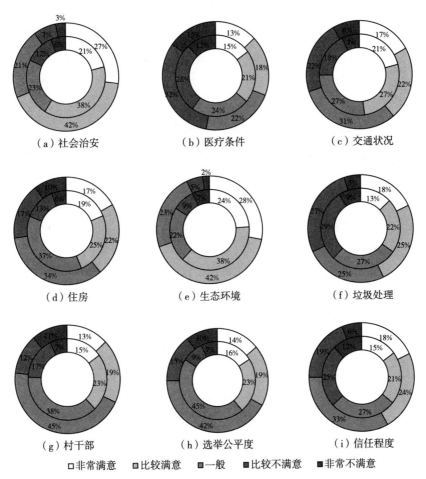

图 7-7 自然保护区内外农户主观福祉满意度情况

注：外圈表示自然保护区内居民感知，内圈表示自然保护区外居民感知。

从基本物质需求变量来看，自然保护区内农户对交通状况满意度更低，有 39％的农户表示满意，而自然保护区外有 48％的农户表示满意。自然保护区由于开发的限制，因此交通状况相较区外要差，区内农户通常居住较为分散，部分农户仍居住在高山地带，交通出行非常不便，可以通过生态移民的方式逐渐将自然保护区内，特别是自然保护区核心区内农户迁移到自然保护区外，更好地实现农户生计与保护的协调发展。自然保护区内农户对住房的满意度略低于自然保护区外的农户，主要原因是部分自然保护区出台的管理条例对区内农户盖房有一定的约束。如九寨沟自然保护区管理条例明确规定："任何单位个人在九寨沟自然保护区内占用土地、建设房屋或其他工程都必须依照有关法律规定办理审批手续。"神农架自然保护区管理条例也规定："在自然保护区内建立机构和修筑设施的，必须由自然保护区管理机构报林区人民政府审核，经省林业主管部门批准。"

从健康变量来看，自然保护区内农户对生态环境满意度更高，区内农户70%对生态环境表示满意，区外农户62%表示满意，表明了自然保护区的设立有效改善了生态环境质量。对垃圾处理自然保护区内农户满意度更高，区内43%的农户表示满意，区外35%的农户表示满意。部分自然保护区开展了沼气池项目或垃圾处理项目，有效地改善了区内农户垃圾处理现状。此外，区内农户更多地通过自给自足原生态的生产生活方式，生产生活垃圾排放也相对较小。

良好的社会关系变量中，自然保护区内农户对村干部满意度更低。区内32%的农户对村干部满意，区外38%的农户对村干部满意。从村干部选举公平度来看，区内满意度更低。自然保护区内33%的农户表示满意，区外39%的农户表示满意。可能原因是自然保护区内农户争取到自然保护区发展项目以及工作机会的概率更大，因此区内权力寻租的可能性也更大，因此在村干部选举和其他工作中可能存在一定的不规范行为，导致农户满意度较低。从周围人信任程度来看，自然保护区内农户满意度更高，区内42%农户表示满意，区外36%农户表示满意。一方面可能由于自然保护区外部分农户是生态移民搬迁出来的，破坏了原有的邻里结构和社会关系；另一方面可能由于自然保护区外农户更多从事非农生产，导致原有邻里关系淡泊。

7.2.3.2 自然保护区设置对农户福祉影响的估计结果

本研究首先通过回归模型（Probit 模型）估计自然保护区设置对农户主

观福祉的影响。回归结果见表 7-2，由于我们主要关注自然保护区设置的影响，因此控制变量的系数表内并没有给出。回归结果得出，自然保护区设置后，农户社会治安满意度增加 12.3%，医疗条件满意度降低 8.5%，交通状况满意度降低 13.7%，住房满意度降低 9.5%，生态环境满意度增加 15.3%，垃圾处理满意度增加 8.3%，村干部满意度降低 7.6%，村干部选举满意度降低 8.4%，周围人信任程度增加 12.6%。

考虑到自然保护区内外农户的异质性，本研究进一步采用了匹配估计法克服了反事实数据缺失导致的样本选择性偏误。自然保护区设置的平均处理效应 ATE 见表 7-2。可以看出，相较于 ATE 结果，普通回归结果夸大了自然保护区设置对农户福祉的负影响，低估了自然保护区设置对农户福祉的正影响。由于自然保护区内外农户地理位置和周边居住环境的差异，导致农户在社会治安、生态环境、垃圾处理和周围人信任程度的溢出效应为正，在医疗条件、交通状况、住房、村干部、选举公平度方面的溢出效应为负。因此用普通回归方法估计的结果是有偏的。ATE 的结果表明自然保护区对农户主观福祉的影响更为积极（即正向影响更显著，负向影响更弱小）。然而我们仍需注意到，修正后的结果依然表明，自然保护区的设置在改善农户部分福祉的同时，也损害了农户的一部分福祉[①]。本研究结论有利于政策制定者了解自然保护区设置对农户的哪些福祉产生怎样的影响，从而调整优化保护政策，提高农户的福祉满意度。

表 7-2 基于回归和匹配方法的自然保护区对农户家庭财富及不平等影响的估计结果

	回归[a]	ATE（匹配）[b]	回归偏误[c]
安全变量			
社会治安	0.123[*] (0.142)	0.082[*] (0.268)	−0.041

---

① 考虑到选取变量的不同以及权重计算的不同，自然保护区周边农户综合福祉的计算结果也将有一定差异。因此判断自然保护区对农户综合福祉的影响为正或为负没有太多意义。政策制定者更应该从对福祉的具体影响变量出发，了解政策的实施损害了农户的哪些福祉，从而更好地调整改进政策，降低这种损害，提高农户的生计水平和福祉满意度。

（续）

	回归[a]	ATE（匹配）[b]	回归偏误[c]
医疗条件	−0.085**	−0.046*	−0.039
	(0.135)	(0.234)	
基本物质需求变量			
交通状况	−0.137**	−0.087**	−0.040
	(0.146)	(0.124)	
住房	−0.095**	−0.045**	−0.050
	(0.156)	(0.173)	
健康变量			
生态环境	0.153**	0.117***	0.036
	(0.295)	(0.233)	
垃圾处理	0.083*	0.073*	−0.010
	(0.152)	(0.157)	
良好的社会关系变量			
村干部	−0.076	−0.048	−0.028
	(0.135)	(0.186)	
选举公平度	−0.084*	−0.032	−0.052
	(0.121)	(0.178)	
周围人信任程度	0.126**	0.075***	−0.051
	(0.187)	(0.285)	

注：*、**、***分别表示显著性水平10％、5％、1％。

括号内数值为标准误。

[a] 本研究没有给出控制变量的系数。模型中的控制变量包括户主年龄、教育、身体状况、家庭规模、劳动力数量、农田面积、林地面积、村中心到镇距离、村内水泥道路数、村内诊所数量。

[b] 匹配方法中的协变量包括户主年龄、教育、身体状况、家庭规模、劳动力数量、农田面积、林地面积、村中心到镇距离、村内水泥道路数、村内诊所数量。

[c] 回归偏误等于回归结果减去ATE的结果。

7.2.4 结论

本节借鉴了国内外学者的研究构建了自然保护区周边农户综合福祉评估指标体系，通过匹配估计量方法，克服了样本选择偏误导致的异质性问题，得出：①从安全变量来看，自然保护区内的农户对社会治安的满意度更高，区内外农户对医疗条件的满意度均非常低，表明自然保护区周边医疗条件非常缺乏。从基本物质需求变量来看，自然保护区内农户对交通状况以及住房的满意度更低。从健康变量来看，自然保护区内农户对生态环境满意度更高。在良好的社会关系变量中，自然保护区内农户对村干部能力以及村干部选举公平度满意度均较低，而自然保护区内农户对周围人信任程度则相对较高。②通过匹配估计量方法，得出自然保护区的设置提高了农户的社会治安、生态环境、垃圾处理、周围人信任程度的满意度，降低了医疗条件、交通状况、住房、村干部、村干部选举的满意度。可见，自然保护区在提高了农户部分福祉的同时，损害了农户的另一部分福祉。因此自然保护区在考虑保护与发展关系时，不应该仅仅关注农户的收入问题，还应该综合考虑农户的主观福祉，制定出更加人性化的保护政策，如提高自然保护区周边的医疗水平和交通状况，通过保护项目对农户的房屋进行修缮维护，规范村干部选举过程，提高村干部能力和办公透明度等。

7.3 自然保护区设置对农户生计风险的影响：风险与脆弱性

为了判断自然保护区对农户生计结果的影响，除了了解自然保护区对农户家庭财富的影响，还要了解自然保护区是否给周边农户带来了更多生计风险导致他们更容易在将来陷入贫困，即估计家庭的生计风险（Chaudhuri等，2002）。

7.3.1 分析框架

生计风险与生计脆弱性密切相关。对于脆弱性的定义，目前被大家普遍接受的是世界银行（2001）所提出的，即个人或者家庭将会面临某些风险的可能性，并且由于遭受风险最终导致自身的财产损失，并使生活质量下降到社会平均值以下的可能性。该定义明确表示出脆弱性所包含的两个方面，受到的风险和抵御冲击的能力。贫困的家庭面对较大的风险，由于抵御风险的能力很弱，因此很容易陷入贫困，而那些风险抵御能力比较强的家庭陷入贫困的概率较小。生计风险与脆弱性之间的关系如图7-8所示。

个人或家庭所处的环境主要包括经济、社会以及自然环境等。而这些

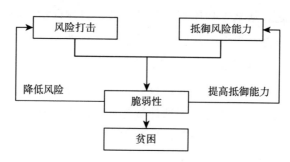

图 7 - 8　风险-脆弱性-贫困的逻辑关系

环境中也存在着各种各样的风险和打击，比如经济危机、健康问题、家庭结构发生显著变化、失业以及自然灾害等，这些风险因素将会拉低家庭或者个人的福祉水平（Barriento，2007）。非贫困人口可能在受到某些风险打击的情况下变成贫困人口，贫困人口也可能短期内脱离贫困，长期上继续贫困。

目前我国农户在农业方面既是生产经营单位，同时也是消费单位，因此他们不仅要承担生产经营风险，还要承担生活风险（马小勇，2006）。我国在进入 21 世纪以后，自然风险和市场风险在迅速增加，这些问题最终导致农户面临更加严峻的挑战（刘惟洲，2003）。特别是在自然保护区，农户还面临着来自制度、政策等层面的风险（如土地被占、移民搬迁等）。

很多学者围绕农户风险和脆弱性之间的关系进行了深入的分析探讨。比如徐伟等（2001）实证分析了脆弱性的决定性因素以及农户在风险冲击以后所受到的影响，得出以下结论：家庭层面的社会网络，比如家庭中的人力资本、是否有家庭人员是干部等因素能够帮助农户降低其贫困脆弱性。李兴绪（2011）针对云南省红河哈尼族彝族自治州等少数民族地区的 2 857 家农户进行贫困脆弱性的调查分析，得出：农户的贫困脆弱性将会受到农户家庭的类型、人力资本以及规模等因素的影响。许汉石、乐章等（2012）就江浙一带 10 个地区中的 1 032 家农户进行了风险状况、生计资本等方面的分析，最终得出：农户所拥有的生计资本能够对其所承担的生计风险产生巨大的影响，并且二者之间的关系十分密切。李伯华等（2013）围绕湘西地区 3 个县区和 6 个村庄的贫困脆弱性进行了实证分析，得出以下结论：落后的经济状况以及社会保障制度的不完善，再加上恶劣的自然环境等因素，是导致该地区农户贫困脆弱性的主要原因。

多数研究都是针对农户生计脆弱性的影响因素，对农户生计风险影响因素的研究较少。特别是从自然保护区视角，判断自然保护区建设对农户生计风险的研究更少。

7.3.2 方法

7.3.2.1 指标选择

风险是不确定性引起的结果与预定目标发生偏离的综合（杜鹏和李世奎，1997）。风险与事件发生的概率相关，超出了个体家庭的直接控制。农户在没有公共和自我保障机制的情况下，往往会遇到各种生计风险，这些生计风险将会给农户带来巨大的打击，甚至出现生计不可持续的现象（叶敬忠等，2004）。本研究将农户生计风险定义为农户生计活动中所遇到的风险，由于家庭外部环境本身具有的不确定性以及生计活动的复杂性等，同时还包括农户能力的局限性以及其自利行为等因素导致的农户预期收益和实际收益间的偏差。

目前，关于农户风险分类的研究还没有统一的标准。众学者从不同的角度作为切入点，进行分类研究。下面是几个具有代表性的研究观点：Dercon（2001）就风险和脆弱性进行了深入的研究，并建立了基本分析框架，框架中将风险具体分为三种，即资产风险、收入风险以及福利风险。马小勇（2006）提出了四种风险，分别为自然风险、市场风险、疾病风险以及政策风险。结合他人研究以及自然保护区的特征，本研究把农户风险分为四种类型，自然风险、制度风险、人口风险和经济风险（图 7 - 9）。

7.3.2.2 似不相关模型

为了分析保护对农户生计风险的影响，本研究将计量模型设定如下：

$$Y = \alpha + \beta(W) + l(H) + \theta(N) + \lambda(V) + e \qquad (7-4)$$

式中，Y 表示农户生计风险；α 为常数项；$\beta(W)$ 表示保护变量，包括是否在自然保护区内，是否参与自然保护区管理，是否参与自然保护区培训；$l(H)$ 是人力资本变量，包括户主年龄、受教育年限、身体状况、家庭人口数；$\theta(N)$ 是自然资本变量，包括农田面积、林地面积；$\lambda(V)$ 是村级特征变量，包括村人均收入、村距离镇距离、村诊所数量；ε 为随机扰动项。

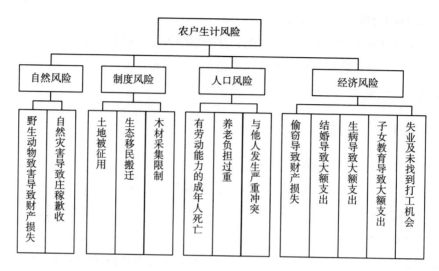

图 7-9　农户生计风险指标

对于单个模型而言，用传统计量模型设定是相对准确的，但进一步考虑到不同类型的生计风险可能同时受到一些共同不可观测因素的影响，因而各类生计风险回归方程之间的随机项是相关的。这种相关的存在，使得合并截面数据的似不相关回归估计（SUR）比单独估计每个方程更有效。

故本研究在上述分析基础上采用似不相关回归方法进行实证分析。似不相关回归的特点在于允许扰动项的同期相关及各截面单位可以有不同的解释变量，在给定的时间内，似不相关回归方程组中不同方程扰动项的相关性反映了某种共同的不可知因素带来的影响。一般说来，不同方程的扰动之间越相关，或者不同方程的解释矩阵相差得越大，利用超模型所得到的 SUR 估计就会比单方程的 OLS 估计越具有估计效率。在采用 SUR 估计前，首先对各方程进行同期相关性检验，如果方程之间不存在同期相关，那么对各个方程单独使用最小平方法估计是完全有效的。根据 Breusch 和 Pagan 提出的统计量，模型残差项相关性拒绝了原假设，即用 SUR 估计更有效率。

7.3.3　结果

7.3.3.1　自然保护区内外农户的生计风险

研究区域农户的生计风险见图 7-10。自然风险、经济风险是研究区域发生率最高的两类风险。其中，野生动物致害发生率是68%，自然灾害导致庄稼歉收发生率57%。我国每年农作物受灾面积达农作物播种面积的20%左右，农村人均0.5亩左右，相对于我国农村人均耕地1.2亩来说，约占到40%（韩峥，2004）。而制度风险中木材采伐限制是发生率最高的风险（77%）。经济风险中，发生率最高的两项风险是子女教育导致大额支出（57%）和家庭成员严重疾病导致高昂医疗费用（49%）。疾病风险是农村人口面临的一项较大的风险。

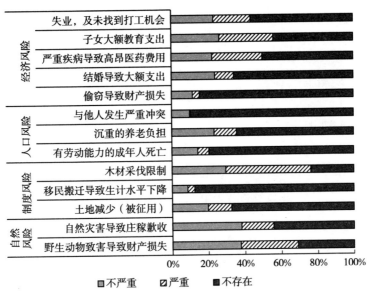

图7-10 研究区域农户的生计风险

自然保护区内外农户的生计风险见表7-3。从不同收入分组来看，不论是自然保护区内还是自然保护区外，富裕组农户只有在偷窃导致财产损失上高于贫穷组农户，其他的生计风险发生概率均是贫穷组高于富裕组。一方面由于贫穷组农户生计更加脆弱，更容易面临各种生计风险，另一方面表明生计风险对农户家庭财富有一定影响。

从自然保护区内外农户生计风险的差异来看，自然保护区内的农户在野生动物致害、土地被征、木材采伐限制、沉重的养老负担方面的风险要显著高于自然保护区外的农户，表明制度风险是自然保护区内农户承受的主要生计风险。而自然保护区外农户在自然灾害、生态移民搬迁、与他人严重冲突以及偷窃导致的损失方面，承受更多的生计风险。生态移民通常是将农户从自然保护区核心区内迁到自然保护区外或实验区，因此自然保护区外农户移民风险的发生率更高。

表7-3　自然保护区内外农户的生计风险

		自然保护区内				自然保护区外				低收入组 t值[a]	全体样本 t值[a]
		贫穷组	富裕组	全体	t值[a]	贫穷组	富裕组	全体	t值[a]		
自然风险	野生动物致害（%）	42.42	22.04	64.46	8.31***	23.97	11.57	35.54	6.86**	8.34***	7.45**
	自然灾害致庄稼歉收（%）	25.94	16.72	42.66	6.47**	33.45	23.89	57.34	5.43**	3.53*	3.66*
制度风险	土地减少（被征用）（%）	40.12	25.00	65.12	5.64**	24.77	10.12	34.88	6.41**	3.67*	6.54**
	移民搬迁致生计下降（%）	24.24	7.58	31.82	8.42***	48.48	19.70	68.18	9.31***	5.93***	4.56**
	木材采伐限制（%）	38.31	33.08	71.39	1.21	16.17	12.44	28.61	2.23*	6.31**	7.65***
人口风险	有劳动能力成年人死亡（%）	39.25	13.08	52.34	11.24***	36.45	11.21	47.66	10.75***	1.03	1.14
	沉重的养老负担（%）	40.43	19.15	59.57	10.84***	25.85	14.57	40.43	9.74***	4.96**	3.24*
	与他人发生严重冲突（%）	21.82	12.73	34.55	6.42**	35.00	30.45	65.45	3.24*	2.34*	7.67**
经济风险	偷窃导致财产损失（%）	14.81	24.69	39.51	4.31*	22.22	38.27	60.49	4.33**	2.48*	4.35**
	结婚导致大额支出（%）	24.31	20.44	44.75	2.23	30.94	24.31	55.25	2.12	1.37	2.35*
	严重疾病致高昂医药费（%）	42.59	9.51	52.09	8.39***	41.44	6.46	47.91	12.33***	1.09	1.23
	子女大额教育支出（%）	33.22	12.54	45.76	7.34**	33.22	21.02	54.24	4.54**	0.84	3.24*
	失业，未找到打工机会（%）	33.04	9.13	42.17	6.65***	42.61	15.22	57.83	8.98***	2.85*	3.38*

注：*、**、***分别表示显著性水平10%、5%、1%。

[a] t值为独立样本t检验值，用于完全随机设计的两个样本均数间的比较。

7.3.3.2 生计风险与农户生计的关联分析

不同生计风险下农户对生计的满意度见图 7-11。可以看出，有劳动能力的成年人死亡和严重疾病导致的高昂医疗费用的农户生计满意度最低。这两项生计风险都是有关劳动力的风险，农户的家庭生计主要依靠劳动力。而劳动力的死亡或疾病，不仅导致家庭财富的直接损失，对农户家庭心理的打击也非常大。由于我国农村人口普遍受教育程度低，营养和卫生知识缺乏，加上医疗、卫生设施严重不足，导致疾病的发生率较高。据调查分析，全国农村因病致贫、因病返贫的农户占农村贫困户的比例已经达到35%左右（张德元，2003）。因此要重视农村劳动力的损失和疾病问题。

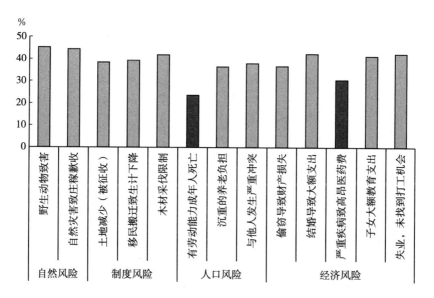

图 7-11 不同生计风险下农户对生计感到满意的比重

不同风险下农户的人均家庭收入见图 7-12。有劳动能力的成年人死亡、沉重的养老负担、严重疾病导致高昂的医疗费用以及子女教育导致大额教育支出，是对农户家庭收入影响最大的四项生计风险。可见，大病致贫、教育致贫、养老致贫已经成为制约农户生计，导致农户陷入贫困的三个根源。在农村，教育支出已经成为农户的一项重要支出。特别是农村取消了小学后，农村学生上学通常要寄宿到学校，家人在县乡租房照顾小孩的现象也非常普遍。因此农村的教育支出不仅是上学费用的问题，还应该考虑到家庭成员到乡镇甚至城市照顾小孩导致的租房和生活费用，以及家庭劳动力因为照顾小孩而放弃生产经营的机会成本，可见教育对农村家庭的经济压力是非常大的。养老问题同样是现在农村家庭普遍存在的问题。农村家庭"小型化"以及年轻人外出务工导致农村养老问题非常严峻。

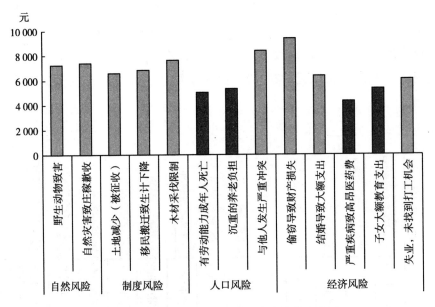

图 7-12　不同生计风险下农户的人均收入水平

7.3.3.3　自然保护区的设置对农户生计风险影响的估计结果

自然保护区对农户生计风险的影响见表7-4。自然保护区的设置对农户自然风险有利有弊，自然保护区减少了自然风险，却增加了野生动物致害的风险，今后如何控制野生动物致害是当下自然保护区应该关心的问题。作为一项保护制度，自然保护区的设置无疑增加了除移民搬迁外农户的制度风险。而对人口风险和经济风险，除养老负担、偷窃、失业外自然保护区的设置没有显著影响。参加自然保护区管理可以显著减少农户的制度风险，除失业外对人口风险和经济风险同样没有显著影响。而参加自然保护区培训可以显著减少农户的失业风险，对其他风险影响不显著。

表7-4 自然保护区对农户生计风险影响的回归结果

因变量		居住自然保护区内 （是＝1）	参与自然保护区管理 （是＝1）	参与自然保护区培训 （是＝1）
自然风险	野生动物致害	0.126*** (0.234)	−0.059 (0.230)	−0.076 (0.234)
	自然灾害	−0.073* (1.185)	−0.073 (1.521)	−0.043 (1.185)
制度风险	土地被征	0.139** (0.235)	−0.116*** (1.345)	−0.031 (0.217)
	移民搬迁	−0.116*** (0.148)	−0.101** (1.375)	−0.210 (0.296)
	采伐限制	0.293*** (0.185)	−0.046* (1.845)	−0.032 (0.318)
人口风险	成员死亡	0.011 (0.099)	−0.196 (1.091)	−0.002 (0.139)
	养老负担	0.053* (0.103)	−0.121 (1.394)	0.021 (0.297)
	他人冲突	−0.063 (0.294)	−0.155 (2.395)	−0.037 (−0.287)
经济风险	偷窃	−0.103* (0.174)	−0.276 (1.358)	−0.021 (0.263)
	婚嫁	0.002 (0.035)	0.238 (2.406)	−0.031 (0.231)
	大病	0.045 (0.139)	−0.148 (1.306)	−0.012 (0.111)
	教育	−0.014 (0.149)	−0.107 (2.305)	0.002 (0.105)
	失业	−0.033* (1.306)	−0.101** (1.125)	−0.124*** (0.214)

注：括号内数值为标准误。

*、**、***分别表示显著性水平10%、5%、1%。

7.3.4 结论

本节在借鉴国内外学者关于生计风险研究的基础上，设计了自然保护区周边农户的生计风险指标，通过似不相关模型估计了自然保护区设置对农户生计风险的影响，得出如下结论：①自然风险、经济风险是研究区域发生率最高的两类风险。从自然保护区内外农户生计风险的差异来看，自然保护区内的农户在野生动物致害、土地被征、木材采伐限制、沉重的养老负担方面的风险要显著高于自然保护区外的农户，表明制度风险是自然保护区内农户承受的主要生计风险。而自然保护区外农户在自然灾害、生态移民搬迁、与他人严重冲突以及偷窃导致的损失方面，承受更多的生计风险。②从不同生计风险下农户对生计的满意度可以看出，有劳动能力的成年人死亡和严重疾病导致的高昂医疗费用的农户生计满意度最低。从不同风险下农户的人均家庭收入可以看出，有劳动能力的成年人死亡、沉重的养老负担、严重疾病导致高昂的医疗费用以及子女教育导致大额教育支出，是对农户家庭收入影响最大的四项生计风险。可见，大病致贫、教育致贫、养老致贫已经成为制约农户生计，导致农户陷入贫困的三个根源。③自然保护区的设置对农户自然风险有利有弊，自然保护区减少了自然风险，却增加了野生动物致害的风险以及制度风险。此外，参加自然保护区管理可以显著减少农户的制度风险。而参加自然保护区培训可以显著减少农户的失业风险，对其他风险影响不显著。可见，尽管自然保护区的设置减少了农户的自然风险，但同时增加了农户的制度风险。对于生计脆弱性的农户而言，生计风险的打击可能直接导致农户陷入贫困。因此自然保护区管理应该重视农户生计风险，保护政策也应该是渐进的、温和的，尽量避免一刀切的保护政策。在造成农户生计风险的同时，应该尽可能地采取一定措施提高农户生计水平，帮助农户更好地应对生计风险。

8 农户生计策略的选择及其对保护的影响

农户作为农村地区最基本的社会经济单元和行为决策主体，其生计策略决定着资源的利用方式、利用效率，对生态环境有着深远的影响（王成超等，2011）。如在落后偏远的自然保护区，部分农户更多地依赖自然资源为基础的生产来维持生计，自然资源依赖是我们分析的第一个生计策略。自然资源的高度依赖对自然保护区生态保护造成影响，同时加剧了自然保护区与社区之间的矛盾。基于保护目的的政策约束、生态补偿、替代生计等因素，农户单纯依靠自然资源生产出的产品不足以维持生计，农户就会转变其生计策略，如多样化经营、进城务工等。生计多样化策略，是可持续生计的重要目标之一，也是我们分析的第二个生计策略。生计多样化或收入多样化是"农户构建一个多元化生计活动和社会支持能力组合的过程，以满足维持和改善生计水平的需求"（Ellis，1998），有利于风险的分散，减少农户的脆弱性，保障食物安全（Block 和 Webb，2001），增加资本的积累。此外，作为中国社会经济变革时期最主要的特征，农村劳动力的转移和城镇化在抑制农村人口增长，缓和人地矛盾，增加农民收入方面发挥了重要作用，因此劳动力转移是我们分析的第三个生计策略。自然保护区设立对农户生计的冲击既是挑战也是机遇。面对这一冲击，自然保护区周边农户在区域可持续发展背景下，选择何种生计策略以及该生计策略会对保护产生何种影响是本章的主要研究内容，本章逻辑结构见图 8-1。

8.1 农户的生计策略Ⅰ：自然资源依赖

保护与发展的矛盾焦点是自然资源的保护与利用（温亚利和谢屹，

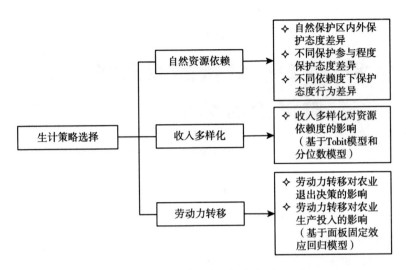

图 8-1 第 8 章逻辑结构图

2009)。自然保护区多数分布在偏远的山区农村，由于缺乏替代性生计选择，自然保护区周边农户通常会过度利用自然资源（WWF，2007）。依赖自然资源的生计策略包括薪柴、药材、植物、食物、牲畜饲料、建筑材料的收集（De Boer 和 Baquette，1998；Berkes，2007）。自然资源可以维持农户生计，提供更好生计水平的机会，或者提供抵御风险的能力（Scoones，1998；Ellis，2000）。然而，资源的过度利用和依赖对环境保护和资源可持续性是有影响的（Vedeld 等，2004）。对自然资源依赖度更高的农户因为承受更多的保护成本，从而对保护管理的态度呈负相关（Baral 等，2007；Agrawa 等，2005）。因此，识别农户对自然资源的依赖度有助于更加有效准确地定位最需要帮助的农户，从而提高能力建设的有效性，实现保护的可持续性（Vedeld，2004；Gunatilake，1998）。

8.1.1 资源依赖度定义

自然资源依赖具有多层面、丰富的内涵，包含经济领域的三个层面：收入来源中是否包含对自然资源利用的收益；劳动力就业中获取自然资源的劳动时间投入比重；家庭能源消费中来自自己获取天然能源所占的比例。其中，自然资源利用收益的定义并非完全一致（Gunatilake，1998；Reddy 和 Chakravarty，1999；Bahuguna，2000；Masozera 和 Alavalapati，2004；

Chandool，2007；Jumbe 和 Angelsen，2007），本研究采用 Vedeld 等（2004）的定义：自然资源利用收益指从自然资源被获取或利用开始，对自然资源消费、交换、销售获得的租金（或额外价值）。因此，本研究认为依赖于自然资源的收入来源包括林业以及采集业（采集山野菜以及中药材）。因此收入的自然资源依赖度等于林业及采集业收入的总和除以农户家庭年总收入。就业依赖度等于农户在林业及采集业投入劳动时间的比重。薪柴是我国农村能源消费中非常重要的部分，特别是在自然保护区，农户依赖薪柴取暖做饭的现象依然非常普遍。而薪柴的采集对自然保护区的生态和野生动植物的保护带来负面的影响。因此，本研究选取薪柴采集占农户家庭能源消费的比重作为能源依赖度指标。

8.1.2　资源依赖度与保护的关联性分析

越来越多的管理者认为自然保护区的发展可以提高社区的生计水平，同时可以减少对自然资源的消费压力和依赖。近 10 年来自然保护区通过各种补偿政策缓解矛盾，通过自然保护区内的发展项目以及能力建设来发展社区经济，帮助农户从传统的高度依赖自然资源的生产活动中解放出来，旨在更好地实现保护与发展的统一。因此，本节主要检验两个问题：①自然保护区的设置以及农户参与保护管理是否能有效减少农户对自然资源的依赖；②资源依赖度高的农户是否承受了更多的保护成本，从而持有消极的保护态度。

8.1.2.1　自然保护区内外农户资源依赖度差异

自然保护区内外农户资源依赖度差异见表 8-1。能源依赖度方面，自然保护区内农户依赖度较高（显著性水平 10%），主要原因是自然保护区内农户在其他能源消费方面较低导致。特别是贫困农户，对薪柴的依赖度更高，自然保护区内贫困农户对薪柴依赖度达到了 51.80%，可见自然保护区内的自然资源依然在农户家庭能源消费中起到非常重要的作用。

在就业依赖度方面，自然保护区内农户在自然资源利用生计活动上投入的时间较多，然而并不显著。其主要原因是自然保护区对木材采伐的限制以及自然保护区内农户拥有较少的森林，因此自然保护区内农户从事林业生产活动的时间显著少于自然保护区外的农户（6.43% vs. 11.34%）。然而自然保护区内的农户在采集业活动上投入的时间较高，特别是自然保护区内贫困农户采集时间比重达到了 14.45％。可见采集业是自然保护区内贫困农户一个重要的生计策略。自然保护区内农户从事采集业一方面是因为野生药材价值较大，另一方面是自然保护区开展生态旅游对山野菜需要的增加。

表 8－1　自然保护区内外农户资源依赖度的差异

项目	自然保护区内				自然保护区外				低收入组 t 值[a]	全部样本 t 值[a]
	贫穷组	富裕组	全部样本	t 值[a]	贫穷组	富裕组	全部样本	t 值[a]		
人均薪柴采集金额（元）	197.59	86.63	143.23	8.41***	207.14	74.31	149.42	9.31***	1.03	0.86
人均全部能源支出（元）	381.45	766.52	567.32	7.84**	457.98	764.31	631.85	6.84**	1.03*	2.31*
能源依赖度[b]（％）	51.80	10.26	25.25	8.93***	45.23	9.72	23.65	9.31***	0.87**	0.45*
林业投劳时间比重（％）	6.67	6.01	6.43	0.23	13.76	10.24	11.34	0.46	5.09**	4.54**
采集投劳时间比重（％）	14.45	1.24	7.32	9.32***	5.23	0.67	1.37	5.39**	6.31***	5.13**
就业依赖度（％）	21.12	7.25	13.75	8.69***	18.99	101.91	12.71	7.41***	1.06*	0.83
人均林业收入（元）	319.27	787.31	524.31	6.74**	558.31	1 629.56	1 043.54	8.46***	5.56**	8.37***
人均采集业收入（元）	794.76	238.51	564.65	7.39***	347.22	38.42	134.23	5.21**	7.41***	5.46**
人均年收入（元）	4 739.04	14 428.64	9 985.96	12.23***	5 019.38	16 538.34	11 612.87	13.39***	3.45*	4.51*
收入依赖度[c]（％）	23.51	7.11	10.90	11.48***	18.04	10.09	10.14	9.43**	4.31**	2.34*

注：*、**、***分别表示显著性水平10％、5％、1％。
[a] t 值为独立样本 t 检验值，用于完全随机设计的两个样本均数间的比较。
[b] 能源依赖度中，薪柴采集的金额按当地的物价水平折算。
[c] 收入依赖度中，种植业、养殖业、林业、采集业收入包括农户自食或自用部分。

　　收入依赖度方面，自然保护区内的农户更加依赖自然资源带来的收益，对于贫困农户而言，依赖度差距更加显著。尽管自然保护区内的农户获得了较少的林业收入，但是来自自然资源的收益占自然保护区内贫困农户的家庭收入比例依然高达 23.51%，表明了自然保护区内的农户对自然资源收入有着较高的依赖度。

8.1.2.2　不同保护参与程度农户资源依赖度差异

不同保护参与程度下农户自然资源依赖度的差异见图 8-2。可以看出，参与自然保护区的培训可以显著减少农户生计活动对于自然资源的依赖度，而参与自然保护区的管理和项目对农户自然资源依赖度的影响不显著。自然保护区参与变量通常被认为与资源依赖度相关（Dercon 和 Krishna，1996；Rew 和 Rew，2003；Agrawal 和 Gupta，2005；Acharya 等，2007；Persha 等，2011），由于研究区域普遍离市场较远，缺少替代性生计的选择，因此除自然保护区培训外，其他保护接触变量并未表现出对农户资源依赖度的显著影响。此外，尽管研究区域 46% 的农户参与了自然保护区的发展项目，但是并没有显示出参与发展项目的农户其资源依赖度减少。可见，对于自然保护区管理者而言，旨在提高区域发展水平的项目很难直接将农户从资源依赖的生产活动中转移出来，而通过培训等方式提高当地居民能力的水平则有助于减轻资源采伐的压力（Ribot，2002；Agrawal 和 Gupta，2005）。

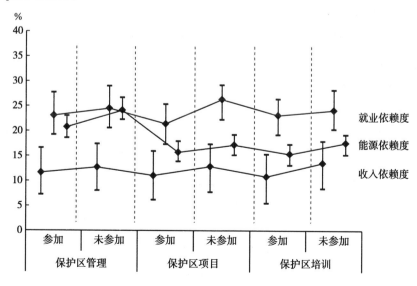

图 8-2　不同保护参与程度农户自然资源依赖度差异

8.1.2.3 不同资源依赖度农户特征差异

不同资源依赖度下农户特征差异见表 8-2。从保护成本收益变量来看，农户的直接保护收益没有显著差异，而高资源依赖度农户的直接保护成本要高（显著性程度 5%），表明了资源依赖度较高的农户面临更多的保护约束，从而承受更多的保护成本。从保护态度变量来看，资源依赖度较低的农户其保护态度更积极（显著性水平为 1% 和 5%），表明了资源依赖度较高的农户同自然保护区有着更严重的冲突，从而保护态度更消极。从保护行为变量来看，低资源依赖度农户更多地参与自然保护区管理（显著性水平为 10%），而参与过野生动物救助的差异不显著。

从生计发展变量来看，资源依赖度高的家庭较为贫困（显著性水平 5%），人均家庭年收入较少（显著性水平 1%）。此外，资源依赖度高的家庭，其现金收入仅占家庭总收入的 61.12%，农户依赖自然资源的生产活动更多是为了满足家庭生存需求，对家庭财富贡献较少。而资源依赖度低的家庭，其现金收入占到家庭总收入的 82.43%。另外，资源依赖度高的家庭其非农收入较少，非农收入比重仅占家庭总收入的 31.31%，而资源依赖度低的家庭，非农收入占家庭总收入的 68.31%。表明了作为两种生计策略，自然资源依赖同农户的非农就业具有一定的替代作用。

农户对自然资源的高度依赖一方面对生态保护产生直接影响，如木材的大量砍伐造成野生动物栖息地的破坏和水土流失。挖药和山野菜可能对野生动物活动造成干扰。另一方面，自然资源高度依赖对生态保护产生间接影响，研究区域调研数据证明了农户的资源依赖度同其保护态度负相关，即资源依赖度越高，保护态度越消极。因此，提高农户生计水平，降低农户自然资源依赖度，可以有效缓和自然保护区同社区居民间的资源利用冲突，提高保护管理水平，实现生态保护和社区生计的协同发展。

表 8-2 不同资源依赖度下农户特征差异

项目	低资源依赖度	高资源依赖度	F 值[a]
保护成本收益变量			
直接保护收益（元）	2 434.58	2 569.37	1.09
直接保护成本（元）	3 003.49	3 465.29	5.41**

（续）

项目	低资源依赖度	高资源依赖度	F 值[a]
保护态度变量			
生态保护比经济发展更重要（%）	48.32	37.48	8.32***
支持自然保护区面积扩大（%）	58.31	49.34	5.12**
愿意参加野生动植物保护（%）	86.41	77.10	6.27**
保护行为变量			
参与过自然保护区管理活动（%）	39.18	34.35	1.84*
参与过野生动物救助（%）	4.31	4.12	0.32
生计发展变量			
家庭财富指数[b]	0.73	0.52	3.41**
人均家庭年收入（元）	18 390.95	10 385.21	7.93***
现金收入比重（%）	82.43	61.12	6.41**
非农收入比重（%）	68.31	31.31	9.35***

注：*、**、*** 分别表示显著性水平 10%、5%、1%。

[a] F 值为单因素方差分析统计值。

[b] 基于 BNS 生活必需品调查计算得出。

8.1.3　结论

本节设计了自然保护区周边农户自然资源依赖度指标，并分析了自然保护区对农户自然资源依赖度的影响，得出：①农户对自然资源的依赖度不算很高，其中能源消费中依赖自然资源的比例约 24%，就业中依赖自然资源的就业比例约占 13%，收入中从自然资源获利的比例约 11%。而在发展中国家，农户的自然资源依赖度平均值是 22%（Vedeld，2004）。②社区农户参与自然保护区管理活动、培训和发展项目可以显著减少自然资源依赖度。自然保护区通过参与式管理和培训等方式提高当地居民能力的水平有助于减轻资源采伐的压力，然而应谨慎看待自然保护区发展项目对农户资源依赖度的影响。由于许多自然保护区发展项目缺少持续性，仅仅在项目执行期间可以缓解农户的资源利用压力，项目期结束后，许多农户又会继续过去粗放式的资源利用方式。

因此，生态保护应尊重社区生存和发展的诉求。资源是当地社区赖以生存的基础，在制定和执行保护政策的时候，真正将保护和发展的协调性放在首要的位置。此外，自然保护区可以通过提供市场信息、开展技术培训、设立发展项目等综合手段帮助社区发展经济、改善生活，尤其是那些替代资源利用的项目。最后，自然保护区应该了解和关注社区中对资源依赖度较高的群体，在技术培训和发展项目上优先考虑资源依赖度高的群体。

8.2 农户生计策略Ⅱ：收入多样化

收入多样化被认为是减轻森林采伐压力、维持可持续生计的一个有效策略（Ellis 和 Freeman，2000；Illukpitiya 和 Yanagida，2008）。本节从农户收入多样化的生计策略出发，判断不同收入多样化程度的农户其保护特征及生计特征的差异，进一步建立实证模型，判断收入多样化是否可以有效减少农户对森林资源的依赖。

8.2.1 分析框架

收入多样化是农户面对外部环境及内部生计资本而选择的生计策略。理性人特质会促使其在日常生活过程中遭遇如自然灾害、政策干预等脆弱性时，通过高收益和低收益生计活动之间的要素流转，形成多样化生计策略组合，从而降低脆弱性（黄祖辉等，2005）。而生计多样化策略作为生计发展中不可或缺的部分，是农村家庭出于生存需要对生计活动和社会支持能力进行多样化组合的过程（Ellis，1998）。

农户收入多样化的动机包括增加资金安全、生计保障、支持消费、收入最大化、资本积累（Vedeld 等，2004）。收入多元化来自种植业、畜牧业、家庭园艺、非农就业等。多元化的收入来源对农村家庭的消费和收入作出了重要贡献。相较于收入来源单一的农户，收入来源丰富的农户在收入安全方面有着比较优势（Illukpitiya 和 Yanagida，2008）。以非农活动为主的收入多样化能确保农户收入增长和生活水平的提高，同时也降低了单一生计活动的脆弱性和风险（Block 和 Webb，2001；Glavovic 和 Boonzaier，2007；Shackleton 等，2007）。

而中国的自然保护区多数分布在偏远的山区农村，自然保护区与贫困地区空间上高度重合，当地居民对自然资源依赖度较高，因此自然保护区周边社区面临着资源保护和经济发展的双重压力。而有研究表明收入多样化和森林采伐在保证农户收入安全方面，是具有彼此替代性的（Illukpitiya 和 Yanagida，2008；Wei 等，2016）。和农户收入多元化的选项相比，森林资源采伐是一项困难和耗时的活动。森林提供较低的回报，因此通常被归类为劣等生产环境（Caviglia - Harris 和 Sills，2005）。例如，Bluffstone 等（2001）认为劳动倾向于分配到生产力更高的活动从而增加家庭收入，因此较少地投入到林业活动中。Vedeld 等（2004）认为一个有利可图的收入来源可以增加农户采伐森林方面的时间机会成本，因此收入来源更丰富的农户由于面临更高的森林采伐机会成本，从而可能更少地投入到林业生产活动中。在巴西亚马孙河区域的一项研究中，Caviglia - Harris 和 Sills（2005）发现，生计的多元化和森林破坏呈负相关。Illukpitiya 和 Yanagida（2008）认为尽管林区农户的生计主要依赖于农林业，但农户为了分散林业经营的风险，会开始多样化其生计来源，从而减少其对森林资源的依赖。收入多样化对降低农户林业资源依赖的影响机制见图 8 - 3。

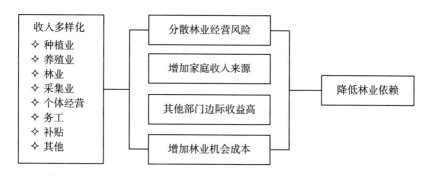

图 8 - 3　收入多样化对降低林业依赖的影响机制

以往学者的研究成果是本研究重要的学术基础，但仍存在一些需要继续研究的方面。第一，很少有学者研究中国地区，特别是自然保护区周边农户林业依赖度和收入多样性之间的关系。自然保护区独特的地理特征、资源禀赋及林业政策，需要进一步了解二者之间的关系。第二，多数研究通过小样本的调查（129～525 户）研究某一特定区域，本研究通过对独特的大样本数据（7 个省 36 个自然保护区 1 675 户）进行分析，更能反映中国自然保护区的一般情况。第三，以往的研究并没有区分高收入组和低收入组效应的不同。富裕的农户可能获取更多的林业收入，因此收入多样化对其影响可能同其他农户不同。本节判断农户收入多样化对自然资源依赖的影响。具体地，本节检验三个问题：①农户对自然资源的依赖度是怎样的；②哪些因素影响农户的自然资源依赖度；③收入多样化对农户资源依赖度的影响是否取决于不同的农户收入水平。

8.2.2　农户的收入多样化：可持续性生计

8.2.2.1　收入多样化定义

收入多样化是收入来源多样化，或者称收入渠道多样化（邱晓华等，1995）。不同学者对收入多样化的测度有不同的方法，本研究的收入多样化指数采用辛普森多样性指数（Hill，1973）。

$$Dindex = \frac{1}{\left(\frac{I_1}{I_T}\right)^2 + \left(\frac{I_2}{I_T}\right)^2 + \cdots \left(\frac{I_N}{I_T}\right)^2} \qquad (8-1)$$

式中，I_1 到 I_N 分别为农户的收入来源，包括种植业收入、养殖业收入、采集业收入、林业收入、工资性收入、经营性收入、补贴性收入及其他收入。I_T 为总收入。N 为不同收入来源数量。$Dindex$ 最小值为 1（当农户只有一种收入来源时），最大值为 8（当农户拥有所有 8 种收入来源并且都相等时）。

辛普森多样性指数的优点是它不仅考虑了收入的来源数量，还考虑了每种收入来源的金额多少，即如果该农户收入来源很多，但是依然对种植业依赖度很高，其他收入来源占的份额很少，那么他的多样性指数依然比较低。

8.2.2.2　农户收入多样化特征

研究区域农户收入多样化特征见图 8-4。多数农户拥有三种或四种生计来源，占到了全部农户的 69%，而拥有一种或两种生计来源的农户仅占 13%，表明了研究区域农户已经逐渐摆脱了较为单一的生计模式。研究区域农户主要的收入多样化形式见图 8-4（b），其中最主要的生计模式为：种植＋养殖＋务工＋补贴，占到了全部农户的 19%。由于研究区域农户农田资源禀赋较少，尽管种植业、养殖业活动很难为农户提供较高的现金收入，但是绝大多数农户仍然从事传统的种养生产，主要是为了满足家庭自身消费的需求。外出务工在研究区域农户家庭生计中已非常普遍，特别是绝大多数年轻人都在外务工。外出务工的原因一方面是因为自然保护区及其周边资源禀赋较少，加上自然保护区的限制，难以发展大规模的农林业生产；另一方面因为中国高速的城镇化进程加快了农户进城务工的步伐。外出务工在提高农户家庭收入的同时也带来了一系列的社会问题，同时改变了农村人与资源的互动关系。

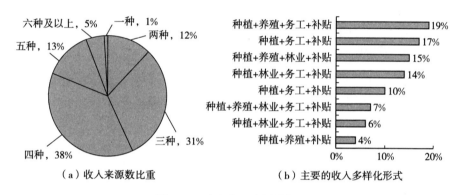

（a）收入来源数比重　　（b）主要的收入多样化形式

图 8-4　农户收入多样化情况

8.2.2.3　不同收入多样化农户的特征差异

不同收入多样化农户的特征差异见表 8-3。将收入多样化指数最低的 30% 农户设为低收入多样化组，最高的 30% 农户设为高收入多样化组。保护成本收益变量中，两组直接保护收益没有显著差异，而收入多样化较低的农户其承受的直接保护成本要高于收入多样化较高的组（显著性水平 10%）。从保护态度变量来看，收入多样化较高的农户其保护态度更积极。从保护行为变量来看，收入多样化较高的农户参与过保护管理活动的比例较高。收入多样化较丰富的农户生计类型更多，对自然资源依赖较少，因此同自然保护区的冲突也较少。从生计发展变量来看，收入多样化较高的农户其家庭财富较高（显著性水平 10%），人均家庭收入较高（显著性水平 5%），现金收入比重较高（显著性水平 5%），非农收入比重较高（显著性水平 5%），表明了收入多样化有助于提高农户的生计状况，增加农户家庭收入和现金收入。

表 8 - 3　不同收入多样化农户的特征差异

项目	低收入多样化	高收入多样化	F 值[a]
保护成本收益变量			
直接保护收益（元）	2 454.81	2 541.34	1.45
直接保护成本（元）	3 303.49	3 161.49	2.40*
保护态度变量			
生态保护比经济发展更重要（%）	39.43	42.31	3.32*
支持自然保护区面积扩大（%）	48.38	57.12	5.12**
愿意参加野生动植物保护（%）	79.11	80.44	1.27
保护行为变量			
参与过自然保护区管理活动（%）	33.11	38.45	2.18*
参与过野生动物救助（%）	4.39	4.56	0.51
生计发展变量			
家庭财富指数	0.64	0.70	1.89*
人均家庭收入（元）	12 435.94	16 731.25	7.34**
现金收入比重（%）	67.41	85.13	6.28**
非农收入比重（%）	43.21	57.31	6.35**

注：*、**、***分别表示显著性水平 10%、5%、1%。

[a] F 值为单因素方差分析统计值。

　　研究区域农户的收入多样化指数同自然资源依赖度及家庭财富的关系见图 8 - 5。可以看出，收入多样化同农户的自然资源依赖度呈负相关的关系，即农户收入多样化程度的增加有助于降低其资源依赖度，从而缓和保护与发展的矛盾。收入多样化同农户家庭年收入呈正相关的关系，及农户家庭年收入的多样化有助于提高其家庭年收入。

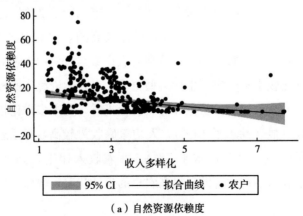

（a）自然资源依赖度

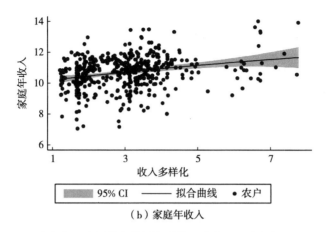

（b）家庭年收入

图 8-5 农户收入多样化指数同自然资源依赖度、家庭年收入的关系

注：CI 为置信区间。

8.2.3 收入多样化可以减少自然资源依赖吗：基于分位数模型的估计

8.2.3.1 变量选择及假设

本节建立实证模型检验收入多样化对农户自然资源依赖度的影响。本研究选择收入维度的自然依赖度，即农户林业、采集业收入在农户总收入中的份额。农户的资源利用决策受一系列因素的影响，包括资源因素、个人因素、经济因素以及林业生产面临的约束（Godoy 等，2000；Vedeld 等，2004；Uberhuaga 等，2012）。本研究选取的影响森林利用的变量及研究假设见表 8-4。

表 8-4 变量选择及研究假设

变量名	预期方向	假设依据
收入多样化指数	—	农户在不同生计活动上的时间和劳动分配的总数是固定的（Vedeld 等，2004），我们假设收入多样化指数和资源利用呈反比关系
户主年龄（岁）	—	年轻的农户更可能从事体力消耗高的林业及采集业活动（Godoy 等，2000；Mamo 等，2007）
户主受教育年限（年）	—	受教育程度较高的农户拥有更多的就业机会，因此更可能较少地从事回报低的资源采伐活动（Gunatilake，1998）

（续）

变量名	预期方向	假设依据
户主身体状况（疾病＝1）	＋	身体健康状况较差的农户更难获得非农就业机会（侯风云，2004），从而更有可能从事资源采集活动
劳动力人数	＋	劳动力更多的家庭更有可能从事劳动密集型的资源采集活动（Mamo 等，2007）
林地面积（100 亩）	＋	较大面积的林地更容易实现规模经济，提高林业经营效益（Uberhuaga 等，2012）
公益林面积比重		由于公益林禁伐，因此拥有较多的公益林影响农户的林业经营积极性（朱喜等，2010）
林地坡度（陡峭＝1）		由于陡峭的林地经营成本更高从而影响农户的营林积极性（叶剑平等，2006）
交通状况（不便利＝1）	－	较差的交通状况影响农户的成本，从而影响农户资源采伐积极性（Heltberg 等，2000）

8.2.3.2　模型设定和方法选择

为了验证上述理论判断，本研究建立收入多样化对资源依赖影响的 Tobit 模型，具体形式如下：

$$\ln(Y_i)=\alpha+\beta Dindex+\gamma S_i+\delta F_i+\varepsilon \qquad (8-2)$$

式中，Y_i 代表农户 i 的自然资源依赖度；$Dindex$ 代表收入多样化指数；S_i 代表农户的社会经济学变量，包括户主年龄、户主受教育年限、户主身体状况、劳动力人数；F_i 代表林业特征变量，包括林地面积、公益林面积比重、林地坡度、交通状况；ε 是残差项。

本研究因变量为资源采集（林业＋野生植物采集业）收入占家庭总收入的比重，存在零值观察数据，即受限因变量中的删失数据（censoring data）。因变量不再满足正态分布假定，用普通最小二乘法估计会导致偏误。解决删失数据的一种方法是 Tobin（1958）提出的删失回归模型，即 Tobit 模型；另一种方法是将删失数据看作一个样本选择过程，通过两阶段估计中的选择方程来修正样本选择偏误，进而估计回归模型（Heckman，1979）。Linders 等（2006）通过蒙特卡罗模拟的方法证明 Heckman 模型更适合处理大量零值观测数据，这并不符合本研究情况。此外，由于资源采集收入出现在回归模型的两侧（即资源依赖度和收入多样化指数 $Dindex$），将会导致内生性的问题。因此本研究选取 Heckman 模型对方程式（8-2）进行估计，第一阶段估计对自然资源采集参与度的影响，第二阶段估计对自然资源依赖度的影响。

为了分析收入多样化对最低收入 20% 和最高收入 20% 农户的影响，我们引入了分位数回归的方法。分位数回归模型是一个包含了更多信息的实证分析方法，它提供了一个更加细致的视角检验变量间的随机关系（Koenker 和 Bassett，1978）。研究人员可以估计条件分布中希望估计的任何一个点。不同分位数中有着不同的系数估计值，表明了普通最小二乘回归不足以解释我们感兴趣的变量间的潜在关系。现实中，相比较中等收入的农户，政策制定者更关心贫困农户的状态，因此本研究通过分位数回归方法来判断收入多样化对不同收入群体（最贫困 20% 和最富裕 20%）自然资源依赖度的影响。

8.2.3.3 估计结果：Heckman 模型和分位数模型

模型回归结果见表 8-5。从 Heckman 模型结果可以看出，收入多样化指数对农户的自然资源依赖度有显著影响（5% 显著性水平）。在控制其他变量后，当收入多样化指数增加 10%，农户的自然资源依赖度减少 6%，表明了收入多样化会减轻农户对自然资源的依赖。从分位数回归模型结果可看出，收入多样化指数在 20% 分位数的系数为 -0.012，表明了收入多样化可以显著减少贫困农户的自然资源依赖度。值得注意的是，对于 80% 分位数，收入多样化系数并不显著，且方向为正，表明了对于富裕的农户而言，收入多样化不能减少其资源依赖。进一步分析发现，该群体在农村属于"能人"[1]，具备灵活的头脑和良好的人际关系，同时具备高林业收入[2]以及收入多样化的特点。

---

[1] 该阶层具有年轻化（该阶层的户主年龄小于全体户主平均年龄 1~3 岁），受教育程度较高（该阶层户主受教育年限大于全体户主平均受教育年限 0.5~1 年），村干部成员较多（该阶层村干部的比例大于平均村干部比例 3%~7%）的特点。

[2] 该群体通过流转或转租他人林地扩大自身林业经营面积（该群体户均林地面积为 57.00 亩，高于全体农户平均林地面积 36.78 亩）以及凭借自己良好的人脉关系较容易申请到采伐指标（该阶层认为申请采伐指标困难的农户比例小于全体农户认知 13%）从而获得较高的林业收入。

表 8-5　收入多样化对自然资源依赖度影响的回归结果

因变量：资源依赖度	Heckman 模型		分位数模型	
	选择方程	依赖度方程	0.2 分位数	0.8 分位数
收入多样化指数	−0.001	−0.006**	−0.012***	0.003
	(−0.012)	(−0.032)	(−0.046)	(−0.046)
社会人口学变量				
户主年龄（岁）	0.005	0.011*	−0.0026**	−0.012
	(0.001)	(0.002)	(−0.004)	(−0.026)
户主受教育年限（年）	−0.007*	−0.024**	−0.057**	−0.015*
	(−0.012)	(−0.002)	(−0.008)	(−0.098)
户主身体状况（疾病＝1）	0.028	0.088*	0.134**	0.043
	(−0.014)	(−0.033)	(−0.072)	(−0.087)
劳动力人数（个）	0.006	0.012	0.017	0.033
	(0.045)	(0.009)	(−0.019)	(−0.019)
林业特征变量				
林地面积（100 亩）	0.032*	0.012	0.002	0.006
	(−0.055)	(−0.002)	(−0.001)	(−0.015)
公益林比重	−0.004	−0.0214	−0.016	−0.012
	(−0.042)	(−0.018)	(−0.026)	(−0.073)
林地坡度（陡峭＝1）	−0.012*	−0.015**	−0.111	−0.215*
	(−0.063)	(−0.023)	(−0.045)	(−0.085)
交通状况（方便＝1）	−0.034*	−0.019**	−0.072	−0.123*
	(−0.056)	(−0.021)	(−0.172)	(−0.084)
常数项	0.214***	0.311***	0.352***	0.732***
	(−0.213)	(−0.346)	(−0.018)	(−0.237)

注：*、**、*** 分别表示显著性水平 10%、5%、1%。
括号内数值为标准差。

　　其他变量的系数方向也基本符合预期，户主年龄较大，受教育程度较低，身体状况较差，劳动力越多的家庭更容易依赖自然资源。林地面积越大，公益林比重越小，林地质量越高的家庭越容易依赖自然资源。对于80%分位数而言，林地坡度和交通状况的系数大于20%分位数，表明了林地约束对于富裕的农户影响更大。

8.2.4　结论

本研究通过 Heckman 模型和分位数回归模型分析了农户收入多样化特征，以及收入多样化对于森林资源依赖的影响，结果表明，①研究区域多数农户拥有三种或四种生计来源，占到了全部农户的 69%，农户最主要的生计模式为：种植＋养殖＋务工＋补贴，占到了全部农户的 19%，且外出务工在研究区域农户家庭生计中已非常普遍，特别是绝大多数的年轻人都在外务工。②收入多样化同农户的自然资源依赖度呈负相关的关系，即农户收入多样化程度的增加有助于降低其资源依赖度，从而缓和保护与发展的矛盾。收入多样化同农户家庭收入呈正相关的关系，及农户家庭收入的多样化有助于提高其家庭收入。③研究区域收入多样化的提高可以有效缓解农户对森林的依赖（特别是对贫困的 20% 人口，对富裕的 20% 人口则不然），随着收入多样化系数提高一个单位，研究区域农户林业收入比重降低 6%，而贫困农户林业依赖度减少 12%。因此，收入的多样性不仅可以提高贫穷农户的经济收入，降低林业收入的风险，同时有助于其降低对林业的依赖程度。

收入来源包括种植业收入、养殖业收入、外出务工收入、个体经营收入、工资性收入、补贴性收入和其他收入。一方面政府可以实施技术及资金支持项目鼓励农户开展种植、养殖业活动；另一方面政府应积极引导地区富余劳动力进城务工，通过劳务输出等措施，消化林区部分劳动力，缓解森林资源保护压力，提高地区森林资源质量。对于富有的农户，尽管其对林业依赖程度较低，却拥有绝对值最高的林业收入，收入的多样性并不能有效减少其对森林资源的采伐，更为公平的采伐指标分配可能作用更明显。此外，农户的过度非农化会进一步割裂农户和林地、农村的关系，并不利于林业的长远发展，我们应谨慎看待收入多样化和非农化对农户森林依赖的影响。

8.3　农户生计策略Ⅲ：劳动力转移

农村人口的非农化和向城市的转移，是当前中国农村的一个显著特征，也是农户增加家庭收入，减少生计风险的重要策略。农村人口是森林砍伐的主要因素，农村人口迁移到城市和城市化的趋势对自然环境保护产生多重影响（Izquierdo 等，2011），因此要重视劳动力转移对劳动生产方式以及由此带来的对森林资源的影响。有观点认为农村人口的快速增长是导致环境退化的最主要原因，而劳动力的转移带来农户家庭生计决策的转变，进而影响着当地资源和环境的变化。一方面，劳动力转移后所带来的"资金回流"产生的替代效应会降低农户对农林业生产的依赖；另一方面，由于劳动力转移所带来的劳动力紧缺等使得农户进行农林业生产的成本提高。当农户继续进行农林业生产的边际成本高于其边际收益时，农户便会转向非农产业。劳动力转移将对农户的生产决策以及当地环境产生怎样的影响是本节的研究内容。

8.3.1　分析框架

农村劳动力的大规模向外转移是中国过去 30 年经济发展的重要特征之一。劳动力资源的重新配置对推动中国经济增长、提高农户收入等具有显著作用。关于劳动力转移对林业影响的研究已引起很多人的重视。有学者认为劳动力转移导致农户对环境资源依赖降低，从而造成环境退化（Bilsborrow，2002；Jepson，2005）。如 Bilsborrow（2002）通过研究 20 世纪末发展中国家农村人口迁移和环境的关系，发现劳动力转移导致当地环境的恶化；Jepson（2005）在研究南美洲森林的案例中发现，由于人口迁移带来劳动力不足，导致当地农户使用更多化肥、农药，导致当地环境退化。也有学者认为劳动力转移客观上起到抑制人口增长的作用，缓和人地矛盾，有利于森林资源保护（Aide 和 Grau，2004；Mather 和 Needle，1998；Izquierdo 等，2011）。如 Aide 和 Grau（2004）认为农村劳动力的外移促使农户放弃土地，减少森林采伐率，有利于社区周边的森林恢复和生物多样性保护；Mather 和 Needle（1998）等认为随着社会经济发展、工业化和城镇化，环境恢复将会加快；Izquierdo 等（2011）通过对阿根廷 1970—2006 年相关数据的分析得出：和非转移组相比，农村劳动力的转移导致森林采伐量减少了24%，因此农村人口向城镇的转移对保护环境发挥了关键作用。

上述研究为本研究提供了很好的基础，然而仍存在一些不足需要改进和进一步探讨。第一，上述研究主要是由横截面数据比较得出，结论的稳健性需要进一步推敲。准确地检验劳动力转移对林业生产的影响应该比较同一家庭转移前及转移后的生产情况,而不是直接比较转移户与非转移户的生产情况。本节通过面板数据固定效应估计可以尽可能地避免因变量无法测量而导致的遗漏变量偏误。第二,上述研究并没有考虑到不同性别劳动力外移过程中对林业资源利用的影响。在当前的制度下劳动力的转移呈现出"男多女少,壮年优先"的趋势。根据第二次全国农业普查的结果,2006 年末农村外出就业劳动力中男劳动力 0.84 亿人,占比达 64%,而从年龄结构上看,21~50 岁的占 78.8%,其余的占 21.2%。随着优质劳动力的向外转移,农村的留守人口结构不再具有其原始的状态。样本选择性转移后,女人、老人和儿童成为农村的主要居民,成为林业的主要生产者。劳动力间的这种"替代关系"对林业影响如何?目前的研究对此方面知之甚少。本研究分别研究男性劳动力和女性劳动力的转移对中国林业资源生产的影响,以弥补当前研究的不足。第三,和上述研究仅分析劳动力转移对林业投入或森林采伐的影响不同,本研究综合分析了劳动力转移对农户的林业退出决策(不经营农林业)以及林业投入决策,从而更全面地判断劳动力转移对农户林业生产行为的影响,进而推断出对研究区域资源保护和可持续的影响。

本节的研究目的是判断研究区域农村劳动力转移对家庭林业生产的影响,本节检验了三个问题:①劳动力转移对农户的林业退出决策影响如何;②劳动力转移对农户的林业经营行为影响如何;③男性劳动力和女性劳动力转移对农户的林业生产行为影响如何。

8.3.2 劳动力转移特征

8.3.2.1 转移人口特征:男士优先,壮年优先

中国实行改革开放以来,特别是 20 世纪 90 年代以后,工业化和城市化进程发展迅速,农村劳动力开始大范围向城市涌入(刘秀梅、田维明等,2005)。我国第六次人口普查的结果显示,我国 2010 年有近 2.2 亿人口发生迁移,其中有 80% 以上都是农村人口。

图 8-6 和图 8-7 分别从总体和性别方面,对 2014 年农村留守居民的特征进行了描述。从图中可以发现,在研究区域,劳动力的流动存在着"男

性优先，壮年优先"的趋势。在图8-6中，与其他年龄段相比，未满17岁的外出人口所占的比例有逐渐上升的趋势。在21~54岁的人口中，外出人口所占的比例达到了20%以上。在20~35岁年龄段中，外出人口也在随着年龄的增长而不断增加，在36岁达到了48%的最高值，也就是说在该年龄段中，约有48%的外出务工人员。在之后的年龄段中，外出人口的比例呈现出下降的状态，到60岁这一年龄段时，外出人口占比保持在10%左右，这与老年人丧失劳动能力较难找到非农工作有关。

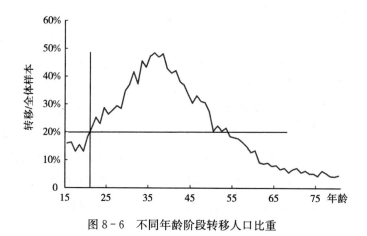

图8-6 不同年龄阶段转移人口比重

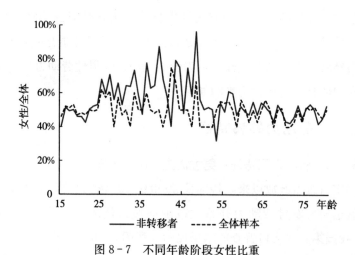

图8-7 不同年龄阶段女性比重

由图8-7中可以看出非转移人口和全体样本中女性群体的组成和变化。可以发现，在25岁以前和57岁以后，女性在非转移人口和全体人员中所占的比例没有显著变化，波动幅度不超过 50%。这也说明在 0～25 和 57 岁以后这两个年龄段中，留守人员并未受到劳动力流动的显著影响。在 25～57 岁这一年龄段中，女性在留守人员中所占的比例要明显高过女性在总人口中所占的比例，劳动力的流动使得农村中出现了"女性化"的趋势。

因为劳动力不断流失，留守人口的组成结构也不同于原始的状态。在人口选择性转移之后，老人、妇女和孩子成为农村中的主要构成者和劳动力。农村劳动力的外出转移，尤其是这种以妇女、老人、孩子为主的劳动力对林业会带来怎样的作用，将会是本节研究的重点。

8.3.2.2　转移户与非转移户的特征差异

劳动力转移户同非转移户的特征差异见表 8-6。资源禀赋变量中，转移的农户人均耕地面积（1.61 亩）少于未转移农户（2.75 亩），且差异显著（$P<0.05$）。耕地面积的不断增加制约家庭成员参与到非农工作。另外，较大的耕地面积对劳动力的需求较大，也就降低了劳动力转移的概率。人均林地面积差异不显著，未发生转移的家庭人均面积为 9.52 亩，发生转移的家庭人均面积为 8.53 亩。从经济变量的变化来看，农业和林业收入在转移户和未转移的农户中差别都不太显著，在转移户中农林业收入要低于非转移户（4.10<4.54），但是相对收入要高过非转移户（1.16>0.99），在 10% 的显著性水平上有差异。

表 8-6　转移户与非转移户的特征差异

变量	未转移		转移		均值比较（F 值[a]）
	均值	标准差	均值	标准差	
资源禀赋变量					
人均耕地面积（亩）	2.75	0.89	1.61	0.92	5.54**
人均林地面积（亩）	9.52	6.04	8.53	4.93	1.02
经济变量					
农林业收入对数[b]	4.54	3.98	4.10	3.98	0.92
相对收入[c]	0.99	0.81	1.16	0.90	3.35*
社会人口学变量					
性别（男性=1）	0.39	0.49	0.68	0.47	28.73***

（续）

变量	未转移		转移		均值比较 （F 值[a]）
	均值	标准差	均值	标准差	
年龄（岁）	48.18	12.03	36.28	11.09	81.43***
受教育年限（年）	7.28	3.43	9.19	2.77	28.70***
健康状况（疾病＝1）	0.06	0.25	0.01	0.11	5.61**
上学孩子个数（个）	0.31	0.61	0.63	0.72	18.19***

注：*、**、*** 分别代表显著性水平10％、5％、1％。
[a] 单因素方差分析。
[b] 农林业收入包括农户种植业收入、养殖业收入和林业收入。
[c] 相对收入＝该农户人均收入/该村人均收入。

　　社会学变量在转移户与非转移户中差异显著，发生劳动力转移的农村家庭中男性较多，男性占比达到了 68％，而未发生转移的农村家庭中男性占比仅为 39％。转移户平均年龄为 36.28 岁，显著低于非转移户的平均年龄48.18 岁。转移户的文化水平较高（9.19＞7.28），健康状况较好，有疾病的仅占 1％，低于非转移户的 6％。入学孩子个数差异显著，表明转移户中的教育投入要高于未转移的家庭（0.63＞0.31）。唐震和张玉洁（2009）也得到了类似的结论，通过调查研究南京市的外来打工人员，利用二元 Logis-tic 模型对可能导致劳动力外出务工的原因进行了研究分析，得出：孩子的教育问题是影响农民选择搬迁的重要原因，有到了入学年龄孩子的农户会更多选择家庭搬迁。

8.3.3　劳动力转移对环境的影响：基于面板模型的固定效应估计

8.3.3.1　方法选择

　　在非试验的状态下，计量模型中的难点是如何控制样本的选择性偏差。在本研究中，研究对象的内生选择变量（如劳动力转移）很可能会受其家庭生产条件的影响。样本农户对自身的生产条件和改变有充分的认识，而这是经济学家们所观察不到的。因此研究对象的内生选择变量是由非观测因素所造成的。这种情况下，内生变量会与回归分析中的误差相关，导致结果的偏差。假定无法观测的因素是非时变变量，可以通过固定效应（FE）方法进行估计。该方法的好处是能够控制干扰估计结果的、没被观察到的固定效应。不足是可能会影响相关变量，从而削弱识别这些影响的能力。还有一种使用较为广泛的方法为两阶段最小二乘法（2SLS）或工具变量法（IV）。然而找到科学有效的工具变量较难，对这一方法的有效性产生约束。此外，即使工具变量是相关的，且能够有效排除模型约束，在回归分析中，如果所关注的内生解释变量实际上与误差项不存在相关关系，那么工具变量法就不如最小二乘法（Pender，2005）。

本次调查研究涵盖了所有农村家庭 2009 年和 2014 年的农户家庭特征、生产、收入等信息，形成了较为完整的数据集。在研究过程中使用能够对遗漏的变量进行控制的非观测效应数据模型来估算劳动力转移对农林业生产带来的影响。该模型如下所示：

$$y_{it} = c_0 + \beta T_{it} + Z_{it}\gamma + X_{it}\delta + \alpha_i + \varepsilon_{it} \qquad (8-3)$$

式中，i 表示的是农户；t 表示的是不同的时期；y_{it} 代表的是农户的生产决策；T_{it} 表示农户的转移特点；Z_{it} 为一系列跟随时间不断变化的能够观测到的控制变量，如家庭人口数、劳动力人数、土地面积和时间虚拟变量等；X_{it} 为一组与时间变化无关的控制变量，如户主性别、年龄等；α_i 表示的是个体特殊效应，体现的是不同个体之间的差别；ε_{it} 为扰动项，表示农户因时间变化而产生的非观测扰动因素；c_0 和 β 为待估的参数，β 衡量了劳动力转移对 y_{it} 的作用；γ 和 δ 为待估参数矩阵，衡量了控制变量对 y_{it} 的作用。

估计上述模型的方法，主要包括随机效应模型与固定效应模型两种。在固定效应模型中，假设 α_i 是不变的常数，而在随机效应模型中，α_i 是随机的。由于随机效应模型中对不可观测的 α_i 与 T_{it}、Z_{it}、X_{it} 相互之间的关系给出了很强的假设，因此我们选用固定效应模型。在固定效应模型的假定中，α_i 与 T_{it}、Z_{it}、X_{it} 之间可以有任意相关关系。由于固定效应估计是基于除时间均值变量的混合 OLS 估计，即组内估计，γ 值无法被识别出，除非假定那些不随时间变化的变量在不同时期对需要解释因素的影响也不同。但如果我们不是特别关注 γ 值，则可以忽略这一问题。事实上，本研究同时利用随机效应模型对公式（8-3）进行了估算，Haustman 检验证明固定效应模型效果更好。

8.3.3.2 模型设定

首先,我们分析劳动力转移对农户林业退出决策的影响。随着劳动力转移程度的加深,一方面劳动力转移带来的"资金回流"将减少农户对林业的依赖;另一方面劳动力转移导致的劳动力不足将会增加林业生产的成本。在农户从事林业生产活动的边际成本高于边际收益时,农户便会退出林业生产,转向其他生计选择。所建立的模型如下所示:

$$y_{it}(quit=1)=c_0+\beta T_{it}+Z_{it}\gamma+\varepsilon_{it} \tag{8-4}$$

式中,y_{it} 为我们关注的 t 时间内 i 农户决定是否退出林业,如果农户决定放弃,那么 p 值为 1,若农户继续生产,p 则为 0。T_{it} 是一个家庭劳动力转移人数,还可以分为男性转移和女性转移。β 代表的是劳动力转移对农户"退出"决策的影响。以往研究表明,不同年龄段外出务工对家庭的影响并不相同。我们通过 Age_dummy 来表示不同年龄段的转移劳动力。根据农林业生产的现实,将 30~45 岁之间的农户称为壮年,赋值 Age_dummy 为 1,其他的赋值 Age_dummy 为 0。控制变量包括户主年龄、年龄平方、户主受教育年限、家庭人口数、劳动力数量、家庭收入、林地面积、林地细碎化程度等,具体见表 8-7 模型 A~C。

表 8-7 劳动力转移对林业退出决策的影响回归结果

	放弃林业（是＝1）			林地流转率（是＝1）		
	模型 A	模型 B	模型 C	模型 D	模型 E	模型 F
转移特征变量						
转移人数（人）	0.062***			0.013**		
	(0.134)			(0.231)		
男性转移人数（人）		0.027*			0.005	
		(0.097)			(0.123)	
女性转移人数（人）		0.083**			0.024	
		(0.163)			(0.292)	
男性转移人数×Age_dummy[a]			0.029*			0.005
			(0.052)			(0.218)
女性转移人数×Age_dummy[a]			0.113**			0.029**
			(0.156)			(0.543)

（续）

	放弃林业（是＝1）			林地流转率（是＝1）		
	模型 A	模型 B	模型 C	模型 D	模型 E	模型 F
控制变量						
固定效应	是	是	是	是	是	是
年份	是	是	是	是	是	是
区域	是	是	是	是	是	是
其他[b]	是	是	是	是	是	是

注：＊、＊＊、＊＊＊分别表示显著性水平10%、5%、1%。

[a] Age_dummy 是年龄虚拟变量，当劳动力年龄为30~45岁时等于1，劳动力年龄小于30或大于45岁时等于0。

[b] 其他控制变量包括户主年龄、受教育年限、家庭人口数、劳动力人数、家庭收入、农地面积、林地面积。

当然，劳动力的向外转移并不是必然会引起农户退出林业，农户也可能通过转出林地，逐步减少林业投入，来达到自身利益最大化（Kung，2002）。为此，我们研究了劳动力转移对农户林地转出率的影响，结果见表8-7模型D~F。模型设定如下：

$$y_{it}(landout = 1) = c_0 + \beta T_{it} + Z_{it}\gamma + \varepsilon_{it} \qquad (8-5)$$

式中，因变量 y_{it}（流转率＝1）代表农户土地净转出率（即农户净转出土地占其经营面积之比），即：

$$y_{it}（流转率＝1）= \frac{（转出面积－转入面积）}{林地总面积} \qquad (8-6)$$

我们进一步分析劳动力转移对农户林业生产的影响。建立模型如下：

$$\log(y_{it}) = c_0 + \beta T_{it} + Z_{it}\gamma + \varepsilon_{it} \qquad (8-7)$$

式中，$\log(y_{it})$ 表示农户的林业生产决策，分别为林业资本投入（模型G~D），林业劳动力投入（模型J~L）和林业收入（模型M~O）（表8-8）。

8.3.3.3 估计结果

从模型A的结果看，家庭外出劳动力每增加1人，使得农户从林业退出的概率增加6.2%，表明家庭劳动力外出转移的确对农户的林业退出决策产生影响。从模型B的结果看，男、女劳动力的向外转移均可能引起农户退出林业生产，男性外出劳动力增加1人会使得农户退出林业的概率增加2.7%，女性外出劳动力增加1人会使得农户退出林业的概率增加8.3%。而

表 8-8 劳动力转移对林业生产的影响

项目	林业资本投入 (log)			林业劳动力投入 (log)			林业收入		
	模型 G	模型 H	模型 I	模型 J	模型 K	模型 L	模型 M	模型 N	模型 O
转移特征变量									
转移人数（人）	-0.011 (-0.032)			-0.134*** (-0.234)			-0.084** (-0.124)		
男性转移人数（人）		-0.013 (-0.032)			-0.113** (-0.324)			-0.082** (-0.187)	
女性转移人数（人）		-0.010 (-0.234)			-0.150*** (-0.339)			-0.092** (-0.128)	
男性转移人数×Age_dummy[a]			-0.002 (-0.032)			-0.141** (-0.233)			-0.098** (-0.213)
女性转移人数×Age_dummy[a]			-0.021* (-0.322)			-0.267*** (-0.543)			-0.122** (-0.120)
控制变量									
固定效应	是	是	是	是	是	是	是	是	是
年份	是	是	是	是	是	是	是	是	是
区域	是	是	是	是	是	是	是	是	是
其他[b]	是	是	是	是	是	是	是	是	是
N									

注：*、**、***分别表示显著性水平 10%、5%、1%。

[a] Age_dummy 是年龄虚拟变量，当劳动力年龄为 30~45 岁时等于 1，劳动力年龄小于 30 或大于 45 岁时等于 0。

[b] 其他控制变量包括户主年龄、受教育年限、家庭人口数、劳动力人数、家庭收入、农地面积、林地面积。

从模型 C 可以发现壮年女性的外出则会使得这种影响进一步加大，壮年外出女性增加 1 人会使得农户退出农业的概率增加 11.3%，这主要是因为 30～45 岁的女性无论在家庭中还是林业生产中均处于支柱地位，她们外出打工一方面意味着农户家庭的就业重心向外转移；而另一方面使得从事林业生产的可用时间减少，在这两方面的作用下农户对林业的依存度下降，在达到一定程度时便彻底退出林业。

在当前中国农村，男性劳动力转移后，主要由女性来从事林业生产，壮年女性成为林业生产的主力军（钱忠好，2008）。因此壮年女性的向外转移意味着农户家庭林业劳动力投入的减少，在此情况下，女性的进一步转移势必会促使农户家庭进行生产调整，减少林地。总的来看，劳动力转移会提高农户的林地转出率，但影响并不大（模型 D），这与当前中国农地流转的现状相吻合（叶剑平等，2006；钱忠好，2008）。我们也同样考虑了转移类型的影响，研究结果见模型 E 和 F。回归结果显示，将男性劳动力和女性劳动力的转移纳入回归方程后，原有的结果基本保持不变。

模型 G～I 给出了劳动力转移特征对家庭林业资本投入的影响。结果可以看出，劳动力的外出对农户林业资本投入的影响十分微弱，且并不显著。有研究表明劳动力转移会增加农户的林业投入。通常认为劳动力转移对资本投入有两方面的影响：第一，劳动力转移后所带来的资金回流可以增加农户家庭财富，降低其面临的资本约束；第二，劳动力外出后会降低农户在林业上的劳动力供给，在林地面积保持不变的条件下客观上要求农户增加资本投入，由此表现出资本-劳动的替代关系。当前的众多研究发现，在当前的林业生产中，农户的资本约束基本不存在（朱喜、史清华和李锐，2010；刘承芳、张林秀和樊胜根，2002），农户获得的资金回流主要用于建造房屋等耐用消费品（de Brauw 等，2008），因此第一条路径并不存在。对第二条路径，从实际情况看，中国农村人均林地面积较小，样本省份农户的户均林地面积为 9.29 亩。所以劳动-资本的替代效应也并不存在。因此，上述两方面的共同作用会使得劳动力的转移并未对农户的资本投入产生显著影响。

模型 J～L 给出了劳动力转移对家庭林业劳动力投入的影响。结果表明，劳动力的外出显著影响林业劳动力的投入，外出劳动力每增加 1 人，林业劳动力投入减少 13.4%。林业经营是一项耗时耗力的活动。由于劳动力倾向分配到生产力更高的收入来源，非农程度较高的家庭由于面临更高的森林资源收集的机会成本，从而可能更少地投入到林业生产活动中。特别地，模型 L 显示，女性壮年劳动力转移对林业劳动力投入的影响是男性壮年劳动力转移的两倍（$\beta = -0.141$，$P < 0.05$；$\beta = -0.267$，$P < 0.01$）。在当前农村，男性转移后，家中的林业经营活动将主要由女性尤其是壮年女性来经营，同时这部分女性还肩负着抚养儿童、赡养老人的重任。因此，当壮年女性劳动力转移后，林业将逐渐转由老人和儿童来经营。因此，相比男性劳动力，壮年女性劳动力的转移会对林业经营产生更大的负面影响。

模型 M~O 给出了劳动力转移对家庭林业收入的影响。结果表明，家庭劳动力转移显著减少了农户的林业收入，家庭劳动力每增加 1 人，家庭林业收入减少 8.4%。模型 N 显示，男、女性外出劳动力均可引起家庭林业收入的减少，其中男性外出劳动力每增加 1 人，家庭林业收入减少 8.2%，女性外出劳动力每增加 1 人，家庭林业收入减少 9.2%。模型 O 显示，壮年劳动力的外出进一步扩大对林业收入的影响。男性壮年劳动力每增加 1 人，家庭林业收入减少 9.8%，女性壮年劳动力每增加 1 人，家庭林业收入减少 12.2%。

8.3.4 结论

农村劳动力的大规模向外转移是中国过去几十年经济发展的重要特征之一。劳动力资源的重新配置对推动中国经济增长、提高农户收入等具有显著作用，但劳动力转移对农业生产影响的研究并不多见。本节基于 7 个省的面板数据，研究了劳动力转移对农户农业生产决策及投入的影响，研究发现：第一，男性劳动力和壮年女性（30~45 岁）劳动力的转移会使农户退出农业的概率提高，农地流出率增大。第二，劳动力转移对农业资本投入没有显著影响，然而对农业的劳动力投入和农业收入存在显著负面影响。表明劳动力转移减轻了农户对林业资源的依赖，有利于森林资源的保护和林业的可持续性。

从研究结论看，在当前的政策制度下劳动力转移有利于减少农户对农林业资源的投入，有助于降低农户对传统农业和自然资源的依赖度，从而有利于资源环境的保护和可持续性。将农村劳动力从农业中解放出来是未来中国经济进一步发展的关键。为了实现这一目标，就要求政府对当前限制农村劳动力转移的政策和制度等作出相应调整，进一步释放农业劳动力的生产积极性。从长远角度看，需要中国对土地制度进行改革，促进土地流转，使更多的农村劳动力可以从农业生产中解放出来实现向外转移，从而实现经济的顺利转型，促进经济的快速发展。

9 自然保护区管理与农户
生计关系的反思

9.1 资源依赖与资本可获性：脆弱性生计

由于自然保护区多数分布在边远的山区农村，农户对森林产品依赖度较高。依赖自然资源的生计策略包括薪柴、药材、植物、食物、牲畜饲料、建筑材料的收集（De Boer 和 Baquette，1998；Berkes，2007）。自然资源可以维持农户生计，提供更好生计水平的机会，或者提供抵御风险的能力（Scoones，1998；Ellis，2000）。尽管自然保护区内的农户或者由于保护政策干预导致的资源利用约束，或者因为社会经济变革下生计策略的转变，对自然资源的依赖呈下降趋势，但研究区域农户一定程度上仍然依赖自然资源维持或保证家庭生计水平。特别是贫困农户对自然资源依赖依然非常高，自然保护区内贫困农户能源消费中薪柴比例高达 51.80%，用于自然资源采集时间占家庭全部劳动时间的 21.12%，来自自然资源的收益占家庭收入的比例高达 23.51%。

然而，对自然资源依赖度较高的农户通常家庭财富水平较低，增收能力较差。同时农户对自然资源的高度依赖一方面对生态保护产生直接影响，如木材的大量砍伐造成野生动物栖息地的破坏和水土流失。挖药和山野菜可能对野生动物活动造成干扰。另一方面自然资源高度依赖对生态保护产生间接影响，研究区域的调研数据证明了农户的资源依赖度同其保护态度负相关，资源依赖度越高，农户的保护态度越消极。因此，从长期来看，减缓自然保护区周边农户对自然资源的依赖是实现保护与发展协调的关键。然而在目前农村的发展水平和发展阶段，以土地为基础的自然资本仍然是农户赖以生存的基础，自然保护区的设立削弱了农户的自然资本，必然不利于自然保护区内农户的生计发展。农户对自然资源的利用有着历史和现实两方面的原因，不考虑农户生计的严格意义上的保护只会让自然保护区和社区的矛盾更加剧烈。

从自然保护区管理条例来看，我国自然保护区根据保护重要性的差异实行分区管理，不同区域保护级别不同。然而由于自然保护区内实施天然林保护工程和生态公益林工程，因此通常整个自然保护区范围内资源利用都是有约束的，导致了农户自然资本的不可获得性。自然保护区对农户资源利用的约束包括木材采伐、薪柴采集、放牧、野生植物采集的限制。自然保护区内资源利用约束一定程度上有利于生态和生物多样性保护，约束强的自然保护区在减少森林退化方面表现更佳。然而，资源约束同样对农户生计造成一定影响，增加了农户生计水平的脆弱性。首先，资源采集约束减少了农户的收入来源。此外，资源采集的约束影响了农户的就业。其次，资源利用约束如果没有有效执行，还可能导致农户非法采集活动的增加，从而增加自然保护区与农户冲突的风险。最后，自然保护区内资源的严格约束也会导致自然保护区外农户更多的短视行为，即加大木材采伐和薪柴采集。

联系保护和发展的概念已导致保护管理发生了重大变化（Brandon，1992；IUCN，1998；Salafsky等，2000）。因此，亟须了解当地居民的生计需求和资源依赖度。中国有2 541个自然保护区，且主要分布在生态环境敏感、经济不发达的边远山区和农村，自然保护区的建立使得生活在自然保护区内的社区居民依赖自然资源的收入范围被迫缩小。随着自然保护区的建立及保护力度的加大，社区居民以采药、种植、伐木等直接依赖自然资源的传统生活方式受到制约，社区经济出现下滑，出现返贫现象。自然保护区内自然资源保护与社区经济发展的冲突成为不可回避的问题。自然保护区的建设离不开社区群众的支持和社区经济的发展，当自然保护区的发展考虑了当地社区群众的利益，并通过产业结构调整，改变传统的不合理的资源利用方式，才能有效减轻人为活动对自然资源的破坏，减轻自然保护区周边社区对自然资源的依赖度，最终达到自然保护区与社区协调发展（韩念勇，2000）。

9.2 "动物权"还是"人权"：谁来承担保护的成本

在现行法律规定之下，野生动植物是被当作人类的财产来看待的，这种财产的管理是为了生态环境的保护，其正当性依然取决于人类利益的需要和满足。一种流行的说法是，野生动植物保护是为了生态平衡或者保护环境，这本身就意味着人们意识到生态系统的重要性，或者意识到野生动植物具有内在价值。人类现在之所以要保护生物多样性资源及其赖以生存的生态系统，是因为人类还没有充分认识到赖以生存的自然资源对人类的可能利用潜在价值，避免这些资源在人类对之充分认识之前，在纯市场、商业或者因社会分配不均、发展不平衡等社会经济因素造成的贫困等因素的驱动下而灭绝，或使环境、自然生态系统形成不可逆转的退化。保护野生动植物，维持生态系统安全和生物多样性已得到了全社会的广泛认同。那么扩大保护范围、加大保护力度、提高保护级别似乎就变得理所当然。当全社会都高唱保护颂歌的时候，似乎很少有人真正关注：到底谁承受了保护的成本？

人类建立自然保护区后，最大可能地保护或者恢复区域生态系统，使区域生物多样性的数量有所增长至少不会锐减，那么资源的保护就成了自然保护区周边社区暂时贫困或者长久贫困的源头。一个连温饱都不能保证的人，是没有动力去保护动物的。人最大的利益就是生存。人在本质上是自然的产物，生存的权利与生俱来。由于自然保护区的建立，国家政策法规的限制，周边区域人们的生存资源及空间受到影响，农户的生存权必须予以考虑。

野生动植物保护具有典型的正外部性，当全社会受益的同时，自然保护区内的居民却承受了最多的保护成本。如果说野生动物的生存权同周边居民的生存权发生冲突，哪个权利更重要一些呢？当野生动物保护影响到甚至威胁农户生存权时，那么谁来为农户的损失买单？上述疑问并非危言耸听，事实上目前野生动物与自然保护区周边农户的庄稼、财产和人身安全冲突问题已非常严重，研究区域51.61%的农户面临着野生动物致害造成的损失。在自然保护区建立之前，农户可以狩猎野生动物来获得食物满足生计需求、出售皮毛等获得现金收入，同时可以通过威胁、干扰来避免野生动物对庄稼和人畜的破坏和攻击，保证家庭农业生产的稳定。而自然保护区建立以后，农户不能再对野生动物进行打猎。同时由于受到严格的保护，导致野生动物数量的快速提升，对人类的威胁日益加剧。研究区域自然保护区内农户由于野生动物致害频繁而弃耕的现象已非常普遍，农户辛苦耕种一年，可能一夜间庄稼就灰飞烟灭。甚至个别自然保护区出现了野生动物攻击人类导致重大伤亡的现象，农村劳动力是家庭最重要的生计资本，劳动力的损失对家庭的影响是致命的。

如果保护是为了人类的发展和整体繁荣，就不应该损害当地社区的利益。自然保护区周边的居民自古以来就过着靠山吃山、靠水吃水的生活。我们并不否认保护的重要性和意义。只是当我们在强调保护，关注保护效果的同时，不应该忽视自然保护区最重要的利益相关者——周边居民的生计需求和保护成本。据调查，尽管各地都出台了相应的野生动物肇事补偿办法，但往往流于形式，缺乏具体的补偿办法和补偿方案，实际上能获得补偿的农户极少。

野生动物致害只是自然保护区与社区冲突中的一种，实际上，包括耕地被占、木材采伐限制、野生植物采集限制等都是自然保护区对社区约束的表现。本研究结果表明承受较多保护成本的农户家庭更为贫困，其保护态度也更为消极。因此，自然保护区的保护工作不应该再忽视当地社区居民的利益。自然保护区在限制农户资源利用的同时应该给予其一定的补偿，并通过替代生计项目帮助农户提高生计水平。对于野生动物肇事补偿，应该制定切实有效的补偿办法，可通过与保险公司合作来实现补偿。

9.3 "贫困陷阱"还是"安全保障"：保护的影响

自然保护区对当地社区的社会经济影响是有争议的。批评者认为自然保护区限制了社区的发展机会，导致"贫困陷阱"（Brockington，2002；Schmidt－Soltau，2003；West 等，2006）。"贫困陷阱"是指贫穷的人由于拥有极少的资本而陷入贫困，并且人均资本随着时间变动而不断减少（Sachs，2006）。也有观点认为自然保护区同样可以通过吸引旅游业、促进基础设施发展或增加环境服务的经济收益来提高农户的生计水平。此外，自然保护区通过生态系统和生物多样性保护，有助于周边农户资源的长期受益，因此可为农户提供生计安全保障。那么在何种程度上，自然保护区导致了"贫困陷阱"，或者提供了"安全保障"？究竟是自然保护区导致了贫困，还是自然保护区多位于生态脆弱区，或者本身就是贫困地区？仍然没有统一的结论。

在贫困的状态下，保护生态的社会公德和政策法规在农民的生存压力面前往往苍白无力。此时的农民只重视短期直接经济利益，倾向于采取短期行为，而这种短期性与生态效益的滞后性之间存在着巨大的矛盾，从而造成生态破坏。但是，单纯地指责农民作为生态退化的始作俑者是不负责任的。因为这一现象的背后是市场机制的失灵。为了逃离贫困陷阱，内部的努力（当地居民的努力）和外部的帮助（资本投入、技能和教育的提高、有利的政策等）都是必要的。那么在现阶段下，评价自然保护区对农户财富的影响就非常必要。

本研究证明了自然保护区的确影响了农户的家庭财富。自然保护区对农户收入的影响主要是通过两个路径：第一，由于自然保护区内野生动物致害更加频繁，导致自然保护区内农户种植业收入降低；第二，由于自然保护区内木材采伐限制，导致区内农户林业收入降低。尽管自然保护区对农户给予了一定的生态补偿，但补偿金额远远低于农户的损失。然而值得注意的是，当我们通过混合效应模型控制了区域差异，自然保护区的设置导致了农户非农收入的提高（尽管不显著），表明了自然保护区的资源约束一定程度上推动了劳动力的非农化。特别是参与自然保护区的管理和培训显著提高了农户的非农收入。

非农收入在中国减贫过程中发挥了非常重要的作用（De Janvry 等，2005；World Bank，2009）。自然保护区的设置尽管约束了农户的自然资源收益，但同时随着社会经济的变革，农户本身对自然资源的依赖也呈下降趋势。因此，如果政府和自然保护区管理部门能够抓住社会发展的机遇，充分利用市场机制，促进农业生产结构的调整，促进非农就业，帮助农户实现收入的多元化，那么自然保护区的设置就不会是一个"贫困陷阱"，而是提供给农户一个可持续生计的"安全保障"。

9.4 可持续生计模式的选择：社会经济发展的机遇

在本研究区域，自然保护区周边农户呈现出比较明显的三种生计策略：资源依赖型（对传统农林业的高度依赖）、兼业型（呈现生计多样化的特征）、外出务工型（家庭收入以非农务工收入为主）三大类。

资源依赖型的农户呈现出家庭财富较低、与自然保护区冲突更明显的特征。因此自然保护区通过替代性生计项目来减缓农户的资源依赖是今后自然保护区社区工作的重点。然而，减缓农户的资源利用并不意味着制止农户的资源利用。建立自然保护区的首要目的是保护自然资源，但保护自然资源的最终目的仍然是为了有效地利用资源，资源适度利用有利于资源的可持续发展。因此，对农户资源利用的约束应该是缓慢的、渐进的、考虑农户生计的，此外保护只应该限制对自然资源的不合理利用方式及行为。现行的自然保护区资源管理的法律、法规，对自然保护区内所有的自然资源任何形式的利用都加以严格限制，就走向了另一个极端。

收入多样化是研究区域农户另一大生计策略。生计多样化策略作为生计发展中不可或缺的部分，是农村家庭出于生存需要对生计活动和社会支持能力进行多样化组合的过程。相较于收入来源单一的农户，收入来源丰富的农户在收入安全方面有着比较优势。收入多样化能确保农户收入增长和生活水平的提高，同时也降低了单一生计活动的脆弱性和风险。对自然保护区而言，导致劳动力配置多样化有两类基本的因素。其一，农林业劳动力的边际生产率低于非农部门，为了实现收入均等化，劳动由边际生产率较低的部门向边际生产率更高的部门配置；其二，自然保护区对农户资源利用的约束，导致了农户传统种植养殖业无法维持家庭生计，因此通过多样化的生计活动来增加家庭收入，减缓生计风险。本研究证明农户收入多样化有助于减缓自然资源依赖。收入来源更丰富的农户由于面临更高的资源采集机会成本，从而可能更少地投入到自然资源利用活动中。随着工业化、城镇化进程的加快，在政策、非农就业机会增加、农林业比较效益下降等的刺激下，大量农村劳动人口向非农产业转移，农户收入多样化成为发展中国家的一种普遍现象。自然保护区应该充分利用市场机制，通过劳动力培训、提供工作机会、开展发展项目等，促进农户收入多样化，提高农户的生计水平，逐步减缓其对自然资源的依赖。

农村人口的非农化和向城市的转移，是当前中国农村的一个显著特征，也是农户增加家庭收入，减少生计风险的重要策略。在研究区域，同样呈现出劳动力特别是青壮年劳动力大量外移的情况。目前中国非农就业转移非常高，农村90%以上的劳动力都在城市打工，农业生产只是为了保证家庭的基本口粮供给，家庭收益基本依赖非农收入，农户生计较传统农业生计发生较大转变。而农村人口是森林砍伐和农村环境破坏的主要因素，随着农村社会人口的变化，农村生产发展与环境的关系应不断调整。本研究证明了农户的劳动力外移，特别是男性劳动力和壮年女性劳动力的转移会减缓农户对森林资源的依赖。目前中国的城镇化水平已超过 60%，据测算中国农村劳动力向城镇转移的过程还将持续，因此农村劳动力向城镇地区转移将是今后相当长一段时间内中国发展的主旋律。因此自然保护区应该抓住社会经济发展的机遇，促进劳动力的转移，从而减缓农村人口对自然资源利用的压力。

9.5 保护政策的思考：主动保护与被动保护的关系

中国当下的保护政策属于传统保护模式，这种模式的特点是管理目标单一，管理体制僵化，它适合数量不多的重点自然保护区和人口压力不大、经济实力较强的国情条件。这种"抢救式"政策，注重的是自然保护区数量发展和自然保护区面积的扩大，但是自然保护区政策和管理手段没有跟上步伐，使许多自然保护区陷入了困境之中。"批而不建、建而不管、管而无力"便是当下一些自然保护区的现状。随着自然保护区数量的迅速增加，自然保护区域的目标和功能趋于多元化，应该逐渐发展参与合作型、参与型的可持续发展政策模式。

在过去的保护政策中，抢救式的保护更多地是将农户视为威胁者，而忽视了对农户行为背后成因的研究。农户是自然保护区周边社区的重要行为主体和基本决策单位，同时也是自然资源的利用者和生态保护的执行者。农户行为直接影响生物多样性保护的效果，在生物多样性保护中起着重要的作用。因此判断影响农户生计行为的因素，有利于保护管理者制定合理的保护政策，减少保护与发展的矛盾，确保资源可持续利用。

自然保护区和社区的关系就像跷跷板的两端，一方失衡必然影响另一方。为了摆脱"生态系统退化-贫困陷阱"，考虑农户生计的保护政策越来越受到欢迎，如环境服务支付以及保护与发展综合项目在许多国家和自然保护区开始实施。在我国，自然保护区管理人员也逐渐意识到了过去将农户视为保护直接威胁者的、圈地式的严格保护是不可取的。许多自然保护区通过发展项目、技能培训、参与式管理等方式，旨在提高农户生计水平，减少其对自然资源的依赖，实现了保护与发展的统一。自从 20 世纪 90 年代以来，社区共管理念在我国开始宣传并试验实践，在一定区域取得了一定成绩，但并没有在全国范围内展开，因为社区共管的实施是以一定自然资源和政府或者非政府组织投资建设为基础的，中国各种类型的自然保护区较多，不能面面俱到，必须采取相关措施或者政策进一步加大对社区的投入力度，解决困扰自然保护区与社区之间的土地权、资源的使用权以及资源收益的分配权，真正起到变被动保护为主动保护。

为了更好地解决自然保护区与社区的矛盾冲突问题，首先，应该在立法上体现对农户生计的重视，如对于农户资源限制的补偿，对野生动物肇事的补偿，且关于补偿的规定须明确具体，否则将沦于形式。其次，国家在自然保护区投入经费来源中，应明确一项科目，即社区发展科目。加大对自然保护区内及周边社区的投入。帮助农户发展替代生计，缓解其资源利用的压力。再次，应该整合国家各部委的项目和资金，如林业生态工程项目、环保项目、农业农村部项目、水利部项目等，形成合力，综合投入到自然保护区周边社区生态治理中去，全面提高农户生计水平。最后，自然保护区应该设立社区发展科，专门对接社区发展工作。

10 主要结论、政策建议及研究展望

10.1 主要结论

本研究利用 7 个省 36 个自然保护区微观农户数据分析了自然保护区周边农户可持续生计状况，具体研究了农户的保护态度及行为、自然保护区对农户生计资本、生计策略和生计结果的影响，农户生计策略的选择及对保护的影响。得出的主要研究结论如下：

第一，通过对农户保护成本收益进行分析得出：生态旅游经营收益、自然保护区工作收入是最主要的两大保护直接收益，野生动物致害、农林地被占是研究区域农户承受的最主要的两项直接损失。加强与外界联系以及社区环境改善是农户认同率最高的两个保护间接收益因素，木材采伐和薪柴采集受到限制是农户认同最高的两个保护间接成本因素。获得更多保护直接收益的农户通常保护态度更积极。农户的直接保护受益同家庭财富呈正相关关系。通过对农户的保护认知及保护态度进行分析得出：多数农户对保护都持较为积极的态度，农户受教育水平越高、年龄越小、家庭收入水平越高，同自然保护区接触越密切，其保护态度越积极。此外，农户的保护收益同保护态度正相关，而保护成本同保护态度负相关。通过对农户保护行为进行分析得出：积极的保护态度、较高的保护收益、密切的保护接触、较高的家庭财富以及较高的受教育程度对农户保护行为有正面影响，对资源利用和生产投入行为有负面影响；而更多的保护成本、较高的资源禀赋对农户保护行为有负面影响，对资源利用和生产投入行为有正面影响。

第二，通过分析设置自然保护区对农户生计资本的影响得出：研究区域呈现出生计资本规模有限、整体脆弱、生计资本社会融合度低的特征。富裕农户在人力资本、金融资本和社会资本方面差异显著。自然保护区内的农户自然资本较低。通过分析设置自然保护区对农户生计策略的影响得出：保护干预一定程度上促进了农户的非农转移。此外，不论是自然保护区内还是保护区外，非农收入已经构成了农户最主要的生计来源基础。务工依赖型和兼业型农户更多居住在自然保护区内，保护态度更为积极，户主年龄更低，受教育程度更高，身体健康状况更好。通过分析设置保护区对农户气候变化适应性措施的影响得出：尽管绝大多数的农户认为气候在发生变化，而对气候变化采取适应性措施的农户比例不到50％。参与自然保护区培训的农户更容易采取应对措施，户主受教育程度越高，农田面积越大，居住地到市场距离越近的农户，越容易采取适应性措施。收入多样性指数越高，农户人均年收入越高的家庭应对气候变化的概率越小。

第三，通过分析保护对农户家庭财富的影响得出：自然保护区的设置对农户的家庭财富和人均总收入影响显著为负，自然保护区内的农户家庭财富减少7.6％，人均年收入减少10.2％。一是自然保护区内野生动物致害导致自然保护区内农户种植业收入降低；二是自然保护区内木材采伐限制导致保护区内农户林业收入降低。尽管自然保护区对农户给予了一定的生态补偿，但补偿金额远远低于农户的损失。通过分析自然保护区对农户主观福祉的影响得出：自然保护区在提高了农户部分福祉的同时，也损害了农户的另一部分福祉。自然保护区的设置提高了农户对社会治安、生态环境、垃圾处理、周围人信任程度的满意度，降低了农户对医疗条件、交通状况、住房、村干部、村干部选举的满意度。通过分析自然保护区对农户生计风险的影响得出：自然保护区减少了自然风险，却增加了野生动物致害的风险以及制度风险。此外，参加自然保护区管理可以显著减少农户的制度风险。而参加自然保护区培训可以显著减少农户的失业风险，对其他风险影响不显著。

第四，通过分析农户自然资源依赖度的影响因素得出：社区农户参与自然保护区管理活动、培训和发展项目可以显著减少自然资源依赖度。自然保护区通过参与式管理和培训等方式可提高当地居民的能力，有助于减轻资源采伐的压力。通过分析收入多样化对于森林资源依赖的影响得出：研究区域收入多样化的提高可以有效缓解农户对森林的依赖（特别是对贫困的20％人口，对富裕的20％人口则不然），随着收入多样化系数提高一个单位，研究区域农户林业收入比重降低 6%，而贫困农户林业依赖度减少 12%。因此收入的多样性不仅可以提高贫穷农户的经济收入，降低林业收入的风险，同时有助于其降低对林业的依赖程度。通过分析劳动力转移对农户林业生产的影响得出：男性劳动力和壮年女性（30～45 岁）劳动力的转移会使农户退出林业的概率提高，林地流出率增大。劳动力转移对林业资本投入没有显著影响，然而对林业的劳动力投入和林业收入存在显著负面影响。

10.2　政策建议

农户在保护过程中获得了一定收益，同时承受了更多的成本。农户的保护成本收益直接影响农户家庭财富状况和保护态度。因此政府应尊重社区生存和发展的诉求，在生态保护过程中明确社区的权利和利益保障，建立起保护与农户生计利益之间的联系。

首先，需要建立健全补偿机制。对严格自然保护区域的社区实行以国家为补偿主体的"生态补偿"制度，将社区发展纳入各级政府的财政预算，运用各种财政机制和补贴的办法，对保护做出贡献的社区居民和地方政府提供直接的经济利益补偿。对于在该区域的社区居民，可以移民搬迁的形式，将其迁出。

其次，通过多种渠道提高自然保护区周边农户家庭收益。聘请他们从事资源管护工作，使其从保护中获得经济收入，通过经济激励激发他们保护生态环境的意愿。通过开展生态旅游、特色种植养殖等方式对生态环境进行利用。

再次，完善社区参与机制。必须采取相关措施或者政策进一步加大对社区的投入力度，解决困扰自然保护区与社区之间的土地权、资源的使用权以及资源收益的分配权。真正起到变被动保护为主动保护的效果。

最后，积极引导地区富余劳动力进城务工，通过劳务输出等措施，消化林区部分劳动力，缓解森林资源保护压力，提高地区森林资源质量。从长远角度看，需要进一步对土地制度进行改革，促进土地流转，使更多的农村劳动力可以从农业生产中解放出来实现向外转移，从而实现经济的顺利转型，促进经济的快速发展。

10.3   研究不足及展望

首先，尽管本研究选取了 7 个省 36 个自然保护区 1 476 份有效农户样本进行分析，试图全面地反映中国自然保护区生物多样性保护与农户生计的一般关系。然而研究区域自然保护区并不能完全代表中国所有自然保护区的情况，因此今后的研究可以继续在中国其他省份的自然保护区进行调研分析，可以更加全面客观准确地反映出中国当下自然保护区与社区的发展关系。

其次，本研究从微观农户层面分析了自然保护区保护政策与农户生计之间的关系，且更多地侧重保护对农户生计的影响，关于农户生计对保护影响的分析仍略显不足。今后的研究可从社区或区域层面，结合 GIS 数据、统计年鉴等二手资料，综合分析社区发展对保护的威胁和影响，以及自然保护区设置对社区发展的影响。

最后，由于能力所限，本研究对自然保护区与农户生计关系的阐述可能仍然不够透彻，特别是在中国快速城镇化过程中，农村人口大量外移，农户生计方式发生转变，保护与农户生计的关系在不断地调整变化。因此进一步地研究需要充分了解百姓的发展诉求、自然保护区的政策目标以及国内经济社会环境的变化，更加准确地提出新形势下自然保护区如何更好地协调保护与发展的关系。

参考文献 REFERENCES _____

蔡志海，2010. 汶川地震灾区贫困村农户生计资本分析 ［J］. 中国农村经济（12）：55 -
　67.

党小虎，刘国彬，赵晓光，2008. 黄土丘陵区县南沟流域生态恢复的生态经济耦合过程
　及可持续性分析 ［J］. 生态学报，28（12）：6321 - 6333.

代光烁，余宝花，娜日苏，等，2012. 内蒙古草原生态系统服务与人类福祉研究初探
　［J］. 中国生态农业学报，20（5）：656 - 662.

都阳，2001. 风险分散与非农劳动供给——来自贫困地区农村的经验证据 ［J］. 数量经
　济技术经济研究，18（1）：46 - 50.

段伟，温亚利，王昌海，2013. 朱鹮国家级自然保护区农户对环境和朱鹮保护的态度影
　响因素分析 ［J］. 湿地科学（1）：17 - 27.

段伟，刘倩倩，雷硕，等，2015. 收入多样化、森林依赖度和林业可持续发展——以西
　部四省 756 户农户数据为例 ［J］. 农林经济管理学报，14（6）：606 - 612.

杜鹏，李世奎，1997. 农业气象灾害风险评价模型及应用 ［J］. 气象学报，55（1）：95 -
　102.

韩峥，2004. 脆弱性与农村贫困 ［J］. 农业经济问题（10）：8 - 12.

韩念勇，2000. 中国自然保护区可持续管理政策研究 ［J］. 自然资源学报，15（3）：201 -
　207.

侯一蕾，温亚利，2013. 野生动物肇事对社区农户的影响及补偿问题分析——以秦岭自
　然保护区群为例 ［J］. 林业经济问题，32（5）：388 - 391.

侯风云，2004. 中国农村人力资本收益率研究 ［J］. 经济研究，12：75 - 84.

赫晓霞，栾胜基，2006. 农户经济行为方式对农村环境的影响 ［J］. 生态环境，15（2）：
　377 - 380.

黄祖辉，王敏，宋瑜，2005. 农村居民收入差距问题研究——基于村庄微观角度的一个
　分析框架 ［J］. 管理世界（3）：75 - 84.

科学技术部，中国气象局，中国科学院，等，2007. 国家气候变化评估报告 ［M］. 北
　京：科学出版社 .

孔寒凌，吴杰，2008. 农户生计风险研究：以江西乐安县为例 [J]. 广西民族大学学报：哲学社会科学版，29 (6)：55-59.

刘姿含，2013. 自然保护区管理与生计状况及其对周边农户保护意愿的影响 [D]. 杭州：浙江农林大学.

刘秀丽，张勃，郑庆荣，等，2014. 黄土高原土石山区退耕还林对农户福祉的影响研究——以宁武县为例 [J]. 资源科学，36 (2)：397-405.

刘秀梅，田维明，2005. 我国农村劳动力转移对经济增长的贡献分析 [J]. 管理世界 (1)：91-95.

刘承芳，张林秀，樊胜根，2002. 农户农业生产性投资影响因素研究——对江苏省六个县市的实证分析 [J]. 中国农村观察 (4)：34-42.

刘华周，马康贫，1998. 农民文化素质对农业技术选择的影响 [J]. 调研世界 (10)：29-31.

刘建国，1999. 我国农户消费倾向偏低的原因分析 [J]. 经济研究 (3)：52-65.

刘惟洲，2003. 发展高科技农业与农业风险防范机制创新研究 [J]. 中国软科学 (5)：159-160.

林嵩，2008. 结构方程模型原理及 AMOS 应用 [M]. 武汉：华中师范大学出版社.

林毅夫，1994. 制度、技术与中国农业发展 [M]. 上海：上海三联书店.

李斌，李小云，左停，2004. 农村发展中的生计途径研究与实践 [J]. 农业技术经济 (4)：10-16.

李小云，董强，饶小龙，等，2007. 农户脆弱性分析方法及其本土化应用 [J]. 中国农村经济 (4)：32-39.

李伯华，陈佳，刘沛林，等，2013. 欠发达地区农户贫困脆弱性评价及其治理策略 [J]. 中国农学通报，29 (23)：44-50.

李兴绪，刘曼莉，2011. 边境民族地区农户收入影响因素的实证分析——以云南红河州农户为例 [J]. 数理统计与管理，30 (4)：604-613.

李军龙，滕剑仑，2013. 生计资本下农户参与生态补偿行为意愿分析 [J]. 福建农林大学学报，16 (5)：15-20.

李琳一，2004. 农户生计与资产配置的发展学研究——以宁夏盐池县青山乡研究为例 [D]. 北京：中国农业大学.

黎洁，李亚莉，邰秀军，等，2009. 可持续生计分析框架下西部贫困退耕山区农户生计状况分析 [J]. 中国农村观察 (5)：29-38.

路易吉诺·布鲁尼，皮尔·路易吉·波尔塔，2007. 经济学与幸福 [M]. 上海：新世纪出版社．

马志军，丁长青，李欣海，等，2001. 朱鹮冬季觅食地的选择 [J]. 动物学研究，22 (1)：46 - 55.

马小勇，2006. 中国农户的风险规避行为分析——以陕西为例 [J]. 中国软科学 (2)：22 - 30.

潘景璐，2013. 基于生境压力的发展对秦岭生物多样性保护影响研究 [D]. 北京：北京林业大学．

潘影，甄霖，杨莉，等，2012. 宁夏固原市生态保育对农民福祉的影响初探 [J]. 干旱区研究，29 (003)：553 - 560.

钱忠好，2008. 非农就业是否必然导致农地流转——基于家庭内部分工的理论分析及其对中国农户兼业化的解释 [J]. 中国农村经济 (10)：13 - 21.

邱晓华，张英香，严于龙，1995. 调整分配格局　促进经济持续发展 [J]. 中国软科学 (12).

盛茂银，沈初泽，陈祥，等，2011. 中国濒危野生植物的资源现状与保护对策 [J]. 自然杂志，33 (3)：149 - 154.

苏芳，蒲欣冬，徐中民，等，2009. 生计资本与生计策略关系研究——以张掖市甘州区为例 [J]. 中国人口·资源与环境，19 (6)：119 - 125.

田帅，2008. 西南丘陵地区土地流转对农户生计的影响因素分析 [D]. 重庆：西南大学．

王献溥，2011. 生物多样性是我们的生命 [J]. 生命世界 (3)：14 - 23.

王献溥，崔国发，2003. 自然保护区建设与管理 [M]. 北京：化学工业出版社：178 - 200.

王昌海，2014. 农户生态保护态度：新发现与政策启示 [J]. 管理世界 (11)：70 - 79.

王昌海，温亚利，时鉴，等，2011. 基于共生理论视角的秦岭自然保护区与周边社区关系的反思——以陕西长青国家级自然保护区为例 [J]. 西北林学院学报，26 (4)：236 - 240.

王成超，杨玉盛，2011. 农户生计非农化对耕地流转的影响——以福建省长汀县为例 [J]. 地理科学，31 (11)：1362 - 1367.

王岐海，2012. 自然保护区管理转型：核心问题探析 [J]. 林业经济 (3)：77 - 80.

王晓燕，2003. 浅谈农业风险的识别及控制 [J]. 现代化农业 (8)：43 - 45.

王蕾，苏杨，崔国发，2011. 自然保护区生态补偿定量方案研究——基于"虚拟地"计算方法 [J]. 自然资源学报，26 (1)：34 - 47.

温亚利，2003. 中国生物多样性保护政策的经济分析 [D]. 北京：北京林业大学．

温亚利，谢屹，2009. 中国生物多样性资源权属特点及对保护影响分析 [J]. 北京林业大学学报：社会科学版，8 (4).

伍艳，2015. 农户生计资本与生计策略的选择 [J]. 华南农业大学学报：社会科学版，14 (2)：57 - 66.

吴莹莹，2009. 农户生计多样化和土地利用变化 [D]. 重庆：西南大学.

吴伟光，楼涛，郑旭理，等，2005. 自然保护区相关利益者分析及其冲突管理——以天目山自然保护区为例 [J]. 林业经济问题，25 (5)：270 - 274.

徐晋涛，陶然，徐志刚，2004. 退耕还林：成本有效性、结构调整效应与经济可持续性——基于西部三省农户调查的实证分析 [J]. 经济学（季刊），4 (1)：139 - 162.

徐伟，章元，万广华，2011. 社会网络与贫困脆弱性 [J]. 学海 (4)：122 - 128.

许汉石，乐章，2012. 生计资本、生计风险与农户的生计策略 [J]. 农业经济问题，10：100 - 105.

邢占军，2005. 沿海某省城市居民主观幸福感纵向研究 [J]. 心理科学，28 (5)：1072 - 1076.

杨云彦，赵锋，2009. 可持续生计分析框架下农户生计资本的调查与分析——以南水北调（中线）工程库区为例 [J]. 农业经济问题 (3)：58 - 65.

杨莉，甄霖，李芬，等，2010. 黄土高原生态系统服务变化对人类福祉的影响初探 [J]. 资源科学，32 (5).

阎建忠，吴莹莹，张镱锂，等，2009. 青藏高原东部样带农牧民生计的多样化 [J]. 地理学报，64 (2)：221 - 233.

叶敬忠，朱炎洁，杨洪萍，2004. 社会学视角的农户金融需求与农村金融供给 [J]. 中国农村经济 (8)：31 - 37.

叶剑平，蒋妍，丰雷，2006. 中国农村土地流转市场的调查研究——基于2005年17省调查的分析和建议 [J]. 中国农村观察 (4)：48 - 55.

云雅如，方修琦，田青，等，2009. 黑龙江省漠河县乡村人群对气候变化的感知方式与认知结果 [J]. 地理科学，29 (5)：745 - 749.

张道卫，2001. 为什么中国的许多林地不长树？[J]. 管理世界 (3)：141 - 146.

张德元，2003. 农村医疗保障制度的昨天·今天·明天 [J]. 经济管理文摘 (10)：16 - 18.

张玉波，2010. 生态保护项目对大熊猫栖息地和当地社区的影响 [D]. 北京：北京林业大学.

赵永新，2005. 野生植物保护面临挑战 [N]. 人民日报，8 - 22 (006).

赵士洞，张永民，2006. 生态系统与人类福祉——千年生态系统评估的成就、贡献和展望 [J]. 地球科学进展，21（9）：895 - 902.

赵跃龙，刘燕华，1996. 中国脆弱生态环境分布及其与贫困的关系 [J]. 人文地理（2）.

郑华，欧阳志云，赵同谦，等，2003. 人类活动对生态系统服务功能的影响 [J]. 自然资源学报，18（1）：118 - 126.

周民良，2000. 中国的区域发展与区域污染 [J]. 管理世界（2）：103 - 113.

周旗，郁耀闯，2009. 关中地区公众气候变化感知的时空变异 [J]. 地理研究（1）：45 - 54.

朱红根，周曙东，2011. 南方稻区农户适应气候变化行为实证分析——基于江西省 36 县（市）346 份农户调查数据 [J]. 自然资源学报，26（7）：1119 - 1128.

朱希刚，赵绪福，1995. 贫困山区农业技术采用的决定因素分析 [J]. 农业技术经济（5）：18 - 21.

朱喜，史清华，李锐，2010. 转型时期农户的经营投资行为 [J]. 经济学（季刊），9（2）.

朱山涛，张世秋，陶文娣，等，2005. 影响退耕还林农户返耕决策的因素识别与分析 [J]. 中国人口·资源与环境，15（5）：108 - 112.

Abakerli S，2001. A critique of development and conservation policies in environmentally sensitive regions in Brazil [J]. Geoforum，32（4）：551 - 565.

Abbot J I O，Thomas D H L，Gardner A A，et al.，2001. Understanding the links between conservation and development in the Bamenda Highlands，Cameroon [J]. World Development，29（7）：1115 - 1136.

Abadie A，Drukker D，Herr J L，et al.，2004. Implementing matching estimators for average treatment effects in Stata [J]. Stata Journal，4：290 - 311.

Abadie A，Imbens G W，2006. Large sample properties of matching estimators for average treatment effects [J]. Econometrica，74（1）：235 - 267.

Acharya S，Yoshino E，Jimba M，et al.，2007. Empowering rural women through a community development approach in Nepal [J]. Community Development Journal，42（1）：34 - 46.

Adams C A，2004. The ethical，social and environmental reporting - performance portrayal gap [J]. Accounting，Auditing & Accountability Journal，17（5）：731 - 757.

Adams W M，Hutton J，2007. People，parks and poverty：Political ecology and biodiversity conservation [J]. Conservation and Society，5（2）：147.

Adams W M, Infield M, 2003. Who is on the gorilla's payroll? Claims on tourist revenue from a Ugandan National Park [J]. World development, 31 (1): 177 - 190.

Adger W N, Huq S, Brown K, et al. , 2003. Adaptation to climate change in the developing world [J]. Progress in Development Studies, 3 (3): 179 - 195.

Agrawal A, Gupta K, 2005. Decentralization and participation: The governance of common pool resources in Nepal's Terai [J]. World Development, 33 (7): 1101 - 1114.

Aide T M, Grau H R, 2004. Globalization, migration, and Latin American ecosystems [J]. Science, 305 (5692): 1915.

Allendorf T, Swe K K, Oo T, et al. , 2006. Community attitudes toward three protected areas in Upper Myanmar (Burma) [J]. Environmental Conservation, 33 (4): 344 - 352.

Allendorf T D, 2007. Residents' attitudes toward three protected areas in southwestern Nepal [J]. Biodiversity and Conservation, 16 (7): 2087 - 2102.

Allendorf K, 2007. Do women's land rights promote empowerment and child health in Nepal? [J]. World Development, 35 (11): 1975 - 1988.

Alpert P, 1996. Integrated conservation and development projects [J]. BioScience, 46 (11): 845 - 855.

Ambastha K, Hussain S A, Badola R, 2007. Resource dependence and attitudes of local people toward conservation of Kabartal wetland: A case study from the Indo - Gangetic plains [J]. Wetlands Ecology and Management, 15 (4): 287 - 302.

Angelsen A, Jagger P, Babigumira R, et al. , 2014. Environmental income and rural livelihoods: A global - comparative analysis [J]. World Development, 64: S12 - S28.

Appleton S, Song L, 2008. Life satisfaction in urban China: Components and determinants [J]. World Development, 36 (11): 2325 - 2340.

Archabald K, Naughton - Treves L, 2001. Tourism revenue - sharing around national parks in Western Uganda: Early efforts to identify and reward local communities [J]. Environmental Conservation, 28 (2): 135 - 149.

Arhonditsis G B, Stow C A, Steinberg L J, et al. , 2006. Exploring ecological patterns with structural equation modeling and Bayesian analysis [J]. Ecological Modelling, 192 (3): 385 - 409.

Arnold J E M, Pérez M R, 2001. Can non - timber forest products match tropical forest conservation and development objectives? [J]. Ecological Economics, 39 (3): 437 -

447.

Asfaw A, Admassie A, 2004. The role of education on the adoption of chemical fertiliser under different socioeconomic environments in Ethiopia [J]. Agricultural Economics, 30 (3): 215 - 228.

Asah S T, 2008. Empirical social - ecological system analysis: From theoretical framework to latent variable structural equation model [J]. Environmental Management, 42 (6): 1077 - 1090.

Badola R, 1998. Attitudes of local people towards conservation and alternatives to forest resources: A case study from the lower Himalayas [J]. Biodiversity & Conservation, 7 (10): 1245 - 1259.

Bahuguna V K, 2000. Forests in the economy of the rural poor: An estimation of the dependency level [J]. AMBIO: A Journal of the Human Environment, 29 (3): 126 - 129.

Bajracharya S B, Furley P A, Newton A C, 2005. Effectiveness of community involvement in delivering conservation benefits to the Annapurna Conservation Area, Nepal [J]. Environmental Conservation, 32 (3): 239 - 247.

Bajracharya S B, Furley P A, Newton A C, 2006. Impacts of community - based conservation on local communities in the Annapurna Conservation Area, Nepal [J]. Biodiversity & Conservation, 15 (8): 2765 - 2786.

Baland J. M. , Bardhan P. , Das S. , Mookherjee, D. , Sarkar, R, 2004. The environmental impact of poverty: Evidence from firewood collection in rural Nepal [C]. Mexico: The Tenth Conference of the International Association for the Study of Common Property, 8: 9 - 13.

Baldus R, Kibonde B, Siege L, 2003. Seeking conservation partnerships in the Selous game reserve, Tanzania [J]. Parks, 13 (1): 50 - 61.

Balmford A, Bruner A, Cooper P, et al. , 2002. Economic reasons for conserving wild nature [J]. Science, 297 (5583): 950 - 953.

Baral N, Heinen J T, 2007. Decentralization and people's participation in conservation: A comparative study from the Western Terai of Nepal [J]. The International Journal of Sustainable Development & World Ecology, 14 (5): 520 - 531.

Barrow E, Fabricius C, 2002. Do rural people really benefit from protected areas - rhetoric or reality? [J]. Parks, 12 (2): 67 - 79.

Barrett C B, Arcese P, 1995. Are integrated conservation – development projects (ICDPs) sustainable? On the conservation of large mammals in Sub – Saharan Africa [J]. World Development, 23 (7): 1073 – 1084.

Bassi M, 2003. Enhancing equity in the relationship between protected areas and local communities in the context of global change: Horn of Africa and Kenya [EB/OL]. TILCEPA report. www. iucn. org/themes/ceesp/Wkg_grp/TILCEPA/community. htm# A.

Banskota K, Sharma B. 1995. Tourism for mountain community development: Case study report on the Annapurna and Gorkha regions of Nepal [R].

Bauer H, 2003. Local perceptions of Waza national park, northern Cameroon [J]. Environmental Conservation, 30 (2): 175 – 181.

Berkes F, 2007. Community – based conservation in a globalized world [J]. Proceedings of the National Academy of Sciences, 104 (39): 15188 – 15193.

Biddlecom, A. E, Axinn, W. G, Barber J. S, 2005. Environmental effects of family size preferences and subsequent reproductive behavior in Nepal [J]. Population and Environment, 26 (3): 183 – 206.

Bilsborrow R E, 2002. Migration, population change, and the rural environment [J]. Environmental Change and Security Project Report, 8 (1): 69 – 84.

Block S, Webb P, 2001. The dynamics of livelihood diversification in post – famine Ethiopia [J]. Food Policy, 26 (4): 333 – 350.

Bollen K A, Long J S, 1993. Testing structural equation models [M]. Sage.

Bluffstone R, Boscolo M, Molina R, et al. , 2001. How does community forestry affect rural households? A labor allocation model of the Bolivian Andes [R]. Working paper, University of Redlands, USA.

Brandon K E, Wells M, 1992. Planning for people and parks: Design dilemmas [J]. World Development, 20 (4): 557 – 570.

Bradstock A, 2006. Land reform and livelihoods in South Africa's Northern Cape province [J]. Land Use Policy, 23 (3): 247 – 259.

Brondizio E S, Moran E F, 2008. Human dimensions of climate change: The vulnerability of small farmers in the Amazon [J]. Philosophical Transactions of the Royal Society of London B: Biological Sciences, 363 (1498): 1803 – 1809.

Brockington D, 2002. Fortress conservation: The preservation of the Mkomazi Game Reserve, Tanzania [M]. Indiana University Press.

Brockington D, 2004. Community conservation, inequality and injustice: Myths of power in protected area management [J]. Conservation and Society, 2 (2): 411.

Brown K, 2002. Innovations for conservation and development [J]. The Geographical Journal, 168 (1): 6 - 17.

Bruyere B L, Beh A W, Lelengula G, 2009. Differences in perceptions of communication, tourism benefits, and management issues in a protected area of rural Kenya [J]. Environmental Management, 43 (1): 49 - 59.

Burnette J L, Williams L J, 2005. Structural equation modeling (SEM): An introduction to basic techniques and advanced issues [R]. Research in Organizations: Foundations and Methods of Inquiry: 143 - 160.

Cao S, Zhong B, Yue H, et al., 2009. Development and testing of a sustainable environmental restoration policy on eradicating the poverty trap in China's Changting County [J]. Proceedings of the National Academy of Sciences, 106 (26): 10712 - 10716.

Cao S, Wang X, Song Y, et al., 2010. Impacts of the natural forest conservation program on the livelihoods of residents of Northwestern China: Perceptions of residents affected by the program [J]. Ecological Economics, 69 (7): 1454 - 1462.

Cardinale B J, Srivastava D S, Duffy J E, et al., 2006. Effects of biodiversity on the functioning of trophic groups and ecosystems [J]. Nature, 443 (7114): 989 - 992.

Caviglia - Harris J L, Sills E O, 2005. Land use and income diversification: Comparing traditional and colonist populations in the Brazilian Amazon [J]. Agricultural Economics, 32 (3): 221 - 237.

Chandool C, 2007. Households resource use, conservation attitude and perceived socioeconomic impact of the protected areas policy in the nariva swamp, Trinidad and Tobago [D]. University of Florida.

Chape S, Harrison J M, Lysenko I, 2005. Measuring the extent and effectiveness of protected areas as an indicator for meeting global biodiversity targets [J]. Philosophical Transactions of the Royal Society Biological Sciences, 360 (1454): 443 - 455.

Chaudhuri S, Jalan J, Suryahadi A, 2002. Assessing household vulnerability to poverty from cross - sectional data: A methodology and estimates from Indonesia [R].

Chen Y, Lin L S, 2010. Structural equation - based latent growth curve modeling of watershed attribute - regulated stream sensitivity to reduced acidic deposition [J]. Ecological Modelling, 221 (17): 2086 - 2094.

Cherchye L, De Rock B, Vermeulen F, 2011. The revealed preference approach to collective consumption behaviour: Testing and sharing rule recovery [J]. The Review of Economic Studies, 78 (1): 176 - 198.

Chou C P, Bentler P M, 2002. Model modification in structural equation modeling by imposing constraints [J]. Computational Statistics & Data Analysis, 41 (2): 271 - 287.

Clark S, Bolt K, Campbell A, 2008. Protected areas: An effective tool to reduce emissions from deforestation and forest degradation in developing countries [R]. UNEP - WCMC, Cambridge, UK.

Clements T, Suon S, Wilkie D S, et al. , 2014. Impacts of protected areas on local livelihoods in Cambodia [J]. World Development, 64: S125 - S134.

Coad L, Campbell A, Miles L, et al. , 2008. The costs and benefits of protected areas for local livelihoods: A review of the current literature [R]. UNEP World Conservation Monitoring Centre, Cambridge, UK.

Cumming G S, Cumming D H M, Redman C L, 2006. Scale mismatches in social - ecological systems: Causes, consequences, and solutions [J]. Ecology and Society, 11 (1): 14.

Curran P J, Hussong A M, 2002. Structural equation modeling of repeated measures data: Latent curve analysis [R].

Daberkow S G, McBride W D, 2003. Farm and operator characteristics affecting the awareness and adoption of precision agriculture technologies in the US [J]. Precision Agriculture, 4 (2): 163 - 177.

Dasmann R F. 1, 1984. The role of governments and international agencies in conservation and rural development [J]. Environmentalist, 4 (7): 8 - 10.

Davies, R. , & Smith, W, 1998. The basic necessities survey: The experience of Action Aid Vietnam [M]. Hanoi, Vietnam: ActionAid.

De Boer W F, Baquete D S, 1998. Natural resource use, crop damage and attitudes of rural people in the vicinity of the Maputo Elephant Reserve, Mozambique [J]. Environmental Conservation, 25 (3): 208 - 218.

De Janvry A, Sadoulet E, Zhu N, 2005. The role of non - farm incomes in reducing rural poverty and inequality in China [R]. Department of Agricultural & Resource Economics, UCB.

Deressa T T, Hassan R M, Ringler C, et al. , 2009. Determinants of farmers' choice of adaptation methods to climate change in the Nile Basin of Ethiopia [J]. Global Environmental Change, 19 (2): 248 - 255.

Dercon S, 2001. Assessing vulnerability [R]. Publication of the Jesus College and CSAE, Department of Economics, Oxford University.

Dercon S, Krishnan P, 1996. Income portfolios in rural Ethiopia and Tanzania: Choices and constraints [J]. The Journal of Development Studies, 32 (6): 850 - 875.

DFID U K, 2007. Sustainable livelihoods guidance sheets [R]. UK DFID Department for International Development: London.

Dudley, N, Belokurov, A, Borodin, O, et al., 2004. Are protected areas working? An analysis of protected areas [R]. WWF International, Gland.

Dudley N, Gujja B, Jackson B, et al., 1999. Challenges for protected areas in the 21st century [R]. Partnerships for Protection: New Strategies for Planning and Management for Protected Areas: 3 - 12.

Egoh B, Rouget M, Reyers B, et al., 2007. Integrating ecosystem services into conservation assessments: A review [J]. Ecological Economics, 63 (4): 714 - 721.

Elrod T, Häubl G, Tipps S W, 2012. Parsimonious structural equation models for repeated measures data, with application to the study of consumer preferences [J]. Psychometrika, 77 (2): 358 - 387.

Ellis F, 1998. Household strategies and rural livelihood diversification [J]. The Journal of Development Studies, 35 (1): 1 - 38.

Ellis F, Freeman H A, 2004. Rural livelihoods and poverty reduction strategies in four African countries [J]. Journal of Development Studies, 40 (4): 1 - 30.

EPA N S W, 1997. Environmental guidelines: Use and disposal of biosolids products [R]. New South Wales Environmental Protection Authority, Sydney.

Ferraro P J, Kiss A, 2002. Direct payments to conserve biodiversity [J]. Science, 298 (5599): 1718.

Fiallo E A, Jacobson S K, 1995. Local communities and protected areas: Attitudes of rural residents towards conservation and Machalilla National Park, Ecuador [J]. Environmental Conservation, 22 (3): 241 - 249.

Foppes J, Ketphanh S, 2004. NWFP use and household food security in the Lao PDR [C]. Symposium on Biodiversity for Food Security: 14.

Fosu - Mensah B Y, 2012. Modelling maize (Zea mays L.) productivity and impact of climate change on yield and nutrient utilization in sub – humid Ghana [M]. Zentrum für Entwicklungsforschung.

Fox J W, 2006. Using the price equation to partition the effects of biodiversity loss on ecosystem function [J]. Ecology, 87 (11): 2687 – 2696.

Franzel S, 1999. Socioeconomic factors affecting the adoption potential of improved tree fallows in Africa [J]. Agroforestry Systems, 47 (1 – 3): 305 – 321.

Frenken K, Faurès J M, 1997. Irrigation potential in Africa: A basin approach [M]. Food & Agriculture Org.

Freeman H A, Shiferaw B, Swinton S M, 2005. Assessing the impact of natural resource management interventions in agriculture: Concepts, issues and challenges [R]. Natural Resource Management in Agriculture: Methods for Assessing Economic and Environmental Impacts: 4 – 16.

Furze B, Lacy T D, Birckhead J, 1996. Culture, conservation and biodiversity: The social dimension of linking local level development and conservation through protected areas [J]. Development & Change, 10 (6): 595 – 597.

Fyhri A, Klæboe R, 2009. Road traffic noise, sensitivity, annoyance and self – reported health—A structural equation model exercise [J]. Environment International, 35 (1): 91 – 97.

Gadd M E, 2005. Conservation outside of parks: Attitudes of local people in Laikipia, Kenya [J]. Environmental Conservation, 32 (1): 50 – 63.

Gelcich S, Edwards – Jones G, Kaiser M J, 2005. Importance of attitudinal differences among artisanal fishers toward co – management and conservation of marine resources [J]. Conservation Biology, 19 (3): 865 – 875.

Gelman A, 2006. Prior distributions for variance parameters in hierarchical models (comment on article by Browne and Draper) [J]. Bayesian Analysis, 1 (3): 515 – 534.

Gelman A, 2012. Multilevel (hierarchical) modeling: What it can and cannot do [J]. Technometrics (3).

Gelman A, Hill J, 2006. Data analysis using regression and multilevel/hierarchical models [M]. Cambridge University Press.

Ghimire K B, Pimbert M P, 1997. Social change and conservation: An overview of issues and concepts [R]. Social Change and Conservation: Environmental Politics and Impacts of National Parks and Protected Areas: 1 – 45.

Gibson C C, Marks S A, 1995. Transforming rural hunters into conservationists: An assessment of community‐based wildlife management programs in Africa [J]. World Development, 23 (6): 941‐957.

Gillingham S, Lee P C, 1999. The impact of wildlife‐related benefits on the conservation attitudes of local people around the Selous Game Reserve, Tanzania [J]. Environmental Conservation, 26 (3): 218‐228.

Glavovic B C, Boonzaier S, 2007. Confronting coastal poverty: Building sustainable coastal livelihoods in South Africa [J]. Ocean & Coastal Management, 50 (1): 1‐23.

Godoy R, Wilkie D, Overman H, et al. , 2000. Valuation of consumption and sale of forest goods from a central American rain forest [J]. Nature, 406 (6791): 62‐63.

Goodwin H, Roe D, 2001. Tourism, livelihoods and protected areas: Opportunities for fair‐trade tourism in and around National parks [J]. International Journal of Tourism Research, 3 (5): 377‐391.

Golob T F, 2003. Structural equation modeling for travel behavior research [J]. Transportation Research Part B: Methodological, 37 (1): 1‐25.

Graham C, 2005. The economics of happiness [J]. World Economics, 6 (3): 41‐55.

Grieg‐Gran M, Porras I, Wunder S, 2005. How can market mechanisms for forest environmental services help the poor? Preliminary lessons from Latin America [J]. World development, 33 (9): 1511‐1527.

Gunatilake H M, 1998. The role of rural development in protecting tropical rainforests: Evidence from Sri Lanka [J]. Journal of Environmental Management, 53 (3): 273‐292.

Hackel J D, 1999. Community conservation and the future of Africa's wildlife [J]. Conservation Biology, 13 (4): 726‐734.

Harkness J, 1998. Recent trends in forestry and conservation of biodiversity in China [R]. China Quarterly-London: 911‐934.

Hallerod, B, 1994. Poverty in Sweden: A new approach to the direct measurement of consensual poverty [R]. UMEA Studies in Sociology no. 106. Umea: Umea University.

Hamilton A C, 2004. Medicinal plants, conservation and livelihoods [J]. Biodiversity & Conservation, 13 (8): 1477‐1517.

Heckman J J, Li X, 2004. Selection bias, comparative advantage and heterogeneous returns to education: Evidence from China in 2000 [J]. Pacific Economic Review, 9

(3): 155 - 171.

Heckman J J, 1979. Sample selection bias as a specification error [J]. Econometrica: Journal of the Econometric Society, 47 (1), 153 - 161.

Heltberg R, Arndt T C, Sekhar N U, 2000. Fuelwood consumption and forest degradation: A household model for domestic energy substitution in rural India [J]. Land Economics, 76 (2): 213 - 232.

Heinen J T, 1993. Park - people relations in Kosi Tappu Wildlife Reserve, Nepal: A socio - economic analysis [J]. Environmental Conservation, 20 (1): 25 - 34.

Hisali E, Birungi P, Buyinza F, 2011. Adaptation to climate change in Uganda: Evidence from micro level data [J]. Global Environmental Change, 21 (4): 1245 - 1261.

Hill M O, 1973. Diversity and evenness: A unifying notation and its consequences [J]. Ecology, 54 (2): 427 - 432.

Hough J L, 1988. Obstacles to effective management of conflicts between national parks and surrounding human communities in developing countries [J]. Environmental Conservation, 15 (2): 129 - 136.

Hough L B, 1988. Cellular localization and possible functions for brain histamine: Recent progress [J]. Progress in Neurobiology, 30 (6): 469 - 505.

Holloway L E, Ilbery B W, 1996. Farmers' attitudes towards environmental change, particularly global warming, and the adjustment of crop mix and farm management [J]. Applied Geography, 16 (2): 159 - 171.

Holmes C M, 2003. The influence of protected area outreach on conservation attitudes and resource use patterns: A case study from western Tanzania [J]. Oryx, 37 (3): 305 - 315.

Holmern T, Muya J, Røskaft E, 2007. Local law enforcement and illegal bushmeat hunting outside the Serengeti National Park, Tanzania [J]. Environmental Conservation, 34 (1): 55 - 63.

Hox J J, Moerbeek M, van de Schoot R, 2010. Multilevel analysis: Techniques and applications [M]. Routledge.

Hulme D, 1997. Community conservation in practice: A case study of Lake Mburo National Park, Uganda [M]. CCIA Paper NO. 3, IDPM.

Hulme D, Adams B, 1998. Conservation and communities changing narratives, policies and practices in African conservation [M]. Manchester Univ. (United Kingdom).

Inst. for Development Policy and Management.

Hutton J M, Leader-Williams N, 2003. Sustainable use and incentive-driven conservation: Realigning human and conservation interests [J]. Oryx, 37 (2): 215-226.

Hutton J, Adams W M, Murombedzi J C, 2005. Back to the barriers? Changing narratives in biodiversity conservation [J]. Taylor & Francis Group, 32 (2): 341-370.

Hunter L M, Toney M B, 2005. Religion and attitudes toward the environment: A comparison of Mormons and the general US population [J]. The Social Science Journal, 42 (1): 25-38.

Iacobucci D, 2010. Structural equations modeling: Fit indices, sample size, and advanced topics [J]. Journal of Consumer Psychology, 20 (1): 90-98.

Illukpitiya P, Yanagida J F, 2008. Role of income diversification in protecting natural forests: Evidence from rural households in forest margins of Sri Lanka [J]. Agroforestry Systems, 74 (1): 51-62.

Imbens G W, 2004. Nonparametric estimation of average treatment effects under exogeneity: A review [J]. Review of Economics and Statistics, 86 (1): 4-29.

Infield M, 1988. Attitudes of a rural community towards conservation and a local conservation area in Natal, South Africa [J]. Biological Conservation, 45 (1): 21-46.

Infield M, Namara A, 2001. Community attitudes and behaviour towards conservation: An assessment of a community conservation programme around Lake Mburo National Park, Uganda [J]. Oryx, 35 (1): 48-60.

Igodan C O, Ohaji P E, Ekpere J A, 1988. Factors associated with the adoption of recommended practices for maize production in the Kainji Lake Basin of Nigeria [J]. Agricultural Administration and Extension, 29 (2): 149-156.

Izquierdo A E, Grau H R, Aide T M, 2011. Implications of rural-urban migration for conservation of the Atlantic Forest and urban growth in Misiones, Argentina (1970—2030) [J]. Ambio, 40 (3): 298-309.

Jafari R. Kideghesho, Eivin Røskaft, Bjørn P, Kaltenborn 2007. Factors influencing conservation attitudes of local people in Western Serengeti, Tanzania [J]. Biodivers Conserv (16): 2213-2230.

Jepson W, 2005. A disappearing biome? Reconsidering land-cover change in the Brazilian savanna [J]. The Geographical Journal, 171 (2): 99-111.

Joppa L N, Loarie S R, Pimm S L, 2008. On the protection of "protected areas" [J].

Proceedings of the National Academy of Sciences, 105 (18): 6673 - 6678.

Jöreskog K G, Goldberger A S, 1972. Factor analysis by generalized least squares [J]. Psychometrika, 37 (3): 243 - 260.

Jumbe C B L, Angelsen A, 2007. Forest dependence and participation in CPR management: Empirical evidence from forest co - management in Malawi [J]. Ecological Economics, 62 (3): 661 - 672.

Kassa H, Campbell B, Sandewall M, et al. , 2009. Building future scenarios and uncovering persisting challenges of participatory forest management in Chilimo Forest, Central Ethiopia [J]. Journal of Environmental Management, 90 (2): 1004 - 1013.

Karanth K U, Chellam R, 2009. Carnivore conservation at the crossroads [J]. Oryx, 43 (1): 1 - 2.

Karanth K K, DeFries R, 2010. Conservation and management in human - dominated landscapes: Case studies from India [J]. Biological Conservation, 143 (12): 2865 - 2869.

Karanth K K, DeFries R, 2011. Nature - based tourism in Indian protected areas: New challenges for park management [J]. Conservation Letters, 4 (2): 137 - 149.

Karanth K K, Nepal S K, 2012. Local residents perception of benefits and losses from protected areas in India and Nepal [J]. Environmental Management, 49 (2): 372 - 386.

Karamidehkordi E, 2010. A country report: Challenges facing Iranian agriculture and natural resource management in the twenty - first century [J]. Human Ecology, 38 (2): 295 - 303.

Kaltenborn B P, Bjerke T, Vitters, Oslash J, 1999. Attitudes toward large carnivores among sheep farmers, wildlife managers, and research biologists in Norway [J]. Human Dimensions of Wildlife, 4 (3): 57 - 73.

Kaltenborn B P, Bjerke T, 2002. The relationship of general life values to attitudes toward large carnivores [J]. Human Ecology Review, 9 (1): 55 - 61.

Kamanga P, Vedeld P, Sjaastad E, 2009. Forest incomes and rural livelihoods in Chiradzulu District, Malawi [J]. Ecological Economics, 68 (3): 613 - 624.

Kaimowitz D, 2003. Forest law enforcement and rural livelihoods [J]. International Forestry Review, 5 (3): 199 - 210.

Kebede Y, Gunjal K, Coffin G, 1990. Adoption of new technologies in Ethiopian agriculture: The case of Tegulet - Bulga district Shoa province [J]. Agricultural Economics, 4 (1): 27 - 43.

Kideghesho J R, 2009. The potentials of traditional African cultural practices in mitigating overexploitation of wildlife species and habitat loss: Experience of Tanzania [J]. International Journal of Biodiversity Science & Management, 5 (2): 83 - 94.

Kideghesho J R, Røskaft E, Kaltenborn B P, 2007. Factors influencing conservation attitudes of local people in Western Serengeti, Tanzania [J]. Biodiversity and Conservation, 16 (7): 2213 - 2230.

Kideghesho J R, Røskaft E, Kaltenborn B P, et al. , 2005. Serengeti shall not die: Can the ambition be sustained? [J]. The International Journal of Biodiversity Science and Management, 1 (3): 150 - 166.

Kiss A, 2004. Is community - based ecotourism a good use of biodiversity conservation funds? [J]. Trends in Ecology & Evolution, 19 (5): 232 - 237.

Koczberski G, Curry G N, 2005. Making a living: Land pressures and changing livelihood strategies among oil palm settlers in Papua New Guinea [J]. Agricultural Systems, 85 (3): 324 - 339.

Koenker R, Bassett Jr G, 1978. Regression quantiles [J]. Econometrica: Journal of the Econometric Society, 46 (1): 33 - 50.

Kurukulasuriya P, Mendelsohn R, 2008. Crop switching as a strategy for adapting to climate change [J]. African Journal of Agricultural and Resource Economics, 2 (1): 105 - 126.

Kuppam A R, Pendyala R M, 2001. A structural equations analysis of commuters' activity and travel patterns [J]. Transportation, 28 (1): 33 - 54.

Lee S Y, 2007. Structural equation modeling: A Bayesian approach [M]. John Wiley & Sons.

Lee T M, Sodhi N S, Prawiradilaga D M, 2009. Determinants of local people's attitude toward conservation and the consequential effects on illegal resource harvesting in the protected areas of Sulawesi (Indonesia) [J]. Environmental Conservation, 36 (2): 157 - 170.

Lehmkuhl J F, Upreti R K, Sharma U R, 1988. National parks and local development: Grasses and people in Royal Chitwan National Park, Nepal [J]. Environmental Conservation, 15 (2): 143 - 148.

Lewis D, Kaweche G B, Mwenya A, 1990. Wildlife conservation outside protected areas—Lessons from an experiment in Zambia [J]. Conservation Biology, 4 (2): 171 - 180.

Lewis D M, Alpert P, 1997. Trophy hunting and wildlife conservation in Zambia [J]. Conservation Biology, 11 (1): 59 - 68.

Lepp A, Holland S, 2006. A comparison of attitudes toward state - led conservation and community - based conservation in the village of Bigodi, Uganda [J]. Society and Natural Resources, 19 (7): 609 - 623.

Linkie M, Dinata Y, Nofrianto A, et al. , 2007. Patterns and perceptions of wildlife crop raiding in and around Kerinci Seblat National Park, Sumatra [J]. Animal Conservation, 10 (1): 127 - 135.

Lin J Y, 1991. Education and innovation adoption in agriculture: Evidence from hybrid rice in China [J]. American Journal of Agricultural Economics, 73 (3): 713 - 723.

Linders, G. J. M, De Groot, H. L. F, 2006. Estimation of the gravity equation in the presence of zero flows [D]. In: Tinbergen Institute Discussion Paper. Tinbergen Institute.

Lise W, 2000. Factors influencing people's participation in forest management in India [J]. Ecological Economics, 34 (3): 379 - 392.

Liu J, Linderman M, Ouyang Z, et al. , 2001. Ecological degradation in protected areas: The case of Wolong Nature Reserve for giant pandas [J]. Science, 292 (5514): 98 - 101.

Liu Y H, Xu Y, 2015. Geographical identification and classification of multi - dimensional poverty in rural China [J]. Acta Geographica Sinica, 70 (6): 993 - 1007.

Lui D, Xie C, Liu J, et al. , 2011. China's conversion of cropland to forests program: Development framework, economic impacts and future challenges - Based on 10 years' monitoring results of 100 sample counties around China [C] //2011 Conference (55th), February 8 - 11, 2011, Melbourne, Australia. Australian Agricultural and Resource Economics Society (100536).

Lusigi W J. Mt, 1984. Kulal biosphere reserve: Reconciling conservation with local human population needs [C]. Conservation, Science, and Society. UNESCO and UNEP, Paris, France: 459 - 469.

Lü Y, Chen L, Fu B, et al. , 2003. A framework for evaluating the effectiveness of protected areas: The case of Wolong Biosphere Reserve [J]. Landscape and Urban Planning, 63 (4): 213 - 223.

Machlis G E, 1989. Managing parks as human ecosystems [M]. Public Places and Spaces. Springer US: 255 - 275.

Machlis G E, Tichnell D L, 1985. The state of the world's parks: An international assessment for resource management, policy and research [R].

Mackinnon, K, 2001. Integrated conservation and development projects: editorial [R]. Parks 11.

Madulu N F, 2004. Assessment of linkages between population dynamics and environmental change in Tanzania [J]. African Journal of Environmental Assessment and Management, 9: 88 - 102.

Madhusudan M D, 2003. Living amidst large wildlife: Livestock and crop depredation by large mammals in the interior villages of Bhadra Tiger Reserve, South India [J]. Environmental Management, 31 (4): 0466 - 0475.

Maddison D J, 2007. The perception of and adaptation to climate change in Africa [R]. World Bank Policy Research Working Paper (4308).

Mather A S, Needle C L, 1998. The forest transition: A theoretical basis [J]. Area, 30 (2): 117 - 124.

Maikhuri R K, Nautiyal S, Rao K S, et al. , 2000. Analysis and resolution of protected area—People conflicts in Nanda Devi Biosphere Reserve, India [J]. Environmental Conservation, 27 (1): 43 - 53.

Mamo G, Sjaastad E, Vedeld P, 2007. Economic dependence on forest resources: A case from Dendi District, Ethiopia [J]. Forest Policy and Economics, 9 (8): 916 - 927.

Matta J R, Alavalapati J R R, 2006. Perceptions of collective action and its success in community based natural resource management: An empirical analysis [J]. Forest Policy and Economics, 9 (3): 274 - 284.

Maraseni T N, 2012. Climate change, poverty and livelihoods: Adaptation practices by rural mountain communities in Nepal [J]. Environmental Science & Policy, 21: 24 - 34.

Masozera M K, Alavalapati J R R, 2004. Forest dependency and its implications for protected areas management: A case study from the Nyungwe Forest Reserve, Rwanda [J]. Scandinavian Journal of Forest Research, 19 (S4): 85 - 92.

McClanahan T, Davies J, Maina J, 2005. Factors influencing resource users and managers' perceptions towards marine protected area management in Kenya [J]. Environmental Conservation, 32 (1): 42 - 49.

McGregor, J. A, 2007. Researching wellbeing: From concepts to methodology [M]. In I. Gough, & J. A. McGregor (Eds.), Wellbeing in developing countries: From theory to research. Cambridge: Cambridge University Press.

McShane T O, Hirsch P D, Trung T C, et al., 2011. Hard choices: Making trade - offs between biodiversity conservation and human well - being [J]. Biological Conservation, 144 (3): 966 - 972.

McNeely J A, 1994. Protected areas for the 21st century: Working to provide benefits to society [J]. Biodiversity & Conservation, 3 (5): 390 - 405.

Mehta J N, Heinen J T, 2001. Does community - based conservation shape favorable attitudes among locals? An empirical study from Nepal [J]. Environmental Management, 28 (2): 165 - 177.

Mehta J N, Kellert S R, 1998. Local attitudes toward community - based conservation policy and programmes in Nepal: A case study in the Makalu - Barun Conservation Area [J]. Environmental Conservation, 25 (4): 320 - 333.

Mertz O, Mbow C, Reenberg A, et al., 2009. Farmers' perceptions of climate change and agricultural adaptation strategies in rural Sahel [J]. Environmental Management, 43 (5): 804 - 816.

Metcalfe S, 1994. The Zimbabwe communal areas management programme for indigenous resources (CAMPFIRE) [R]. Natural Connections: Perspectives in Community - Based Conservation: 161 - 92.

Metcalfe S, 2003. Impacts of transboundary protected areas on local communities in three southern African initiatives [C]. Workshop on transboundary protected areas in the governance Stream of the 5th World Parks Congress, Durban, South Africa: 12 - 13.

Mishra H R, 1982. Balancing human needs and conservation in Nepal's Royal Chitwan Park [J]. Ambio, 11 (5): 246 - 251.

Millenium Ecosystem Assessment, 2005. Ecosystems and human well - being [M]. Washington, DC: Island Press.

Murphree M W, 1994. The role of institutions in community - based conservation, natural connections: Perspectives in community - based conservation [M]. Island Press,

Washington, DC: 403 - 427.

Mulder M B, Coppolillo P, 2005. Conservation: Linking ecology, economics, and culture [M]. Princeton University Press.

Müller - Böker U, Kollmair M, 2000. Livelihood strategies and local perceptions of a new nature conservation project in Nepal: The kanchenjunga conservation area project [J]. Mountain Research & Development, 20 (4): 324 - 331.

Myers N, 1996. Environmental services of biodiversity [J]. Proceedings of the National Academy of Sciences, 93 (7): 2764 - 2769.

Nabin Baral, Marc J. Stern, 2011. Capital stocks and organizational resilience in the annapurna conservation area, Nepal [J]. Society & Natural Resources, 24 (24): 1011 - 1026.

Naidoo R, Ricketts T H, 2006. Mapping the economic costs and benefits of conservation [J]. PLoS Biol, 4 (11): e360.

Nautiyal H, Singal S K, Sharma A, 2011. Small hydropower for sustainable energy development in India [J]. Renewable and Sustainable Energy Reviews, 15 (4): 2021 - 2027.

Naughton - treves L, Holland M B, Brandon K, 2005. The role of protected areas in conserving biodiversity and sustaining local livelihoods [J]. Annual Review of Environment & Resources, 30 (30): 219 - 52.

Naughton - treves L, Grossberg R, Treves A, 2003. Paying for tolerance: Rural citizens' attitudes toward wolf depredation and compensation [J]. Conservation Biology, 17 (6): 1500 - 1511.

Naughton - Treves L, Alix - Garcia J, Chapman C A, 2011. Lessons about parks and poverty from a decade of forest loss and economic growth around Kibale National Park, Uganda [J]. Proceedings of the National Academy of Sciences, 108 (34): 13919 - 13924.

Newmark W D, 1993. The role and design of wildlife corridors with examples from Tanzania [J]. Ambio, 22 (8): 500 - 504.

Newmark W D, Hough J L, 2000. Conserving wildlife in Africa: Integrated conservation and development projects and beyond [J]. BioScience, 50 (7): 585 - 592.

Nepal S K, 2002. Involving indigenous peoples in protected area management: Comparative perspectives from Nepal, Thailand, and China [J]. Environmental Management,

30 (6): 0748 - 0763.

Nepal S, Spiteri A, 2011. Linking livelihoods and conservation: An examination of local residents' perceived linkages between conservation and livelihood benefits around Nepal's Chitwan National Park [J]. Environmental Management, 47 (5): 727 - 38.

Nepal S K, Weber K W, 1995. Managing resources and resolving conflicts: National parks and local people [J]. International Journal of Sustainable Development & World Ecology, 2 (1): 11 - 25.

Neumann R P, 1992. Political ecology of wildlife conservation in the Mt. Meru area of Northeast Tanzania [J]. Land Degradation & Development, 3 (2): 85 - 98.

Ngome I, 2006. Land tenure systems and protected sites in Southwest Cameroon: Effects on livelihoods and resources [J]. Africa Files, 4 (3).

Nhemachena C, Hassan R, 2007. Micro - level analysis of farmers adaption to climate change in Southern Africa [M]. Intl Food Policy Res Inst.

Noble M W J, Wright G C, Magasela W K, et al. , 2008. Developing a democratic definition of poverty in South Africa [J]. Journal of Poverty, 11 (4): 117 - 141.

Noss R F, 1999. Assessing and monitoring forest biodiversity: A suggested framework and indicators [J]. Forest Ecology and Management, 115 (2): 135 - 146.

Oviedo G, Brown J, 1999. Building alliances with indigenous peoples to establish and manage protected areas [R]. Partnerships for Protection: New Challenges for Planning and Management for Protected Areas: 99 - 108.

Papke, L. E, & Wooldridge, J. M, 1996. Econometric methods for fractional response variables with an application to 401 (k) plan participation rates [J]. Journal of Applied Econometrics, 11, 619 - 632.

Pattanayak S K, Sills E O, 2001. Do tropical forests provide natural insurance? The microeconomics of non - timber forest product collection in the Brazilian Amazon [J]. Land Economics, 77 (4): 595 - 612.

Parry D, Campbell B, 1992. Attitudes of rural communities to animal wildlife and its utilization in Chobe Enclave and Mababe Depression, Botswana [J]. Environmental Conservation, 19 (3): 245 - 252.

Petrosillo I, Costanza R, Aretano R, et al. , 2013. The use of subjective indicators to assess how natural and social capital support residents' quality of life in a small volcanic island [J]. Ecological Indicators, 24: 609 - 620.

Persha L, Agrawal A, Chhatre A, 2011. Social and ecological synergy: Local rulemaking, forest livelihoods, and biodiversity conservation [J]. Science, 331 (6024): 1606 – 1608.

Pender J, 2005. Econometric methods for measuring natural resource management impacts: Theoretical issues and illustration from Uganda [R]. Natural Resource Management in Agriculture: Methods for Assessing Economic and Environmental Impacts: 127 – 154.

PEN, 2007. PEN technical guidelines, version [EB/OL]. Poverty Environment Network. http://www. cifor. cgiar. org/pen/_ref/tools/index. htm. Accessed June 16, 2008.

Powell P T, 1998. Traditional production, communal land tenure, and policies for environmental preservation in the South Pacific [J]. Ecological Economics, 24 (1): 89 – 101.

Pro – Poor Centre, & Davies, R, 2006. The 2006 basic necessities survey (BNS) in Can Loc District, Ha Tinh Province, Vietnam [EB/OL]. Available from: www. mande. co. uk/special – issues/the – basic – necessities – survey/.

Rao H, Drazin R, 2002. Overcoming resource constraints on product innovation by recruiting talent from rivals: A study of the mutual fund industry, 1986—1994 [J]. Academy of Management Journal, 45 (3): 491 – 507.

Reddy S R C, Chakravarty S P, 1999. Forest dependence and income distribution in a subsistence economy: Evidence from India [J]. World Development, 27 (7): 1141 – 1149.

Rew A, Rew M, 2003. Development models "Out – of – Place": Social research on methods to improve livelihoods in eastern India [J]. Community Development Journal, 38 (3): 213 – 224.

Ribot J C, 2003. Democratic decentralisation of natural resources: Institutional choice and discretionary power transfers in Sub – Saharan Africa [J]. Public Administration and Development, 23 (1): 53 – 65.

Rishi P, 2007. Joint forest management in India: An attitudinal analysis of stakeholders [J]. Resources, Conservation and Recycling, 51 (2): 345 – 354.

Rodima – Taylor D, Olwig M F, Chhetri N, 2012. Adaptation as innovation, innovation as adaptation: An institutional approach to climate change [J]. Applied Geography, 33: 107 – 111.

Roe D, 2008. The origins and evolution of the conservation – poverty debate: A review of key literature, events and policy processes [J]. Oryx, 42 (4): 491 – 503.

Roesch S C, Weiner B, 2001. A meta – analytic review of coping with illness: Do causal attributions matter? [J]. Journal of Psychosomatic Research, 50 (4): 205 – 219.

Rosenzweig M R, Wolpin K I, 1993. Credit market constraints, consumption smoothing, and the accumulation of durable production assets in low – income countries: Investments in bullocks in India [J]. Journal of Political Economy, 101: 223 – 244.

Røskaft E, Händel B, Bjerke T, et al. , 2007. Human attitudes towards large carnivores in Norway [J]. Wildlife Biology, 13 (2): 172 – 185.

Røskaft E, Hagen ML, Hagen TL et al. , 2004. A patterns of outdoor recreation activities among Norwegians: An evolutionary approach [J]. Ann Zool Fennici (41): 609 – 618.

Saberwal V K, Gibbs J P, Chellam R, et al. , 1994. Lion – human conflict in the Gir Forest, India [J]. Conservation Biology, 8 (2): 501 – 507.

Sachs J D, 2006. The end of poverty: Economic possibilities for our time [M]. Penguin.

Sandbrook C, 2010. Local economic impact of different forms of nature – based tourism [J]. Conservation Letters, 3 (1): 21 – 28.

Sanjay Nepal, Arian Spiteri, 2011. Linking livelihoods and conservation: An examination of local residents' perceived linkages between conservation and livelihood benefits around Nepal's Chitwan National Park [J]. Environmental Management (47): 727 – 738.

Salafsky N, Wollenberg E, 2000. Linking livelihoods and conservation: A conceptual framework and scale for assessing the integration of human needs and biodiversity [J]. World Development, 28 (8): 1421 – 1438.

Schaik C, Rijksen H D, Terborgh J, et al. , 2002. Integrated conservation and development projects: Problems and potential [R]. Making Parks Work: Strategies for Preserving Tropical Nature: 15 – 29.

Scherl L M, 2004. Can protected areas contribute to poverty reduction?: Opportunities and limitations [M]. IUCN.

Schmidt P, Clouth J, Haggenmüller L, et al. , 2006. Constructing an index for the subjective well – being under Neuroleptics scale (SWN), short form: Applying structural equation modeling for testing reliability and validity of the index [J]. Quality of Life Research, 15 (7): 1191 – 1202.

Schmidt – Soltau K, 2003. Conservation – related resettlement in Central Africa: Environmental and social risks [J]. Development and Change, 34 (3): 525 – 551.

Sekhar N U, 2003. Local people's attitudes towards conservation and wildlife tourism around Sariska Tiger Reserve, India [J]. Journal of Environmental Management, 69 (4): 339 – 347.

Sen A, 1981. Poverty and famines: An essay on entitlement and deprivation [M]. Oxford University Press.

Shackleton C M, Shackleton S E, Buiten E, et al. , 2007. The importance of dry woodlands and forests in rural livelihoods and poverty alleviation in South Africa [J]. Forest Policy and Economics, 9 (5): 558 – 577.

Sharp K, 2003. Measuring destitution: Integrating qualitative and quantitative approaches in the analysis of survey data [R]. Institute of Development Studies.

Sherpa M N, Coburn B, Gurung C P, 1986. Annapurna conservation area, Nepal: Operational plan [R]. King Mahendra Trust for Nature Conservation and World Wildlife Fund, Kathmandu, xiii＋Annexes＋74pp.

Shibia M G, 2010. Determinants of attitudes and perceptions on resource use and management of Marsabit National Reserve, Kenya [J]. Journal of Human Ecology, 30 (1): 55 – 62.

Shiferaw B, Holden S T, 1998. Resource degradation and adoption of land conservation technologies in the Ethiopian highlands: A case study in Andit Tid, North Shewa [J]. Agricultural Economics, 18 (3): 233 – 247.

Shrestha R K, Alavalapati J R R, 2006. Linking conservation and development: An analysis of local people's attitude towards Koshi Tappu Wildlife Reserve, Nepal [J]. Environment, Development and Sustainability, 8 (1): 69 – 84.

Siddhartha B. Bajracharya, Peter A. Furley, Adrian C. Newton, 2006. Impacts of community – based conservation on local communities in the Annapurna Conservation Area, Nepal [J]. Biodiversity and Conservation (15): 2765 – 2786.

Sims K R E, 2010. Conservation and development: Evidence from Thai protected areas [J]. Journal of Environmental Economics and Management, 60 (2): 94 – 114.

Smith J, Scherr S J, 2003. Capturing the value of forest carbon for local livelihoods [J]. World Development, 31 (12): 2143 – 2160.

Songorwa A N, 1999. Community – based wildlife management (CWM) in Tanzania: Are the communities interested? [J]. World Development, 27 (12): 2061 – 2079.

Songorwa A. L, Buhrs T, Hughey K. F. D, 2000. Community - based wildlife manage-ment in Africa: A critical assessment of the literature [J]. Nat. Resour. J. (40): 603 -643.

Songorwa A N, 2004. Human population increase and wildlife conservation in Tanzania: Are the wildlife managers addressing the problem or treating symptoms? [J]. African Journal of Environmental Assessment and Management, 9: 49 - 77.

Scoones, I, 1998. Sustainable rural livelihoods: A framework for analysis [R]. IDS working paper, 72. Brighton: Institute for Development Studies.

Soini E, 2005. Land use change patterns and livelihood dynamics on the slopes of Mt. Kilimanjaro, Tanzania [J]. Agricultural Systems, 85 (3): 306 - 323.

Spiteri A, Nepal S K, 2008. Evaluating local benefits from conservation in Nepal's anna-purna conservation area [J]. Environmental Management, 42 (3): 391 - 401.

Stark O, Taylor J E, Yitzhaki S, 1986. Remittances and inequality [J]. The Economic Journal, 96 (383): 722 - 740.

Stankey G H, Shindler B, 2006. Formation of social acceptability judgments and their im-plications for management of rare and little - known species [J]. Conservation Biology, 125 (3257): 1089 - 1090.

Stolton S, Dudley N, 1999. Partnerships for protection: New strategies for planning and management for protected areas [M]. Earthscan.

Studsrød J E, Wegge P, 1995. Park - people relationships: The case of damage caused by park animals around the Royal Bardia National Park, Nepal [J]. Environmental Con-servation, 22 (2): 133 - 142.

Sutton - Grier A E, Kenney M A, Richardson C J, 2010. Examining the relationship be-tween ecosystem structure and function using structural equation modelling: A case study examining denitrification potential in restored wetland soils [J]. Ecological Mod-elling, 221 (5): 761 - 768.

TEEB, 2010. Ecological and economic foundation: The economics of ecosystems and biodiversity [M]. UK: Earthscan Books.

Terborgh J, 2002. Making parks work: Strategies for preserving tropical nature [M]. Island Press.

Terborgh J, Peres C A, Schaik C, et al. , 2002. The problem of people in parks [R]. Making Parks Work: Strategies for Preserving Tropical Nature: 307 - 319.

Tessema M E, Lilieholm R J, Ashenafi Z T, et al. , 2010. Community attitudes toward wildlife and protected areas in Ethiopia [J]. Society and Natural Resources, 23 (6): 489 - 506.

Tenge A J, De Graaff J, Hella J P, 2004. Social and economic factors affecting the adoption of soil and water conservation in West Usambara highlands, Tanzania [J]. Land Degradation & Development, 15 (2): 99 - 114.

Thouless C R, Sakwa J, 1995. Shocking elephants: Fences and crop raiders in Laikipia District, Kenya [J]. Biological Conservation, 72 (1): 99 - 107.

Tiffen M, Mortimore M, Gichuki F, 1994. More people, less erosion: Environmental recovery in Kenya [M]. John Wiley & Sons Ltd.

Tisdell C A, 1995. Issues in biodiversity conservation including the role of local communities [J]. Environmental Conservation, 22 (3): 216 - 222.

Tizale C Y, 2007. The dynamics of soil degradation and incentives for optimal management in the Central Highlands of Ethiopia [D]. University of Pretoria.

Tobin J, 1958. Estimation of relationships for limited dependent variables [J]. Econometrica: Journal of the Econometric Society, 26 (1): 24 - 36.

Uberhuaga P, Smith - Hall C, Helles F, 2012. Forest income and dependency in lowland Bolivia [J]. Environment, Development and Sustainability, 14 (1): 3 - 23.

Ülengin F, Kabak Ö, Önsel Ş, et al. , 2010. A problem - structuring model for analyzing transportation - environment relationships [J]. European Journal of Operational Research, 200 (3): 844 - 859.

Vedeld P, 2004. Counting on the environment: Forest incomes and the rural poor [M]. World Bank, Environment Dept.

Wälder K, Frischbier N, Bredemeier M, et al. , 2008. Analysis of O F - layer humus mass variation in a mixed stand of European beech and Norway spruce: An application of structural equation modelling [J]. Ecological Modelling, 213 (3): 319 - 330.

Wainwright C, Wehrmeyer W, 1998. Success in integrating conservation and development? A study from Zambia [J]. World development, 26 (6): 933 - 944.

WANG Chang - hai et al. , 2010. Sharing and evaluation of a new community co - management model for protecting Crested Ibis: A case study of Crested Ibis National Nature Reserve [J]. China Ecological Economy (6): 376 - 386.

Weaver D B, Lawton L J, 2008. Perceptions of a nearby exurban protected area in South

Carolina, United States [J]. Environmental Management, 41 (3): 389 - 397.

Wei D, Chao H, Yali W, 2016. Role of income diversification in reducing forest reliance: Evidence from 1838 rural households in China [J]. Journal of Forest Economics, 22: 68 - 79.

Wells M, Brandon K, Hannah L, 1992. People and parks: Linking protected area management with local communities [R]. The World Bank, WWF, USAID. Washington, DC.

Wells M P, Brandon K E, 1993. The principles and practice of buffer zones and local participation in biodiversity conservation. Los principios y la práctica de las zonas de amortiguamiento y la participación local en la conservación de la biodiversidad [J]. Ambio, 22 (2/3): 157 - 162.

Weladji R B, Tchamba M N, 2003. Conflict between people and protected areas within the Bénoué Wildlife Conservation Area, North Cameroon [J]. Oryx, 37 (1): 72 - 79.

West P C, Brechin S R, 2006. Resident peoples and national parks: Social dilemmas and strategies in international conservation [J]. Ambiente & Sociedade, 103 (10): 3510 - 3517.

West P, Carrier J G, 2004. Getting away from it all? Ecotourism and authenticity [J]. Curr. Anthropol, 45 (4): 483 - 98.

West P, Brockington D, 2006. An anthropological perspective on some unexpected consequences of protected areas [J]. Conservation Biology, 20 (3): 609 - 616.

West P, Igoe J, Brockington D, 2006. Parks and peoples: The social impact of protected areas [J]. Annu. Rev. Anthropol, 35: 251 - 277.

Western D, Pearl M C, 1989. Conservation for the twenty - first century [M]. Oxford University Press.

Western D, 2001. Human - modified ecosystems and future evolution [J]. Proceedings of the National Academy of Sciences of the United States of America, 98 (10): 5458 - 65.

Willock J, Deary I J, Edwards - Jones G, et al., 1999. The role of attitudes and objectives in farmer decision making: Business and environmentally - oriented behaviour in Scotland [J]. Journal of Agricultural Economics, 50 (2): 286 - 303.

Wills E, 2009. Spirituality and subjective well - being: Evidences for a new domain in the personal well - being index [J]. Journal of Happiness Studies, 10 (1): 49 - 69.

Wills - Herrera E, Orozco L E, Forero - Pineda C, et al., 2011. The relationship between perceptions of insecurity, social capital and subjective well – being: Empirical evidences from areas of rural conflict in Colombia [J]. The Journal of Socio – Economics, 40 (1): 88 – 96.

World Bank, 2002. World Bank operational manual, OP4. 12 [M]. World Bank, Washington DC.

World Bank, 2009. From poor areas to poor people, China's evolving poverty reduction agenda: An assessment of poverty and inequality in China [R]. Washington, DC: Poverty Reduction and Economic Management Department, World Bank.

Wunder S, 2001. Poverty alleviation and tropical forests—What scope for synergies? [J]. World Development, 29 (11): 1817 – 1833.

WWF, 2007. Sacred Himalayan landscape in Nepal: Understanding the changes in livelihoods assets with locals: A case study from Kanchenjunga conservation area project, Nepal [M]. World Wildlife Fund, Kathmandu.

Yemiru T, Roos A, Campbell B M, et al. , 2010. Forest incomes and poverty alleviation under participatory forest management in the Bale Highlands, Southern Ethiopia [J]. International Forestry Review, 12 (1): 66 – 77.

Zakri, A. H, 2003. Integrated assessment through the millennium ecosystem assessment [EB/OL]. United Nations University Institute for Advanced Studies http: // www. geic. or. jp/jerry/2003kldocs/zakri. pdf.

Zou L L, 2012. The impacting factors of vulnerability to natural hazards in China: An analysis based on structural equation model [J]. Natural Hazards, 62 (1): 57 – 70.

Zube E H, 1986. Local and extra – local perceptions of national parks and protected areas [J]. Landscape & Urban Planning, 13 (1): 11 – 17.

Zubair M, Garforth C, 2006. Farm level tree planting in Pakistan: The role of farmers' perceptions and attitudes [J]. Agroforestry Systems, 66 (3): 217 – 229.

图书在版编目（CIP）数据

自然保护区周边农户可持续生计研究 / 段伟著. —
北京：中国农业出版社，2023.6
　ISBN 978-7-109-30561-8

　Ⅰ.①自… Ⅱ.①段… Ⅲ.①农户经济－可持续性发
展－研究－中国　Ⅳ.①F325.1

中国国家版本馆 CIP 数据核字（2023）第 058405 号

中国农业出版社出版
地址：北京市朝阳区麦子店街 18 号楼
邮编：100125
责任编辑：闫保荣
版式设计：王　晨　责任校对：吴丽婷
印刷：北京中兴印刷有限公司
版次：2023 年 6 月第 1 版
印次：2023 年 6 月北京第 1 次印刷
发行：新华书店北京发行所
开本：700mm×1000mm　1/16
印张：14.75
字数：230 千字
定价：68.00 元